बस, इतनी सी थी ये कहानी...

AF515964

बस,
इतनी सी थी
ये कहानी...

सम्पादक

नीलेश मिसरा

- प्रस्तुति -

वाणी प्रकाशन

ContentProject

4695, 21-ए, दरियागंज, नयी दिल्ली 110 002

शाखा

अशोक राजपथ, पटना 800 004

फ़ोन: +91 11 23273167 फ़ैक्स: +91 11 23275710

www.vaniprakashan.in
vaniprakashan@gmail.com

BAS, ITNI SI THI YE KAHANI...
edited by Neelesh Misra

ISBN : 978-93-5072-814-7
Collection of Stories

© 2015 लेखकगण

प्रथम संस्करण

मूल्य : ₹ 199

इस पुस्तक के किसी भी अंश को किसी भी माध्यम में प्रयोग करने के लिए प्रकाशक से लिखित अनुमति लेना अनिवार्य है।

शुभम् ऑफसेट, दिल्ली-110 032 में मुद्रित

वाणी प्रकाशन का लोगो मक़बूल फ़िदा हुसेन की कूची से

हिन्दुस्तान की

नानियों और दादियों के नाम

जिन्होंने हमें कहानियाँ सुनना-सुनाना सिखाया,

और नयी पीढ़ी के नाती-पोतों के नाम,

जिन्हें आगे ढेरों कहानियाँ सुनानी हैं।

शुक्रिया

ये पुस्तक, और इसके बाद आने वाली इस शृंखला की सारी पुस्तकों के लिए मैं अपने सरफिरेपन भरे सफ़र को हर मोड़ पर एक नया मोड़ दिखाने वाले लोगों को शुक्रिया कहना चाहता हूँ।

मैंने अपने जीवन में इससे पहले कभी कहानी नहीं लिखी। बचपन में एक लिखी थी, लेकिन वो इतनी बेहूदी थी कि मेरे पिता डॉ. शिवबालक मिश्र उन दिनों मजाक में मुझे ब्लैकमेल करते थे, "तुम जब मशहूर हो जाओगे तब मैं सबको बताऊँगा कि तुमने ये कहानी लिखी!"

जिस दिन अपने रेडियो शो 'यादों का इडियट बॉक्स विथ नीलेश मिसरा' के लिए पहली बार एक कहानी लिखी—'दीवाली की रात'—उस दिन स्कूल के दिनों की उस बचकानी कहानी को याद कर रहा था। शुक्र है पापा ने कभी अपनी धमकी पे अमल नहीं किया! शो के पहले सीजन के लिए मैंने सारी कहानियाँ लिखीं—"मैंने लिखीं" नहीं कहूँगा, क्यूँकि मेरी मित्र यामिनी त्रिपाठी, जो अब मेरी पत्नी हैं, मेरे साथ बैठती थीं, मैं बोलता था और वो लिखती थीं, मीनमेख निकालती रहती थीं, और कहानियों के कथानक, पात्र, हर स्तर पर अपना योगदान देती थीं।

शुक्रिया बिग एफएम के मुख्य प्रभारी तरुण कत्याल का,

जिन्होंने एक दिन मुझे एक रेडियो शो करने का आमंत्रण देके मेरे जीवन की दिशा बदल दी। तरुण और मैं, दोनों नहीं जानते थे कि रेडियो पर कहानियाँ सुनाने का ये प्रयोग इतनी लम्बी यात्रा तय कर पायेगा (उम्मीद है अभी कई मील और यात्रा बची है!)।

शुक्रिया मेरी मंडली का—युवा लेखकों की ये जमात मेरा परिवार है, मेरे दोस्त हैं, मेरा क्लासरूम हैं, और आने वाले वक्त में इनमें से बहुत से युवा लेखक भारत में साहित्य जगत के बहुत बड़े नाम बनने वाले हैं।

शुक्रिया हमारे कलात्मक साझेदार *वाणी प्रकाशन* का, अरुण जी और अदिति का, जिनका काम के प्रति उत्साह हमारी टक्कर का है और जिसकी हम बहुत इज्जत करते हैं।

और सबसे बड़ा शुक्रिया मेरे माता-पिता डॉ. शिवबालक मिश्र और श्रीमती निर्मला मिश्र का, जिन्होंने मुझे कम उम्र से ही बड़े सपने देखने की आजादी दी, जब डॉक्टरी की परीक्षा न देके मेरे आर्ट्स की पढ़ाई करने पर नाक-भौं नहीं चढ़ाई, और मेरे नौकरी छोड़ के एक अनिश्चित जीवन में छलाँग मार लेने पर अद्‌भुत धैर्य दिखाया।

शुक्रिया आप सबका!

नीलेश मिसरा

अक्टूबर 2014

कहानी की झप्पी

किस्सागोई हमारी चौपालों में, चार यारों के बीच या फिर वो बनारस के अस्सी मोहल्ले जैसे नुक्कड़ पर बतरस करते हुए सुनाई देती थी। परन्तु अब हमारे युवा तरह-तरह की जीवन पद्धतियों, शैलियों में व्यस्त होते गये, तकनीकी विकास तो लबालब हुआ परन्तु मन का सरस झरना लगभग सूखता गया। एक प्रकाशक के नाते हमारी जिम्मेदारी व चिन्ता नये पाठक की खोज लगातार बनी रही है। ऐसे में कहानी कला को नया आयाम देने के लिए नीलेश मिसरा ने कहानी बनाने, कहने-सुनने की मंडली तैयार की और उसके आश्चर्यजनक परिणाम मिल रहे हैं। देश भर में दूरदराज बैठे मंडली के सदस्य अपनी-अपनी कहानी नीलेश जी के नेतृत्व में युवा रचनाकारों के बीच चर्चा कर हिन्दी कहानी के इतिहास में एक नया आयाम रच रहे हैं। ये युवा न तो किसी लेखक घराने के समर्थक हैं और न ही किसी वाद-विवाद के संवाद हैं। पाठकों से सीधे किस्सागोई के इन लेखकों से अपने रिश्ते हैं। ऐसी ही सरस लोकप्रिय कहानियों का जानदार आगाज़ है यह 'बस, इतनी सी थी ये कहानी...'। बधाई मंडली, बधाई नीलेश–ये मंडली ज्ञान का तीर्थ नहीं है क्योंकि तीर्थ तर्कबद्ध होते हैं, ये प्यासों की मस्त मंडली है, यह अन्तःकर्मी सत्संग,

आध्यात्मिक रसायन है। इस रस की एक बूँद भी भीतर उतर जाये तो किस्सागोई सार्थक होगी।

'पीवत राम रस लगी खुमारी'—ये कहानियाँ खुमारी का साहित्य है।

अरुण माहेश्वरी

कहानियों का मौसम आ गया

जब एअरपोर्ट पर सीआरपीएफ के जवान किसी आधी सुनी कहानी का अन्त पूछने लग जायें, जब कोटा के प्रतियोगी परीक्षाओं के छात्र कहें कि कहानियाँ सुनते-सुनते उनकी गणित की पढ़ाई अच्छी हो जाती है, जब दादियाँ पोतियों-पोतों के साथ टीवी छोड़ के रेडियो पे कहानियाँ सुनें, जब डिप्रेशन के मरीज कहें कि कहानियाँ सुन के उनका इलाज हुआ, जब नेत्रहीन श्रोता कहें कि वो हर शाम रेडियो पे सुनी कहानियों के साथ एक नयी दुनिया में पहुँचे, जब बंगाल में कोई नानी, कश्मीर में कोई मामी और हैदराबाद में कोई चाचा हिन्दी ठीक से न जानने पर भी एक साथ देश के अलग-अलग हिस्सों में कहानियाँ सुनें, जब पाकिस्तान से श्रोता फेसबुक पर बताने लगें कि वो घर भर में रेडियो लिए घूमते हैं और जहाँ सिग्नल अच्छा आता है वहीं रुक के सुनने लग जाते हैं, तब सर झुका कर कुदरत की इस करवट का इस्तेकबाल करना चाहिए।

क्यूँकि कहानियों का मौसम आ गया।

बरसों से, फिल्मी संगीत, सास-बहू सीरियल, मोबाइल फ़ोन पर इंटरनेट और शॉपिंग मॉल यात्राओं के मेलों के बीच ऐसा लगने लगा था कि इस देश के लोग वो एक शौक, शगल, आदत, भुला बैठे हैं, जो उपनिषद् के युग से हमारे खून में रही है :

कहानियाँ सुनना और सुनाना। ऐसा लग रहा था कि कहानियाँ सुनने का वक्त चला गया। लेकिन जबसे रेडियो कहानियों का सफ़र शुरू हुआ, ये मालूम पड़ा कि गलती हमारी थी, जो हम कहानियाँ गढ़ना भूल गये थे, नये और लगातार युवा होते देश को किस्से सुनाना भूल गये थे। हमने पिछले चार साल में इस कमी को पूरा करने का एक छोटा-सा प्रयास आरम्भ किया है। रेडियो स्टेशन 92.7 बिग एफ एम पर हमारे रेडियो शो 'यादों का इडियट बॉक्स विथ नीलेश मिसरा' के जरिये हम रोज़ नब्बे बड़े-छोटे शहरों में लाखों श्रोताओं को कहानियों की घुट्टी पिला रहे हैं– और साथ-साथ खुद भी चंगे हो रहे हैं।

हमारी ताक़त है मेरी मंडली–देश भर के चुने हुए युवा लेखकों की वो फ़ौज जिन्हें मैं बेहतर लेखन सिखाने की कोशिश करता हूँ। एक अध्यापक का बेटा हूँ, इसलिए मेरे लिए सबसे ज्यादा खुशी की बात ये है कि मेरी मंडली के कई सदस्य अब मुझसे बेहतर लेखक हैं। मंडली हिस्सा है कंटेंट प्रोजेक्ट का, जो भारत की पहली लेखकों की कम्पनी है।

इस पुस्तक के साथ एक नयी यात्रा की शुरुआत कर रहे हैं। हमारी लिखी रेडियो कहानियाँ और मंडली के सदस्यों द्वारा लिखे कई किस्से और उपन्यास, और न जाने कितने और नये लेखक, अब एक नया घर पा जायेंगे : 'नाइन', कई भाषाओं में छपने वाला एक नया इंप्रिंट–वाणी प्रकाशन और कंटेंट प्रोजेक्ट का एक साझा प्रयास–जो उभरते भारत के नये, चमकते साहित्य को मंच देगा।

'नाइन' की पहली पुस्तक, 'बस, इतनी सी थी ये कहानी...', आपके हाथों में है। इसकी कहानियाँ खुद भी पढ़ियेगा, और औरों को बा-आवाज़-ए-बुलन्द पढ़ के भी सुनाइयेगा।

क्यूँकि आप सबके अन्दर एक किस्सागो रहता है।

और कहानियों का मौसम आ गया है।

नीलेश मिसरा

अक्टूबर 2014

अनुक्रम

बगल की सीट वाली लड़की

●

नीलेश मिसरा

क्यों करते हैं ये फ़र्ज़ी तकल्लुफ? ये गालों गे कोनों से कोनों तक लटकती मुस्कराहट, ये लच्छेदार अंग्रेजी? ये बेवजह सामान उठाने में मदद करने की पेशकश? अरे भाई क्यूँ? मैं प्लेन के अन्दर घुसते ही हर बार की तरह बेतहाशा चिड़चिड़ा हो गया था। एक बेहद अर्जेंट मीटिंग के लिए अचानक दिल्ली भेजा जा रहा था। एयर हॉस्टेस ने मुस्कुरा के स्वागत किया, गर्दन को हलके से बायें तरफ झुकाया, क्योंकि शायद उसे किसी ने बताया होगा कि वह ऐसे खूबसूरत लगती थी, या शायद एयर हॉस्टेस ट्रेनिंग स्कूल में कई लाख रुपये देकर सीखा होगा। फिर किसी तराजू के पलड़े की तरह एक ओर लटें ज्यादा गिराईं, बोली "वेलकम ऑन बोर्ड सर..." "हूँ!" फिर, फ़र्ज़ी! याद शहर इतना दूर क्यूँ है भाई। हवाई जहाज़ तक से चार घंटे लग जाते हैं एक स्टॉपओवर कर के।

पर डर लगता है उड़ने से पहले। सफ़र के पहले की रात चैन से कभी सो नहीं पाता! देखिये-देखिये देख रहे हैं – अनाउंसमेंट सुनिये जरा, फ्लाइट देर से चल रही है तो महारानी कह रही हैं "इस देरी से अगर कोई असुविधा हुई तो इन्हें खेद है!" अगर! अगर! असुविधा हुई! ये तमीज़ है आपकी कि माफ़ी भी शर्त के साथ माँगेंगे? कि जी मैंने आपको बिना बात

के मुक्का मारा, अगर आपको तकलीफ़ हुई हो तो माफ़ी चाहता हूँ। अरे यार! मैं इतना झुँझला क्यूँ रहा हूँ? पर देखिये खुद ही, ये कहने की क्या ज़रूरत है कि अगर जहाज़ को पानी में उतरना पड़ा तो यहाँ छलाँग लगाना, वहाँ ऑक्सीजन सूँघना? अरे क्यूँ कह रहे हो ये सब भाई? कभी समझी है किसी ने हम नर्वस फ्लायर्स की व्यथा? कैसे एक-एक मिनट गुजरता है जहाज़ में? शायद मैं इसलिए भी फ्लाइट पर कुछ ज्यादा चिड़चिड़ा हो जाता हूँ, क्यूँकि फ्लाइट्स में डर के जिसका हाथ थाम लिया करता था, उसने मेरी ज़िन्दगी से हाथ खींच लिया था। शायद मैं आज इसलिए हर बात पे झल्ला रहा हूँ, क्यूँकि ऐसा लग रहा है कि ऐसा बस मैं ही हूँ इस पूरे जहाज़ में जो अकेला है, बाकी सब के पास बीवियाँ हैं, बॉयफ्रेंड गर्लफ्रेंड हैं, मेरे पास तो लड़ने को भी कोई नहीं बचा अब। एक बेवकूफ लड़की, न जाने कब ज़िन्दगी से चली गयी। पर मन से जाने का नाम ही नहीं लिया, इतने साल, कितने जतन किये, कितने पागलपन पाले, कितनी बुरी लतें पालीं और छोड़ दीं। पर ये कमबख्त मन एक शैतान बच्चा हो जैसा, जो किसी तरह बहलता ही नहीं। सपनों का लड्डू खिलाओ, उम्मीदों का शहद चटाओ, यारों के साथ का खिलौना पकड़ाओ, फिर भी अकड़ू बना रहता है। शायद किसी का साथ चाहता है। शायद मुझसे चाहता है कि "बेटा, बहुत बरस बीत गये तुझे देवदास बने-बने, अब ये हसीन ट्रेजेडी भूल जा और किसी हसीना के हुस्न का दामन थाम ले" लेकिन कहाँ ढूँढ़ें भैया दामन? यहाँ दफ़्तर की मसरूफियत की लँगोट से पीछा छूटे तो थामें न किसी का दामन! अब देखिये ना, एक तो कितना डर लगता है हमें फ्लाइट में और दूसरे, इतने अकेले पड़ जाते हैं हम। देखिये उनको, प्लेन टेक ऑफ करने वाला है तो उड़ने से पहले कैसे अपने करीबियों को मैसेज कर रहे हैं ''टेकिंग ऑफ''। मेरे पास तो वह एक अदद एसएमएस भेजने के लिए भी कोई नहीं।

फ्लाइट चल पड़ी। मैं अपना ध्यान बाँटने के लिए सामने वाली सीट के पीछे लगे भूरे कपड़े की प्रिंट में पीली डॉट्स गिनने लगा। मुझे लगता है इतने वक्त से अकेले रहते-रहते मैं कुल मिला के थोड़ा सनकी टाइप हो गया हूँ। समझ ही नहीं पाता हूँ कि अकेलापन चाहिए कि नहीं चाहिए? अकेलेपन की चिड़िया, फुर-फुर करके एक कन्धे से दूसरे पे बैठती रहती है। लोगों

के लिए अकेलेपन के अलग-अलग मायने होते हैं। कुछ के लिए ये मकान मालिक है जो आता है अपना हिसाब बराबर करने, लेकिन महीने दो महीने में एक बार, सर पे नहीं बैठा रहता। कुछ के लिए ये घर के बगल में अपनी पत्नी को रोज गाली देने वाला पड़ोसी है, जिससे नफ़रत होती है पर जिसका चेहरा रोज शाम फिर भी देखना पड़ता है। कुछ लोगों के लिए ये वह यार है, जो जब चाहता है धमक पड़ता है। मैं अकेलेपन की एक छोटी-सी पुड़िया बनाकर जेब में रखता हूँ। क्या जाने कब काम आ जाये। जब मन किया, निकाली, और थोड़ा-सा अकेलापन चख लिया। अच्छा लगता है कभी-कभी। लेकिन कभी-कभी बड़ा अखरता है, जैसे अचानक आँख में कोई कंकड़ चला गया हो, जैसे अचानक गलती से अपनी जबान काट ली हो, जैसे घर में चलते-चलते धड़ाम से घुटना मेज के कोने से लग गया हो, ऐसा ही होता है ना अकेलापन। मेज के नुकीले कोने की तरह। आप भी सोच रहे होंगे, अकेलेपन पे पीएच.डी. लिखने बैठ गया कमबख्त, लेकिन क्या करूँ, जब भी फ्लाइट में जाता हूँ, मन शायद जहाज़ में उड़ने के डर से बचने के लिए अपनी ही उड़ाने भरने लगता है। याद करता है, अफसोस करता है, कभी किसी पे थोड़ा खुश हो लेता है, यूँ तो मेरा रिश्ता टूटे बड़ा वक्त हो गया लेकिन दिल है कि टूटने की रस्म लगातार निभाये जा रहा है। जैसे दर्द न हो, द्रौपदी का चीर हो जो कभी ख़त्म नहीं होगा। हवाई जहाज़, याद, दर्द और मैं हम चार पुराने यार हैं। एक वक्त था जब वह मेरे लिए फ्लाइट पे न डरने के नुस्खे ढूँढ़ा करती थी, किताबों में, टीवी पे, फ्लाइट के टेक ऑफ करते वक्त मेरा हाथ कस के थाम लेती, पसीने की हलकी-सी परत चढ़ जाती है मेरे हाथों में, घबराहट के मारे। वह परत उसके हाथों के स्पर्श के सहारे हवा में दो घंटे निकाल लेती थी, फिर एक दिन वह भी दिल के किसी जहाज़ पर फ्लाइट ले के किसी और के साथ कहीं उड़ गयी, रह गया मैं अकेला जहाज़ की पिछली सीट पे बैठा। ज़िन्दगी की विंडो सीट पे बैठ के कभी खुले आसमान को देखने का साहस उठा पाऊँ, ये ख़्वाब देखता या – जहाज़ इतना हिल क्यूँ रहा है? इतनी टर्बुलेंस इस रूट पे तो बाहर बादल भी नहीं दिख रहे और ये साथ की पिछली वाली सीट पे एक लड़की! क्या अभी मुझे देख रही थी? सीट बेल्ट बँधनी है, बाँधी है कप्तान साहब, सुन लिया है आपका अनाउंसमेंट। अरे! ये लड़की मुझे क्यूँ देख रही

है? तो बड़ी खूबसूरत यार, पर मुझे ऐसे क्यूँ ऐसे देख रही है?

अगर भावनाओं के गणित के हिसाब से देखा जाये, तो स्थिति क़ाफ़ी अनुकूल है। ये तस्वीर बस कुछ ऐसी ही थी, जैसी हम कॉलेज में चाहते थे कि कभी हो। मैं, अकेला, दुनिया से पैंतीस हजार फीट दूर एक हवाई जहाज़ में, और बगल में एक खूबसूरत लड़की जो मुझे देख रही है, लेकिन इन भावनाओं के गणित और उस किताबों के गणित, दोनों में मैं बचपन से क़ाफ़ी कमजोर रहा हूँ। गिनतियाँ और लड़कियाँ, दोनों से घबराता रहा हूँ मैं। मैंने अभी-अभी आँखों के कोनों से देखा, अपनी किताब के पन्नों में गुम, कानों में हैडफोन लगाये शायद संगीत सुनती हुई, बाल किसी आलसी बच्चे की तरह लुढ़क कर बाजुओं तक पहुँच गये हैं, पन्ना पलटने के लिए हाथ उठाया तो देखता हूँ नाखूनों पे लाल रंग है जो जरा-सा हलका पड़ गया है, जैसे उस खूबसूरत लड़की का गुरूर जाता रहा हो जिसे हर रोज दुनिया के लिए सजना नहीं पड़ता। आखिर उसका सामना करने के लिए दुनिया जो सजती है। हुँह! आज इतना क्यूँ हिल रहा है ये प्लेन? बाहर कैसे देखूँ ये बगल वाला कमबख्त विंडो शेड बन्द करके सो गया है। हुँह! हुँह! हुँह! कस के सीट पकड़ ली है। पानी मँगाता हूँ, गला सूख रहा है। ''एक्सक्यूज़ मी! एक्सक्यूज़ मी!!'' मैं अपनी घबराहट से ध्यान हटाऊँ तो, वही लड़की, मुझसे कुछ बात कर रही थी, जैसे स्कूल में होता था जब कोई लड़की होमवर्क के बारे में या एग्जाम की डेट पूछ लेती थी। मेरा हाथ सीधे बालों में जाता है, उन्हें ठीक करने के लिए। चाहे जितने बड़े हो जायें, जितना कमा लें, जितने ईएमआई ले लें, जितने रिश्ते बना लें, तोड़ लें, हम मर्दों के अन्दर का स्कूल ब्यॉय कहाँ कभी बड़ा होता है? वो बोली ''फिक्र मत करिये! प्लेन पे चलना सड़क पे चलने से हजार गुना सेफ़ होता है।'' जब मैं छोटा था तो क्लास में उन लड़कों से जलता था जो लड़कियों से बात करने की तमीज़ जानते थे। आज सोच रहा हूँ, क्यों नहीं सीखी वो दुर्लभ कला? वो लड़की अपनी किताब में बुकमार्क लगा के मेरी ओर पलटती है और कहती है ''बचपन में मैं भी बड़ी नर्वस फ्लायर थी, लेकिन धीरे-धीरे सारा डर चला गया। और पाँच साल से एयरलाइन में नौकरी भी कर रही हूँ। अभी घर जा रही हूँ छुट्टी पे। ये रूट मानसून में कुछ ज्यादा खराब हो

जाता है कभी-कभी लेकिन आप परेशान मत होइये।" मेरी खूबसूरत फेलो पैसेंजर एयर हॉस्टेस है, वो यूँ कह रही है तो मुझे अचानक कुछ ज्यादा महफूज लगने लगा है। दुनिया का अनकहा कानून है कि लड़कियाँ जब ऐसे अधिकार से कुछ कहती हैं, तो यकीन मानिये, वो सच होता है। बस आधे घंटे में पहुँच जाऊँगा, कुछ घंटे घूमूँगा-फिरूँगा, रात को डिनर पे डील करके लास्ट फ्लाइट से घर वापस। हालाँकि घर जैसा एहसास नहीं रहा बड़े वक्त से अपने घर में। हालाँकि होटल के कमरों में रहने की इतनी आदत पड़ गयी है उनमें एक जाना पहचाना घरेलूपन ढूँढ़ता हूँ। हालाँकि – ओह, अचानक टर्बुलेंस फिर शुरू हो गयी है। धड़... धड़... धड़... प्लेन हिलने लगा... ये क्या हो रहा है? कुछ मिनटों बाद पायलट माइक पे आया है और बोल रहा है कि मौसम खराब होने के कारण फ्लाइट जयपुर डाइवर्ट की जा रही है। मैंने पलट के उस लड़की की ओर देखा। वो तो बोली थी कि सब कुछ ठीक होगा। मान ली थी मैंने उसकी बात कितनी मासूमियत से। पर अब उड़ने से पहले के सारे डर सच होते नजर आ रहे थे। न जाने क्या होने जा रहा था आज। उस लड़की ने मेरी ओर देखा और हलके से मुस्कुरा के पलकें हलके से बन्द कीं। जैसे कह रही हो "मैं हूँ, फिक्र क्यों करते हो? कुछ नहीं होगा!"

मेरे मन का मौसम, जहाज़ के मौसम से कुछ खास अलग नहीं है। मेरा दिन का मौसम खराब बन के शुरू हुआ था, बीच में एक दो अच्छे पलों के छींटे बरस गये थे एक खूबसूरत हमसफर के रूप में। और अब अचानक फिर गहरे बादल छा गये हैं। पायलट ने जहाज़ जयपुर ड्राइव करने की बात कही और मेरा दिल बैठा जा रहा है। मेरी दिल्ली की मीटिंग इतनी जरूरी थी कि इतवार के दिन मुझे हुक्म दे के बॉस ने भेजा है। क्लाइंट आज रात अमेरिका जा रहा है। पायलट कहाँ जानता है मेरे जीवन का कुचक्र। एक आम हिन्दुस्तानी के जीवन का कुचक्र। पायलट कहाँ जानता है कि मीटिंग इसलिए जरूरी थी क्योंकि डील क्लोज़ करनी है किसी भी हालत में। डील क्लोज़ करनी इसलिए जरूरी थी क्योंकि बॉस को खुश करना है। बॉस को खुश करना इसलिए जरूरी है क्योंकि अगले महीने अप्रैल है। अप्रैल में तनख्वाह बढ़ना इसलिए जरूरी है क्योंकि याद शहर में माँ-पापा

के लिए जोश में नया फ्लैट तो बुक कर लिया है लेकिन ये ई.एम.आई की छत तक पहुँचने के लायक अभी तनख्वाह का कद नहीं हुआ है, और वो घर लेना इसलिए जरूरी है क्योंकि मुझे अक्सर लगता है कि मैं अच्छा बेटा नहीं हूँ। पायलट जानता नहीं है कि इस फ्लाइट का आज वक्त पे दिल्ली पहुँचना कितना जरूरी है।

जहाज़ के साथ बगल के बादल पे मेरी कुछ उम्मीदें भी उड़ रही थीं। एक बेहतर बेटा बनने की उम्मीदें। खुद को ये साबित करने की उम्मीद कि नहीं, बॉस कहता है, मैं निकम्मा नहीं हूँ, मैं कुछ कर के दिखाऊँगा। मैं अपने माँ-बाप के लिए एक नया घर लूँगा, ताकि वो उस पुराने, रिसती टोंटियों वाले, चटखते दरवाजों वाले, उखड़ी पुताई वाले घर में न रहें। जहाज़ उतरने की तैयारी करने लगा है। एयर हॉस्टेस पहली से आखिरी रो तक चल के देख रही है कि किसी की सीट बेल्ट तो नहीं खुली है। मैंने अभी जाती हुई एयर हॉस्टेस की कमर के आँखों के सामने से गुजरते ही देखा कि वो लड़की मुझे देख रही है। फिक्र से, कि मैं ठीक हूँ कि नहीं। मैं हलके से मुस्कुरा दिया। किसने कहा मुश्किल होते हैं रिश्ते? मैं जानता हूँ मुझे लड़कियों से बात करना नहीं आता। जानता हूँ कि बस मिनट भर की बात ही तो हुई थी हमारी इस दो घंटे की फ्लाइट में। लेकिन फिर भी, न जाने क्यों, वो लड़की इन सारे अनजान लोगों से कुछ कम अनजान लग रही थी। वो मेरा डर कम करने के लिए बोली "देखिये, फ्री में आपको एक नया शहर घुमा रहे हैं एयर लाइन वाले।"

जहाज़ जयपुर में उतर चुका है। मेरा सर फटा जा रहा है। दिमाग एकदम काम नहीं कर रहा है। अपना लैपटॉप बैग उठा के धीरे-धीरे चल पड़ा हूँ। ऑफिस फोन कर के बॉस को बताने की हिम्मत नहीं हो रही है कि शायद आज की मीटिंग मुझे कैंसिल करनी पड़ेगी। यानी फिर ये क्लाइंट न जाने कब ऐसे पकड़ में आये।

न्यूयॉर्क की फ्लाइट है उसकी रात में। उससे पहले अगर उससे मिल लूँ तो पिछले कई सालों में मेरी सबसे बड़ी डील हो सकती है आज। क्लाइंट से फोन पे बातें अच्छी-अच्छी हुई हैं। क्रिकेट का शौकीन है, मैंने भी उसी तरह प्लान करके मीटिंग वहाँ रखी है जहाँ बड़े स्क्रीन पे मैच दिखाया जाता

है। मुझे क्रिकेट से नफ़रत है लेकिन शाम जब बॉस ने जाने को कहा, तब से इंटरनेट पे छान चुका हूँ कि क्रिकेट की दुनिया में क्या हो रहा है। इतनी ज़रूरी है मेरी लिए ये मीटिंग! लेकिन अब बैठा हूँ मैं एअरपोर्ट के अराइवल एरिया में। मुफ्त में चाय और एक ठंडा सैंडविच बाँटा जा रहा है हम सब को, बोर्डिंग कार्ड्स दिखा के। पता नहीं कब दिल्ली के लिए फ्लाइट चलेगी? मैंने आधा सैंडविच खा लिया है और आधा फेंकना चाहता हूँ, लेकिन याद शहर की सुबहों की, सुबह नाश्ते की मेज पे पापा की कही बात याद आ जाती है "खाना फेंकना नहीं चाहिए, किसान कितनी मेहनत से अनाज उगाता है।" अचानक दूसरी तरफ नजर गयी तो देखता हूँ कि वो लड़की, मेरी तरफ ही चली आ रही है। हाथ में कॉफी शॉप से खरीदी, कॉफी और सैंडविच ले के। मेरी धड़कन तेज... साथ में बैठ गयी है और कहा "अब तो ठीक हैं आप? जहाज़ ज़मीन पे है और आप भी!" मैं मुस्कुरा पडता हूँ। कहती है "मैंने एयरलाइन वालों से पूछा है, वह दिल्ली से कांटेक्ट कर रहे हैं। जैसे ही विजबिलिटी ठीक होगी, ये दूसरा प्लेन अरेंज करेंगे" मैंने कहा "जी!" फिर कुछ देर खामोशी। मैं एयरलाइन की दी हुई मुफ्त की चाय पी रहा हूँ, ये खास ध्यान रखते हुए कि पीते वक्त आवाज़ न करूँ। पापा ने बचपन में बताया था वो बैड मैनर्स होते हैं। "असल में आज शाम दिल्ली में मेरी बहुत-बहुत इम्पोर्टेंट मीटिंग है।" मैंने कहा "अगर मिस हो गयी तो..." आगे कुछ नहीं कहा। क्या बताता उसे कि इस मीटिंग का रिश्ता मेरे माँ-बाप के नये अपार्टमेंट से था। वो बोली "फिक्र मत करिये, नहीं मिस होगी। लगी एक-एक कॉफी की शर्त?" यूँ तो कॉलेज के दिनों से आज तक का मेरा पक्का रिकॉर्ड था कि मैं आज तक लगायी गयी हर शर्त हारा था, बल्कि इसलिए मैं किसी ज्ञानी महात्मा की तरह अपने भांजे-भतीजों को यही बताता फिरता था कि "बेटा, शर्त लगाना बुरी बात है।" लेकिन ये एक शर्त थी जो हारने का मन कर रहा था। मेरे बेहद गन्दे, सड़े से दिन को रोशन करने भगवन ने न जाने कहाँ से ये मॉडलनुमा हमसफर भेज दिया था, और कौन जाने क्यों वो मुझसे इतना बात कर रही थी। मैंने कहा "आप कौन-सी एयरलाइन में एयर हॉस्टेस हैं?" वो मुस्कुरायी और बोली "नहीं, एक्चुअली मैं पायलट हूँ।"

मैं शर्म से अपनी मुफ्त की चाय के प्याले में डूबा जा रहा हूँ। जिस

लड़की को उसकी खूबसूरती के कारण मैं एयर हॉस्टेस समझ बैठा था, वो असल में पायलट है! दोहरा फाउल किया है। अपने पूर्वाग्रहों के कारण एयर हॉस्टेस होने को सिर्फ खूबसूरती की नौकरी मान लिया, और मैंने ये भी मान लिया कि एक खूबसूरत महिला सिर्फ एयर हॉस्टेस हो सकती है, पायलट नहीं। मुझे समझ नहीं आ रहा है कि कहाँ देखूँ। वो खिलखिला के हँस रही है। कहती है "डोंट वरी, ऐसा मुझे दिन में एक बार सुनने को तो मिल ही जाता है।" वो बगल में बैठी है, झुक के अपने बैग से किताब निकाल के कहती है "ये लीजिये, आपके लिए" किताब उन लोगों के लिए थी जो नर्वस फ्लायर्स होते हैं। कहती हैं "मैं जब फ्लाइट्स पे डरती थी तो ऐसे ही औरों ने मेरी हेल्प की थी। मैं इसकी एक कॉपी हमेशा अपने पास रखती हूँ, किसी को देने के लिये।" दो घंटे बीत गये हैं। तीन चाय के कप और खाली हो गये हैं। एअरपोर्ट पे भीड़ बढ़ती जा रही है। कुछ और फ्लाइटें भी डाइवर्ट हो के जयपुर में उतर रही हैं। मैं लगातार घड़ी में देख रहा हूँ। अपनी मीटिंग के बारे में सोच रहा हूँ। और खुद को सुन के आश्चर्य भी कर रहा हूँ। ऐसी चीजें उसे बता रहा हूँ अपनी ज़िन्दगी के बारे में जो कभी किसी अजनबी को नहीं बतायीं। कैसे मेरी एमबीए की ढेर सारी फीस देने के लिए जिस दिन पापा ने अपना एफ.डी. तोड़ा था, मैं बैंक उनके साथ गया था। कैसे हाथ हलके से काँपे थे उनके, कैसे माँ ने सोने के कड़े और दादी के दिये जेवर बेच कर घर बनवाया था। कैसे दिवाली की रात मैं घर के अन्दर बैठा रहता हूँ, कैसे मुझे कॉकरोच से डर लगता है, कैसे मेरी ये खब्त है कि मैं टमाटर सब्जी में तो खा सकता हूँ लेकिन कच्चा, काट के नहीं, कैसे मेरे लिए दिल्ली पहुँचना, उस मीटिंग के लिए... जीवन मरण का प्रश्न सा है।

वो अब फिर कहीं चली गयी है। क्या आपको लगता है कि मैं ज्यादा बोलता हूँ? मेरे दोस्त अक्सर कॉलेज में यही ताना कसते थे मुझपे, याद शहर के गाँधी कॉलेज में। वो वापस आ गयी है। बोली "चलिये, आप इतना परेशान दिख रहे हैं तो हमें ही कुछ इलाज ढूँढ़ना पड़ा" मैंने उसे देखा। "दो मुर्गे और मिल गये हैं, दिल्ली चलने के लिए। मेरे कलीग्स हैं। चारों लोग एक टैक्सी शेयर कर लेते हैं। खर्चा बँट जायेगा और रास्ता कट जायेगा। नहीं? और अगर ऊपर वाले ने चाहा तो आपकी मीटिंग के लिए भी शायद

आप टाइम से पहुँच जायें।" मैं झिझकता हूँ। वो कहती है "चलिये, चार घंटे बातें करते रहिएगा, जल्दी कट जायेंगे।" मैंने लैपटॉप बैग उठाया और उसके पीछे-पीछे चल देता हूँ। बड़ी तेज चल रही है वो, उसका नाम भी नहीं पता है मुझे, एक अनजान लड़की और मैं। काश उसके दो और कलीग्स गाड़ी में न होते, काश आज का दिन कुछ और इत्मीनान भरा होता, काश ये सफ़र इतनी हड़बड़ी भरा नहीं होता, काश मैं इतना शर्मीला नहीं होता, काश! काश ये लड़की इतनी तेज न चलती होती! एक अनजान लड़की के साथ एक अनजान सफ़र पे चलने वाला हूँ। भगवान भी कितनी खूबसूरत परीक्षा लेता है!

उसके पीछे से नाम ले के बुलाना चाहता हूँ। ये बताना चाहता था कि मुझे अभी भी लड़कियों से बात करने की तमीज़ नहीं है।

◈ ◈ ◈

मैं एअरपोर्ट के गेट के बाहर खड़ा था। उस लड़की ने यहीं खड़े रहने का हुक्म दिया था मुझे। हँस के बोली थी कि अपने दो और कलीग्स को बटोर के वो टैक्सी में जल्दी ही लौटेगी और मैं अपना सामान ले के गेट नम्बर दो के सामने तैयार रहूँ। मन में एक घबराहट सी हो रही थी। जब आखिरी बार किसी लड़की ने ऐसे मुझे कहीं पे इन्तज़ार करने को कहा था, तब मैं उम्मीदें कुछ ज्यादा ही बढ़ा बैठा था और जब वो अपनी मोपेड पे लाल नारंगी सलवार कुर्ता पहने आयी थी, तो बस इतना कहने के लिए कि मैं अपने रूममेट को उसकी चिट्ठी दे दूँ। लड़कियों के मामले में, मुलाक़ातों के मामले में, इन्तज़ार के मामले में, कुल मिला के दिल के किसी मामले में, मेरी किस्मत कहाँ अच्छी रही है कभी। एक मिनट – दिल? डिड आय जस्ट से "दिल के मामले में?" दिल कहाँ से आ गया मियाँ? देख रहे हैं आप? मन के अकेलेपन की चिड़िया एक कन्धे से दूसरे फुदक रही है, सोच रही है उसका अज्ञातवास ख़त्म हो गया। अरे कद्दू ख़त्म हो गया अज्ञातवास! चार लोग जा रहे हैं पहली बार टैक्सी में दिल्ली तक, ऊपर से ड्राइवर! कोहनियों से भरी होगी गाड़ी! मुड़ के उसे देख तक नहीं पाओगे, बात करने की तो भूल ही जाओ! खुद से जिरह करने में लगा ही था मैं कि एक बड़ी सफेद गाड़ी मेरे सामने आके रुकी। अरे बाय गॉड, इतनी महँगी

वाली टैक्सी की थी इसने, लेकिन पायलट थी, मेरी तरह फटीचर बिजनेस डेवलपमेंट एग्जीक्यूटिव थोड़ी। अन्दर झाँका तो देखा अकेली बैठी थी – लो, अब इन्तज़ार करो इनके साथ वालों का! मन किया था कुछ देर पहले कि अकेले ही टैक्सी कर लूँ, लेकिन पता था कि बॉस कभी बिल अप्रूव नहीं करेगा। वो तो फ्लाइट लेट हो जाने पे एयरपोर्ट की कॉफी तक का बिल रिरियाने के बाद अप्रूव करता था। उसने दरवाज़ा खोला और उतरी। पास आके बोली "थोड़ा चेंज है प्रोग्राम में, वो दोनों लोग नहीं आ पा रहे हैं। उनका बैगेज नहीं आया है। अब सिर्फ आप और मैं ही हैं टैक्सी में, दोनों का शेयर थोड़ा ज्यादा हो जायेगा, चलेगा?" मैंने उस लड़की को देखा, मेरा ट्रेवल बिल खारिज करते हुए अपने बॉस का चेहरा देखा, और कहा "हाँ, हाँ, ऑफ कोर्स! ऑफ कोर्स चलेगा!" लो जी! लड़की के चक्कर में इस बार भी मोटरसाइकिल की ईएमआई देने के बाद कुछ नहीं बचना था। हम दोनों गाड़ी में बैठे और एअरपोर्ट से निकले। उसने मेरी ओर हाथ बढ़ाया और बोली "हाय, आई एम रूपा!" मैं सच कहूँ तो उस वक्त अपना नाम भूल गया था लेकिन ऐन मौके पे मर के याद ही कर लिया। "हाय, आई एम प्रकाश!" मेरा नाम तो प्रकाश है पर उस वक्त चेहरे पर प्रकाश गुल था और हवाइयाँ उड़ी हुई थीं। हाथ मिले तो इस तरह कि जैसे कॉलेज का कोई सीनियर अपने जूनियर से रैगिंग के वक्त मिल रहा हो। मेरे हाथ में शर्म थी, झिझक थी, उसके हाथ में अधिकार था, ऐंठन थी। मेरे हाथ में पहली मुलाक़ात थी। मामला संगीन था।

हमारी टैक्सी हाईवे पर थी और हमारे हट्टे-कट्टे, मुच्छड़ ड्राइवर साब ने राजस्थानी लोक संगीत का एक बढ़िया-सा एल्बम लगा रखा था। बीच-बीच में रियर व्यू मिरर में हम दोनों के भी दर्शन कर ले रहे थे, लेकिन हर बार की तरह उनके मन का नजारा इस बार भी हाथ नहीं लगा। जब कॉलेज में था और छुट्टियों में घर जाता था, याद शहर, तो रोडवेज की बस में चढ़ते वक्त मन इसी उधेड़बुन में लगा रहता था कि आज सफ़र की लाटरी में क्या कोई लड़की बगल की सीट पे हमसफर निकलेगी? बाकी लड़कों की कहानियाँ सुन-सुन के इतना कुढ़ता था। उनके बगल की सीट पे अक्सर सुन्दरियाँ बैठती थीं! अक्सर कोहनी से कुहनियाँ मिल जाती थीं, एक दोस्त ने तो बताया था कि कम से

कम दो बार एक लड़की अपना सर कन्धे पे रख के सारे रास्ते सोती रही थी! मुझे नहीं पता इनकी सच्चाई लेकिन इन सारी कहानियों को हलकी-हलकी धूप में सुनने में मज़ा बड़ा आता था। आज इतने सालों बाद लग रहा था कि आखिरकार मुझे भी एक ऐसा क़िस्सा मिलने जा रहा था, जिसे मैं मन के किसी काल्पनिक कॉलेज की कैंटीन में बैठ कर यादों की धीमे-धीमे छनती धूप सेंकते हुए पुराने यारों को सुना सकता था।

रूपा खिड़की के बाहर देख रही थी। उसके बाल उड़ रहे थे और वो झुंझला रही थी। अपने बैग में दायें-बायें कुछ पहाड़ हिला के उसने अन्ततः वो बहमूल्य वस्तु निकाली जिसे वो बड़ी देर से ढूँढ़ रही थी। उसका छोटा, काला सिम्पल सा हेयर बैंड। बाल बाँधे, लम्बी साँस ली, और मेरी ओर मुँह करके बोली "अब बताइए!" अचानक उसका कोई फोन आने लगा। उसने फोन को देखा, फिर साइलेंट कर दिया। नहीं उठाया। फोन फिर बजा। इस बार उसने बेमन से फोन उठाया और बात करने लगी। झल्ला रही थी किसी बात पे, नाराज़ हो रही थी। तभी मेरा अपना फोन बजा। याद शहर से माँ का फोन था। "बेटा पहुँच गया दिल्ली? टैक्सी मिल गयी?" हिन्दुस्तान की माँएँ बेटों के पल-पल की खबर रखती हैं। ये बेटों का सौभाग्य है कि ऐसा होता है। हालाँकि अगर माँएँ बहुओं पर भी इतना ही प्रेम न्योछावर करें तो बात ही क्या हो। खैर... मैंने कहा "मम्मी वो मैं बता नहीं पाया!" तभी माँ ने पीछे रूपा की आवाज़ सुनी और लगभग फुसफुसा के किसी कॉलेज के दोस्त की सी उत्सुकता से कहा "वो लड़की कौन है?" बेटे के लिए लड़की ढूँढ़ने की दौड़ का अगर कोई ओलम्पिक मैडल होता, तो मेरी माँ का बढ़िया चांस होता गोल्ड मैडल का। हमारे मैथ्स टीचर की साली को भी नहीं छोड़ा इन्होंने, कुंडली माँग ली थी। वो तो लड़की ने मुझे रिजेक्ट कर दिया, तो मेरी जान में जान आयी। लेकिन आज शायद मैं खुद अपनी माँ का दूत बन के अपना भला करने चला था। मैंने गला साफ किया और कहा। "तो रूपा जी, आई मीन रूपा, आपके हसबैंड, फैमिली वगैरह दिल्ली में है?" रूपा सोच की नींद से जाग पड़ी। कुछ सेकेंड ख़ामोश रही और मुस्कुरा के बोली "नहीं सिंगल हूँ।" जैसे गहरी सोच किसी घने जंगल से अपनी हँसी की धूप के मैदान में लौटती हो। मुस्कुराने लगी, जैसे कह रही हो, "सीधे पूछ लेते न" तभी रूपा के फोन की घंटी बजी। चौथी बार में उसने फोन

उठाया। मेरी ओर पीठ करके चिड़चिड़ा कर फोन में बोली। "हर्ष मुझे नहीं पता कि मैं तुम्हारे साथ रहना चाहती हूँ या नहीं?"

फोन रख के रूपा पलटी तो उसने देखा कि मैंने शायद उसकी फोन की बातचीत सुन ली है। "मैं कोर्ट में अपनी तलाक की हियरिंग के लिए जा रही हूँ।" वो बोली। "कागज पे अभी भी शादीशुदा हूँ, लेकिन मन में उस रिश्ते को मैं बहुत पहले तोड़ चुकी हूँ। इसलिए आपसे कहा कि मैं सिंगल हूँ।" इतनी खुशमिजाज लड़की, जो अपने साथ सूरजमुखी के फूल की तरह जैसे अच्छे मिजाज की किरणें लिए फिर रही हो, वो इतनी तकलीफ लिए चल रही थी। मैंने कहा "चाय के लिए रुकें?" टैक्सी एक ढाबे पर रुकी। मैं झिझक रहा था कि पता नहीं ढाबे पे चाय पीना उसे कैसा लग रहा हो। अचानक वो बोली "समोसे खायेंगे? यहाँ के समोसे बड़े मशहूर हैं!" "अरे आप यहाँ आ चुकी हैं?" मैंने कहा। और हम लोगों ने दो प्लेट समोसे आर्डर कर दिये। "प्रकाश, इस हाईवे का मेरी ज़िन्दगी में काफ़ी आना-जाना रहा है। जब देखो मुँह उठाये मेरी लाइफ में चला आता है।" चाय आयी, समोसे आये। उसने और चटनी माँगी। और अपनी कहानी बतानी शुरू की। "मेरे पापा गवर्नमेंट जॉब में थे, जयपुर में। मैं दिल्ली यूनिवर्सिटी में पढ़ती थी। उनके साथ अक्सर इस हाईवे पे आयी हूँ। खूब मजे करते थे। पहले कुछ साल पापा अपनी पुरानी प्रीमिअर पद्मिनी ले के आते थे मुझे पिकअप करने। मैं कॉलेज के ब्रेक का इन्तज़ार करती कि कब घर जाऊँगी। मेरे ज्यादा दोस्त नहीं थे कॉलेज में। दोस्त बनाना मुझे कभी आया नहीं। पापा कहते थे कि किसी से भी बात करने के पहले दो मिनट में आदमी समझ सकता है कि वो किस तरह का इनसान है। दोस्ती के लायक है, या नहीं। गैं तो किसी से दो मिनट तक बात नहीं कर पाती थी। क्या जाने, घमंडी थी शायद। या फिर बचपन से अकेले रहने की आदत थी, इकलौती बेटी थी, सो किसी और की दोस्ती की ज़रूरत ही नहीं पड़ी। यूनिवर्सिटी हॉस्टल में भी अकेले रहती थी। घर जाने का इन्तज़ार करती रहती। घर एक बड़ा-सा सरकारी मकान था। पुराना था, लेकिन एक बड़े बुजुर्ग की तरह था जो, जितनी बार जाओ बस आशीर्वाद देता लगता था। कमरों की ऊँची-ऊँची छतें थी, छतों से लटकते वो लम्बी-लम्बी राड्स वाले किर्र-किर्र करके धीमे-धीमे घूमते हुए

पंखे, बाथरूम इतने बड़े कि नहाते हुए गाना गाते वक्त जब आवाज़ गूँजती थी तो रॉक स्टार जैसी फीलिंग आती थी। पीछे एक बाग था। आप बोर तो नहीं हो रहे हैं?" उसने अचानक पूछा। "हुंह! नहीं! बिल्कुल नहीं! एक एक चाय और पियें?" मैंने चाय आर्डर की और फिर कहा "हाँ, तो आपके मकान का टूर ले रहे थे हम। उस बाथरूम में जहाँ आवाज़ गूँजती थी" "जी नहीं, प्रकाश हम पीछे बाग में पहुँच चुके थे।" मैं हँसा। हाँ, मैं किसी बाग में सचमुच जाना चाहता था किसी इस अजनबी लड़की के साथ। घंटों किसी पेड़ के नीचे बैठकर कुछ नहीं कहना चाहता था। लो! मैं अपनी पैरलल स्टोरी के लिए चल पड़ा! उधर रूपा अपनी कहानी बताये जा रही थी। "बाग में एक पेड़ था, आम का पेड़, वो पेड़ मेरा था, उस पे मैंने अपने नाम की तख्ती भी लगा रखी थी। उसके नीचे मेरे सिवा और कोई नहीं बैठ सकता था। मैं वहाँ घंटों बैठती थी, बिना कुछ कहे। पापा का वो जयपुर वाला घर जैसा अड्डा था मेरा। जब मन ऊबता था, किसी न किसी बहाने पहुँच जाती थी। फिर एक दिन ऐसे इसी हाईवे से पहुँच गयी घर। मोटरसाइकिल की पिछली सीट पर बैठ के। मेरे साथ एक लड़का भी था। और मैंने पापा से बेशर्मी से कह दिया, पापा मैं इससे शादी करना चाहती हूँ..."

दोस्तों! आपको पता है लड़कियाँ हिन्दुस्तान में सड़कों पे सफ़र करती हैं तो चाय और पानी इतना कम क्यूँ पीती हैं? क्यूँकि लोगों को साफ बाथरूम बनाने की तमीज नहीं है। और उन्हें साफ रखने की...

रूपा जब ढाबे के बाथरूम से वापस आयी तो लग रहा था कि वो किसी न किसी को मुक्का तो जरूर मार देगी। बड़े रौब से ढाबे वाले को बुलाया और कहा "क्यूँ! ये बाथरूम साफ नहीं रख सकते क्या?" फिर नाश्ते के पैसे मेज पे रखती हुई बोली "चलिए, आपको देर हो रही है आपकी मीटिंग के लिए।" "अरे! पर वो लड़का?" मैंने ऐसे शिकायत के लहजे में कहा जैसे मैं एक अच्छी सस्पेंस फिल्म का दर्शक हूँ जिसे इंटरवल के बाद ही घर भेजा जा रहा हो। वो मेरी मिन्नत देख कर मुस्कुरा पड़ी "बताते हैं, बताते हैं। पहले आपको आपकी मीटिंग में तो पहुँचा दें।" हम फिर टैक्सी में बैठे। ड्राइवर साहब ने भी नाश्ता कर लिया था। गाड़ी हाईवे पर दौड़ने लगी। "उस लड़के का नाम हर्ष था।" रूपा बोली "मेरी ही क्लास में था,

लाइब्रेरी में अक्सर दिखता था, अकेला बैठा हुआ। पहली बार एक ऐसा लड़का दिखा था जो अच्छा लग रहा था। सिगरेट नहीं पीता था, शराब नहीं पीता था। लड़कियों को नहीं छेड़ता था। उसे तो सीटी तक बजाना नहीं आता था, लड़कियाँ क्या छेड़ता! मैं भी लाइब्रेरी में अकेले ही बैठी थी, एक दिन किसी किताब को ढूँढ़ने के चक्कर में बात शुरू हो गयी। फिर तो जैसे कोई कैदी काल कोठरी से निकलता हो। ऐसे मैंने उससे इतनी बातें शुरू कर दीं कि जैसे पिछले कई सालों लोगों से कम बात करने का हिसाब बराबर कर रही हूँ। प्यार करना आता नहीं था, धीरे-धीरे सीख लिया, मन की बात कहनी सीख ली, जिद करनी सीख ली, शरमाना सीख लिया, रूठना सीख लिया, रूठती बहुत थी उससे..." अचानक मेरे फोन की घंटी बजी। बॉस था "हाँ, हो गयी मीटिंग?" "नहीं सर वो मीटिंग रात में है। वो फ्लाइट जयपुर डाइवर्ट हो गयी थी।" "व्हाट? तुम लोग ठीक से प्लान क्यूँ नहीं करते हो! अर्ली मॉर्निंग फ्लाइट क्यूँ नहीं ली? रात की क्यूँ नहीं ली? प्रकाश तेरा पूरे साल परफॉरमेंस जीरो रहा है।" "नहीं, जीरो कहाँ सर... चार डील्स क्लोज" "प्रकाश अगर आज ये डील नहीं हुई तो नौकरी के लिए किसी वेबसाइट पे डाल दे अपना सीवी वापस आते ही।" बॉस ने बेरहमी से फोन काट दिया। मैंने अपनी बेइज्जती छुपायी, पलटा और देखा कि रूपा खिड़की के बाहर देख रही थी। ड्राइवर साहब की और मेरी नजरें रियर व्यू मिरर में मिलीं। वो जो नजारा पीछे की सीट पे ढूँढ़ रहे थे, वो तो उन्हें नहीं मिला था लेकिन शायद रूपा की कहानी उन्हें भी दिलचस्प लगने लगी थी। शायद बेताब थे कि मैंने रूपा से कहूँ और वो आगे बताये। मैंने फ़र्ज़ी मुस्कराहट चेहरे पर बिखेरी और कहा "आगे क्या हुआ?" रूपा बोली "फिर हमारी शादी हो गयी। माँ, पापा से ज़िन्दगी में एक ही बात के लिए ज़िद की थी। मानते कैसे नहीं। और शायद वो दोनों भी खुश थे कि पहली बार ज़िन्दगी में कुछ माँगा था मैंने। लेकिन, पाँच साल में न जाने कब हम लोग तलाक तक पहुँच गये, बड़े शहरों की शादियाँ शायद होती ही ऐसी हैं, कब मुट्ठियों से निकल जाती हैं, पता ही नहीं चलता। न जाने कब उसने मेरी इज़्ज़त करना छोड़ दिया। लेकिन ये मन है ना, रिश्ते चाहे जितने भी सड़ गये हों, उन्हें तोड़ने से डरता है। जा रही हूँ तलाक की हियरिंग के लिए, लेकिन मन नहीं जानता कि क्या चाहिए। रिश्ता तोड़ना

है, या बचाना है। मैं कुछ देर सुनता रहा, फिर न जाने कैसे हिम्मत कर के बोला ‘‘रूपा वैसे तो ये आपका पर्सनल मामला है। लेकिन मेरा ये मानना है की कोई भी इनसान जो आपके लिए इम्पोर्टेंट न हो, जरूरी न हो, उसे ये हक़ कभी नहीं देना चाहिए कि वो आपका दिन बिगाड़ दे, आपका मूड बिगाड़ दे, आपकी ज़िन्दगी बिगाड़ दे...’’

टैक्सी फिर रुक गयी थी, एक पेट्रोल पम्प पे। टायर्स में हवा कम थी। रूपा और मैं कार के पास खड़े थे। अजनबी नहीं थे हम अब। अपनी ज़िन्दगी की सबसे व्यक्तिगत बातें बता चुके थे। शायद हम दोनों के पास ये बातें कहने के लिए कोई था ही नहीं। मैंने उसकी शादी पे अपना फरमान सुना तो दिया था लेकिन थोड़ा-सा असहज हो रहा था। अभी-अभी तो मिला था इस लड़की से, इतना अधिकार क्यूँ समझ लिया था कि अपनी शादी तोड़ने की सलाह दे रहा था? ‘‘रूपा! आय एम सॉरी, मुझे शायद...’’ “नहीं प्रकाश, मुझे बुरा नहीं लगा, ठीक ही कहा आपने। ये सच है कि अक्सर हम अपने आपको रुलाने का अधिकार उन लोगों को दे देते हैं जो एकदम ग़ैरज़रूरी होते हैं। लेकिन मैं अपने मन में ये फैसला नहीं कर पायी हूँ कि ये रिश्ता और ये इनसान क्या सचमुच मेरे लिए ग़ैरज़रूरी हो गया है या मैं ये फैसला करके बाद में पछताऊँगी। जज ने हमको छह महीने का वक्त दिया था सोचने के लिए, मैं नहीं सोच पायी। माँ, पापा ने फैसला मेरे ऊपर छोड़ दिया है, क्यूँ? क्यूँ नहीं कह देते वो मुझे कि ‘‘रूपा तुमने आज तक अपनी ज़िन्दगी के सारे फैसले खुद किये हैं, अब बस! तुम्हें बस इसी लड़के के साथ रहना है, कुछ ज्यादा ही उड़ रही हो तुम!’’ या फिर ‘‘रूपा तुम अब नहीं रहोगी इस लड़के के साथ, इसने तुम्हारा दिल हद से ज्यादा दुखा दिया है।’’ मैं मान लूँगी, वो जो कहेंगे मैं मान लूँगी। क्यूँ करने होते हैं हमें ज़िन्दगी के फैसले खुद? ‘‘लेकिन रूपा, वन्स अगेन सॉरी, ये आपका पर्सनल मामला है और मैंने अभी कहा उसका उलटा कह रहा हूँ, लेकिन क्या शादी इतना बिगड़ गयी है कि उसे तोड़ दिया जाये?’’ रूपा बहुत देर तक अपने मोबाइल फोन पर मामले को बेमतलब दबाती रही। फिर बोली “प्रकाश, एक बात है जो मैंने आपको अभी नहीं बताई। मैंने हर्ष के लिए खाना बनाना सीखा, क्यूँकि उसे मेरे हाथ का खाना खाना था। मैंने हर्ष के लिए जिम ज्वाइन किया क्यूँकि वो अकेले नहीं जाना चाहता था। मैंने

हर्ष के लिए एबॉर्शन कराया वो इतनी जल्दी फैमिली नहीं चाहता था। और मैंने हर्ष के लिए जूडो क्लासेज ज्वाइन की, क्यूँकि उसने मुझपे हाथ उठाना शुरू कर दिया था। खुद को बचाना सीखना चाहती थी मैं। फिर उसने खूब माफी माँगी, बोला दफ़्तर में परेशान था, इसलिए जानवरों जैसा बर्ताव किया। और ये सच है कि कुछ सालों से वो ठीक है, जैसे साधारण पति होते हैं, वैसे है, लेकिन एक पत्नी जैसी इज्जत मैंने इस रिश्ते में न तब महसूस की, न अब। शायद हिन्दुस्तानी मर्दों को औरतों की इज्जत करना स्कूल में सिखाया जाना चाहिए। देखिये न, इतना कुछ होने के बाद भी, शायद मुझे उसकी आदत पड़ चुकी है, जैसे पुरानी टी-शर्ट की आदत पड़ जाती है जिसे कई-कई दिन तक बिना धोए पहनते रहते हैं हम। जिसमें छेद हो तो भी खुशी से पहनते रहते हैं हम, पुराने वक्तों की खातिर। शायद पुराने वक्तों की खातिर ये रिश्ता बहुत निभाया है मैंने। और शायद आपसे बताना जरूरी था, एक अजनबी को बताना जरूरी था, मन में जो छुपा था, जो अपने सामने भी नहीं लाना चाहती थी मैं। सारे डर, सारी शंकाएँ, सारा अफसोस, सब आज सामने कह दिया मैंने। अब मुझे पता है कि मुझे क्या करना है। इसका सुराख़ भरने वाला नहीं है। शायद पुरानी टी-शर्ट फेंक देने का वक्त आ गया है।

"नींद तो नहीं आ रही है? चाय के लिए रुकें?" मैंने जोर से कहा। मैं और रूपा दोनों चुपचाप थे। सफ़र के ख़त्म होने की ख़ामोशी थी, जैसे बेटी के घर से विदा होने के बाद की खामोशी, एक चिराग के लौ के फड़फड़ा के बुझ जाने के बाद की खामोशी। दो अजनबियों के बीच हुए एक अनकहे रिश्ते के ख़त्म हो जाने की खामोशी। कौन जाने इसके बाद वो दोनों अजनबी मिलें, न मिलें। सफ़र में अजनबी कभी न मिलने के लिए ही तो मिलते हैं आखिर। अलविदा तो कहना ही था। मैं अलविदा को थोड़ा और टालना चाहता था। ड्राईवर ने ढाबे पे गाड़ी रोकी, सेलोफीन पेपर में लिपटे रंग-बिरंगे बल्ब चमक रहे थे। ज़ोर-ज़ोर से एक नया फिल्मी गाना पुराने स्पीकर पर बज रहा था। मैं वॉशबेसिन तक गया, पानी की टोटी खोलकर ठन्डे पानी से मुँह धोया। और अपने आप को सामने गन्दे, दाग पड़े आइने में देखा। आइने में दूर पीछे रूपा दिख रही थी। प्लास्टिक की कुर्सी पर बैठी हुई, अपने बाल उसी काले हेयरबैंड से एक बार फिर बाँधती हुई। किसी से फोन

पर बात कर रही थी, मैं बड़ी देर तक गीला मुँह लिए उसे आइने में देखता रहा, फिर वापस उसके पास पहुँचा। शायद वो कुछ एहना चाह रही थी, या शायद मेरा भ्रम था, शायद मेरी उम्मीद थी। इतने बरसों के अकेलेपन के बाद कोई ऐसा मिला था जिससे मैं अपना अकेलापन बाँटना चाहता था, जिसके सामने मुझको कोई नकाब नहीं लगाना पड़ा था, जिसने मेरे सामने कोई नकाब नहीं पहना था। उसने फोन रखा और बोली "हर्ष था, मैंने बता दिया उसे अपना फैसला, क़ाफ़ी धक्का लगा शायद उसे, शायद उम्मीद का रहा था कि मैं एक बार फिर पिघल जाऊँगी उसकी बातों से। लेकिन मैंने उससे कह दिया कि अब मैं किसी ग़ैरज़रूरी आदमी को अपना दिन, अपना मूड खराब नहीं करने दूँगी। यही कहा था न तुमने प्रकाश?" मैं मुस्कुराया। उसने पहली बार मुझको 'तुम' कहा था। मैंने कहा "हाँ"। तो बोली "खुद अपनी ज़िन्दगी में ये क्यों होने दे रहे हो?" "मतलब?" मैंने पुछा। रूपा बोली "मैंने सुन लिया था जब तुम्हारे बॉस का फोन आया था, क्यों सह रहे हो ऐसे आदमी की बेइज्जती, जो तुम्हारी कदर ही नहीं करता? जो मेरी शादी की कहानी है वही तो तुम्हारी नौकरी की कहानी है।"

डेढ़ घंटे बाद हम दिल्ली पहुँच गए। रूपा का घर मेरी मीटिंग वाली जगह के रास्ते में था। मैं गाड़ी से उतरा, वो जाते-जाते मुस्कुराकर गयी। फोन नम्बर देकर गयी। शायद इत्तेफ़ाक़ों का ख़ुदा मेहरबान हो गया था। मैं दूर तक उसको जाते हुए देखता रहा। उसके बाल हवा में लहरा रहे थे, जैसे कोई पंछी आजाद हवाओं को बरसों बाद फिर चख रहा हो, जैसे कोई बलखाती नदी जो अब तक किसी पहाड़ के हृदय में दबी थी, वो महासागर तक का अपना लम्बा सफ़र तय करने की तैयारी कर रही हो। जैसे उस अजनबी लड़की के अन्दर जो बरसों से उबल रहा था वो धधकता हुआ नाराज़गी का, तकलीफ का लावा आज बह निकला हो। आज उसके अन्दर कोई गुस्सा नहीं था, कोई तकलीफ नहीं थी, वो आजाद थी। मुझको भी उसके जैसा बनना था, मुझको भी आजाद उड़ना था, मुझको भी अपने छोटे-छोटे सपनों के आकाश को हाथों से छूना था। मैं अपनी मीटिंग के लिए निकल पड़ा। मैंने फैसला कर लिया था। एक अनजान लड़की, मेरे बगल की सीट वाली लड़की ने न जाने कहाँ से आकर मुझको मेरे अपनी जिन्दगी एक नए आइने में दिखा दी थी। मैं जानता था कि मैं क्या करने जा रहा था। मैं

अपनी बेहद जरूरी मीटिंग करने जा रहा था। मुझको पता था की वो डील मुझको ही हासिल होनी थी। आखिर हारा हुआ खिलाड़ी बनकर मैदान से नहीं हटता मैं। फिर रात को एअरपोर्ट से नौकरी वाले वेबसाइट पर अपना सीवी भेजना था। फिर अपने बदतमीज़ बॉस को इस्तीफे का नोटिस। मुझे पता था की मेरी माँ के लड़कियों से घबराने वाले बेटे ने उसको बताने लायक एक दोस्त ढूँढ़ ली थी। मुझको पता था कि उस रात की फ्लाइट के उड़ने से पहले बरसों बाद पहली बार मुझको "टेकिंग ऑफ" और "जस्ट लैंडेड" के एसएमएस भेजने के लिए कोई मिल गया था।

तू कुजा मन कुजा

•

आजम क़ादरी

वक्त एक ही था लेकिन कुछ देर के लिए दो हो जाया करता। एक जो मुर्तुज़ा के ऊपर कमरे की खुली खिड़की में इन्तज़ार करता और दूसरा जो अमीना के जाली वाले झरोखे में आकर उस इन्तज़ार को टटोल जाता। मुर्तुज़ा की आँखों में रोज अमीना को देखने की चाह रहती तो अमीना दोपहर के शुरू होते ही चाहत बन कर वक्त की लगाम को थाम लेती थी। मुर्तुज़ा अपनी किताब में झाँकते हुए झरोखे में बैठी अमीना के नाम की अज़ान देता और अमीना तकियों के गिलाफ काढ़ने के बहाने उसके नाम की नमाज़ पढ़ा करती, मुर्तुज़ा कभी उस वक्त अपना सबक याद नहीं कर पाया और अमीना की कुरैशिया भी उलटे फंदे डालती रहती। मैंने पहले ही कहा था कि वक्त तो एक ही था लेकिन कुछ देर के लिए दो हो जाया करता था। दोनों वक्त के अपने अपने फेरों में बैठे, बहाने से रोज एक दूसरे को देख लिया करते, शायद इसे ही इश्के हकीकी कहते हैं।

"अमीना...अमीना ...नीचे आकर जरा शरबत बना दे, कचहरी से तेरे अब्बा के मिलने वाले आये हैं।" कभी-कभी अम्मी की पुकार पुच्छल तारा बनकर वक्त के बीच गहन लगा देती। अब गहन तो गहन होता है, दीदे इश्क टूट जाता। "जी आयी अम्मी ... ।" कहकर अपना दुपट्टा सँभाले अमीना नीचे

चली जाती और मुर्तुज़ा की निगाहें अपनी खिड़की से निकलकर अमीना के झरोखे में आ जातीं, उसके बुने हुए तकिये के गिलाफ की कढ़ाई में अपना नाम तलाशती, पर उस पर नाम तो अमीना का मिलता, ''अमीना'' सुर्ख रेशमी धागों से उर्दू में लिखा एक नाम देखकर मुर्तुज़ा मुस्कुराता और शाह बुल्ले का एक कलाम उसे याद आता ''राँझा राँझा कर दी मैं तो आपे राँझा होई, राँझा मैं विच, मैं राँझे विच होर ख़याल न कोई'' तब उसे अमीना में मुर्तजा दिखने लगता। मुर्तुज़ा की खिड़की बन्द होते ही वक्त फिर से एक हो जाता और गलियों की दोफेरी में आवारा झूमने लगता।

वैसे तो मुर्तुज़ा कुम्हार था और अपने चचा के साथ दिन भर आँगन में मिट्टी कूटा करता पर उसे पढ़-लिखकर कुछ बनना था, वरना किस्मत उससे रूठ जायेगी। कतरा-कतरा वक्त जोड़ के वह पढ़ता रहता। मुर्तुज़ा बी. ए. की पढ़ाई कर कुछ बनने की कोशिश में लगा था और अमीना उसके बनने के इन्तज़ार में। ये सिलसिला कब से शुरू हुआ ठीक-ठीक किसी को याद नहीं, शायद उस वक्त से जब मुर्तुज़ा चौदह साल का था, और अमीना उससे बड़ी दिखने लगी थी, या उस वक्त से जबसे अमीना ने दोफेरी में कढ़ाई बुनाई करना शुरू की थी, या उस वक्त से जबसे मुर्तुज़ा ने मिट्टी के सकोरे बनाने शुरू किये थे, जिनकी गोलाई देखकर अमीना मुस्कुराती थी। हकीकत तो ये है कि ये सिलसिला तभी से शुरू हुआ था जबसे ये खिड़की उस झरोखे के सामने तामीर हुई थी। इश्क के होने न होने में थोड़ा हाथ तो हमारे दरो दीवार का भी तो हाता है। दोपहर होते ही वक्त, अमीना और मुर्तुज़ा की आँखों मैं थम जाता, पर अमीना के अब्बा के लिए तो वह मीलों आगे निकल गया था। रोज कोई न कोई अब घर में सज धज कर आने लगा था, ताकि अमीना के हाथ पीले हो सकें। अब्बा जब भी अमीना से ये कहते तो वह अपने हाथों को देखने लगती उसे लगता उसके हाथ तो न जाने कबके पीले हो चुके हैं, कब से हैं ये पता नहीं, शायद तबसे ही होंगे जब इस खरोखे के सामने उस खिड़की की तामीर हुई थी।

माफ कीजियेगा बात आज की नहीं है, बात दसियों साल पुरानी है, पर सुना आज रहा हूँ। सुनने वाले नहीं थे तो सुना भी नहीं पाया। ''जी नहीं, भूला कुछ भी नहीं हूँ मैं ...कस्बे की सारी गलियाँ, वह मोहल्ले, वह छत्तें, वह कूचे फाटक सब कुछ याद है मुझे। कोई जुस्तजू तो नहीं है पर जब भी

राख कुरेदने बैठता हूँ, उस बीते कस्बे की सारी ज्योग्राफी ऐसे उभर आती है जैसे इसका अर्किटेक्ट लुटियन मैं ही था। मैं ...मैं कौन? चलिये बता ही देता हूँ मैं वह तीसरा वक्त हूँ जो उन दो वक्तों के बीच से, कई बार ख़ुदा हाफिज कहते हुए निकला और अस्सलामो अलयकुम कहकर फिर से वापस आया। वैसे मेरा नाम रहमान है, मैं अमीना को आपा कहकर बुलाता था, वह मुझसे उम्र में कितनी बड़ी थी नहीं पता लेकिन कद में एक फीट ऊँची थी, मैं अक्सर उनके गले से झूल जाता तो मुझे उनके बालों से गाचनी मिट्टी की खुशबू आती, मैं उस खुशबू को सूँघने के लिए बार-बार उनके गले से झूलना चाहता तो वह मुझे झटक-कर कहतीं, "क्या है रहमान...मुझे परेशान मत करो...अपना सबक याद करो।" और तब मैं अपना सबक याद करने बैठ जाता। "अलिफ जबर आ ...अलिफ जेर ए ...अलिफ पेश...ओ" सबक याद कर लेने के बाद जब मैं अमीना आपा को सुनाने जाता, तब मुझे दो वक्त एक-दूसरे के सामने ठहरे हुए दिखते और मैं तीसरा वक्त बन कर कहता "आपा मैं जा रहा हूँ ...ख़ुदा हाफिज।" उनका जर्द सा चेहरा चौंक जाता फिर उसमें दो गहरे गड्ढ़ों वाली मुस्कान भर आती, "अरे अपना सबक तो सुनाओ ..." वह झुक कर कहतीं और गाचनी मिट्टी की खुशबू फिर से मेरे ज़हन में भर जाती, जो शायद आज तक भरी हुई है। वह तपती दुपहरी के दिन थे जब अमीना आपा अपने झरोखे में बैठी अब्बा के रेडियो का लिबास सिल रही थीं, मुर्तुज़ा के घर से किसी के चीखने की आवाज़ आने लगी शायद उसके चाचा की आवाज़ थी, "बहुत हो गयी पढ़ाई-लिखाई ....कमबख्त कहता है दुकान पर नहीं बैठेगा...लाट साहब बनेगा, टाँग तोड़ दूँगा जो किताबों को हाथ भी लगाया।" मुर्तुजा का चाचा चिल्लाता और आँसू अमीना की आँखों से गिरते। इस बार वक्त के बीच गहन थोड़ा लम्बा लग गया। अमीना का जाली वाला झरोखा सामने वाली खिड़की के खुलने के इन्तज़ार में खुला रहता, पर खिड़की न खुलती, और अमीना के हाथ में कुरैशिया नाचती रहती। घर के सारे तकिये, गिलाफ चादरें सबकी सब कढ़ती गयीं, और गुजरता हुआ वक्त रेशम के रंगीन धागों में बेलबूटों की शक्ल में टँकता गया।

वह जुमेरात की शाम थी जब गली के नीचे एक फ़कीर गाते हुए गुजरा–"तू अमीरे हरम मैं फ़कीरे अजम, तेरे गुण और ये लब में तलब ही

तलब, तू अता ही अता, तू कुजा मन कुजा...!"

सुनकर अमीना की आँखों से आँसू लुढ़क आये थे, माफ कीजिए मैं अब उन्हें आपा नहीं कह पाऊँगा। कहानी आपा की नहीं उस वक्त की है जिसे अमीना कहते हैं, सो किस्साये अमीना में अमीना नाम ही ठीक है। पता नहीं ऐसा क्या कहा था उस फ़कीर ने, मुझे तो उसका कुछ भी मतलब समझ नहीं आया। उस वक्त तू कुजा मन कुजा का मतलब मेरे लिए अमीना के आँसू ही थे।

कितना वक्त बीत गया, पर वह मेरे लिए ला मा का की तरह ठहरा है, ला मा का उसी वक्त को कहते हैं जब हमारे नवी अल्लाह से मिलने गये थे, तब वक्त ठहर गया था। किसी ने कहा है न, जला है जिस्म तो ये दिल भी जल गया होगा कुरेदते हो जो ये राख जुस्तजू क्या है? सच में जुस्तजू तो कुछ भी नहीं है, कुछ जला भी नहीं था बस यादों की राख बन गया है, बिना जली राख में कहीं भी खुरच लो, कुछ न कुछ मिल ही जाता है। मुझे भी तू कुजा मैं कुजा का मतलब मिला था।

"रोती क्यों हो अमीना ...जाने वाले वापस नहीं आया करते।" वह रमजान का पहला रोजा था जब अमीना की अम्मी नें, दस्तरखान सजाते हुए, ख़ामोश पड़ी अमीना से कहा था। अमीना ने कुछ नहीं कहा पर उसके रौशन दिल ने जवाब दिया था, अमीना लोग जाने के लिए ही वापस आते हैं... "इन्नल लाहा मअस साबरीन" सब्र करने वालों के साथ अल्लाह होता है। वह तो कब से सब्र का दामन थामे बैठी थी, कब से बैठी थी ये बात आप जानते ही हैं। अमीना के दिल में लाल शरबत वाली ठंडक समाँ जाती। अमीना के अब्बा कचहरी में मुंशी का काम करते थे, वकीलों की तहरीरें लिखते-लिखते, वह तकदीरें भी लिखने लगे थे, और एक दिन उन्होंने अमीना की तकदीर भी लिख दी। ईद की नमाज़ पढ़कर जब अमीना के अब्बा वापस घर आये तो उनके साथ कुछ मेहमान भी थे, किमामी सिवैयां परोसते वक्त अब्बा ने सामने बैठे नौजवान से कहा था, "किमामी सिवैयाँ बनाने में हमारी अमीना का जवाब नहीं।" "जी अब तो हमें रोज ही मीठा मिला करेगा।" सामने बैठे नौजवान ने मुस्कुराकर अमीना को देखते कहा था। "हमारे तो रोजे कुबूल हो गये लगता है।" अमीना के अब्बा गद्गद थे। पर रोजे तो अमीना ने भी रखे थे उसके रोजों का क्या होगा? उस रात

चाँदनी निकली थी, मेरे इम्तेहान नजदीक थे सो अमीना आपा, धत् फिर आपा, कबख्त जबान भी एक बार कोई रिश्ता बाँध ले तो फिर छोड़ती ही नहीं। खैर ...अमीना से पढ़ने के लिए मैं देर रात तक उनके जाली वाले झरोखे में लैम्प जलाये पढ़ता रहता। अब मैं अलिफ जबर आ ...बे जबर बा ...बे पेश ओ वह ...से आगे निकल कर हिज्जे करके काफिये पढ़ने लगा था–"एक अलिफ पढ़ो छुटकारा है, बन हाफिज हिफाज कुरान करें, पढ़-पढ़ के साफ जुबां करें, फिर नियमत बल्ल ध्यान करें, मन फिरदा ज्यों लह्कारा है, एक अलिफ पढ़ो छुटकारा है।" मैं बार-बार काफिये को आँखें बन्द करके दोहराता जाता, जब तक कोई जुमला मुझे पक्का याद न होता तब तक अमीना उसका तर्जुमा नहीं समझाती थी। मुझे जब लगा कि मुझे ये काफिया याद हो गया है, तब मैंने तर्जुमा जानने के लिए आँखें खोलीं। मेरा चिमनी वाला लैम्प बुझ चुका था, अमीना जाली में अपनी उँगलियाँ फँसाये खिड़की की तरफ झाँक रही थी। लैम्प में रौशनी हो न हो पर चाँद की रौशनी में अमीना की गोरी उँगलियों में लगी मेंहदी की सुर्खी समझ आ रही थी। जालियों की कटिंग की परछाईं अमीना के चेहरे पर ठहरी थी, एक चाँद दूसरे चाँद को निहार रहा था। लेकिन दूसरा चाँद पहले वक्त की आस में था और मैं तीसरा वक्त उस वक्त का गवाह बन गया था।

उस वक्त मैंने दूसरी बार ला मा का महसूस किया। अमीना मुर्तुज़ा की बन्द खिड़की को देखती रही और मैं उनके चेहरे को। मैं भूल ही गया कि उनसे काफिये का मतलब भी पूछना है। यकायक कुछ हुआ, गोया जादू हो गया हो, सब कुछ चाँदनी के नूर में लबरेज था, पहले वक्त ने दस्तक दी, मुर्तुज़ा की कबसे बन्द वह खिड़की जिस पर पीतल के छोटे-छोटे फूल बने थे आहिस्ता से खुली। मटमैले शलवार-कमीज में मुर्तुज़ा ही था, उसका वह दुबला चेहरा मुस्कुराहट से भरा था। उसने धीरे से अमीना से कहा– "चलो...।" "कहाँ।" "इस कैदखाने के पार एक आजाद ज़िन्दगी है अमीना!" मुर्तुज़ा थोड़ा नजदीक आ गया था। उसके चेहरे पर कोई डर नहीं था। "लेकिन मैं तो आजाद हूँ।" अमीना के गले से छनी हुई आवाज़ निकली। "मैं तुम्हें खिड़की के अन्दर क्या आजाद दिखता हूँ?" मुर्तुज़ा के चेहरे पर खिड़की की सलाखों की परछाईं दिख रही थी। अमीना उसे ग़ौर से देखती रही। "तुम भी अगर अपने आप को इधर से देखोगी तो कैद में

दिखोगी... तभी तो कहता हूँ चलो।'' मुर्तुज़ा कितना शान्त था। ''मगर ये मेरा घर है ...ये चारदीवारी मेरी हिफाजत के लिए है।'' अमीना जो महसूस करती थी वही उसकी जुबान पर आ गया। ''असली कैदखाने वहाँ नहीं होते जहाँ कैदी बन्द हों, अमीना जहाँ हमारी रूह कैद रहने लगे, वही सबसे बड़ा कैदखाना होता है।'' इतना सुनकर अमीना की आँखों से दो आँसू लुढ़क आये और मुर्तुज़ा की खिड़की बन्द हो गयी। उसी वक्त आसमान से एक तारा टूटा, पर मिन्नतें किसी ने नहीं माँगीं। उस टूटते हुए तारे ने गिरते हुए कहा था "जिसने नूर को देखा उसने अल्लाह को देखा, जिसने इश्क को जाना उसने सबकुछ जाना।" ये सुनने के बाद मुझे काफिये का मतलब खुद ब-खुद समझ आ गया था, अल्लाह के नाम का एक अलिफ पढ़ लो तो फिर कुछ भी पढ़ने की ज़रूरत नहीं रहती। अमीना और मुर्तुज़ा ने शायद उस अलिफ को बहुत पहले पढ़ लिया था, शायद तब जब ये खिड़की और झरोखा अपने वजूद में भी नहीं आये थे।

अमीना के अब्बा जैसा कि मैंने आपको बताया कि वकीलों की तहरीरें लिखते-लिखते तकदीरें भी लिखने लगे थे। पर एक बात जो उन्होंने कभी किसी को न बतायी वह ये कि जब उनसे कोई तहरीर गलत लिख जाती तो वह उस जगह थोड़ी-सी स्याही गिरा देते और नीली स्याही का धब्बा उनकी गलती को छिपा लेता पर वह भूल जाते किसी चीज के छिप जाने से उसके वजूद को नहीं हटाया जा सकता था। पर इस बार अब्बा ने तहरीर पर नहीं अमीना की तकदीर पर ही स्याही गिरा दी थी। ईद के ठीक महीने भर बाद अमीना की डोली पड़ोस के गाँव में चली गयी। जितने लोगों ने देखा वह तो यही बताते हैं कि अमीना की आँखों से एक भी आँसू नहीं निकला वह तो बस अपने पीले हाथों को देखती रही थी। मैं उस वक्त वहाँ मौजूद नहीं था मैं तो मुर्तुज़ा को ढूँढ़ते-ढूँढ़ते बहुत दूर चला गया था, पर गुजरा हुआ वक्त ढूँढ़ने से कहाँ मिलता है? हाँ ...वक्त का एक फेरा है जब वह पूरा हो जाये तो वक्त एक बार फिर घूमकर सामने जरूर आता है।

मुर्तुज़ा गुम गया था और अमीना गुमा दी गयी थी। दोपहरें अब कैसी अकेली लगने लगी थीं, चाँदनी अब भी निकलती लेकिन उसकी जद में आकर खिलने वाला वह चेहरा नहीं था, और इस खालीपन को याद रखने के लिए मैं ही उस मोहल्ले में ठहरा रह गया था।

“कहते हैं कि ....कुछ बोलती नहीं है, बिल्कुल ख़ामोश रहती है, न कुछ खाती है न पीती है दिन भर बस या तो आसमान को या फिर खिड़की के बाहर झाँकती रहती है, यही हाल रहा तो लड़की को हम नहीं रख सकते।” अबकी बार ये आवाज़ अमीना के आँगन से आ रही थी। उसके अब्बा झुँझलाये हुए थे। “अभी दिन ही कितने हुए हैं, फिर नये घर में मन भी नहीं लगता न...” अमीना की अम्मी थीं, अम्मियाँ तो हमेशा अपनी औलादों की तरफ ही खड़ी रहती हैं।

“तुम समझती क्यों नहीं ...अमीना के ससुराल वालों का कहना है कि हमारी लड़की का या तो दिमाग चल गया है या उस पर जिन्न का साया है।” मुंशी जी की लिखी हुई इबारत बहुत ही जल्दी फीकी पड़ने लगी थी। “आप मिले अमीना से।” अमीना की अम्मी का गला भर आया था। “हाँ...” “कैसी है मेरी बच्ची...?” अब तो वह रोने ही लगी थीं। “सेहत बहुत गिर गयी है।” “तो आप उसे अपने साथ ले आते कुछ दिनों के लिए।” अम्मी बेचैन हो उठी थीं। “जिस डर से बचने के लिए उसे यहाँ से रुखसत किया था उसी डर के सामने कैसे लाता, फिर से खिड़की को सारा दिन घूरती रहती। कमबख्त उस जाहिल कुम्हार के घर ब्याह भी तो नहीं सकता था।” इतना कहकर उसके अब्बा गुस्से में चले गये। वह जुमेरात की शाम थी जब गली में फिर से फ़कीर के गाने की आवाज़ मेरे कानों में सुनाई दी “तू है अहरामे अनवार बाँधे हुए, मैं दरूदों की दस्तार बाँधे हुए, काबाये इश्क तू मैं तेरे चार चार सूँ, तू असर मैं दुआ तू कुजा मन कुजा।” मैं जानता था कि ये आवाज़ कई गाँवों को पार करती हुई अमीना की ससुराल की दहलीज़ पर जरूर टकरायेगी। फ़कीर वज्द में गाता रहा– “तू हकीकत है मैं सिर्फ अहसास हूँ, तू समन्दर मैं भटकी हुई प्यास हूँ, मेरा घर खाक पर और तेरी रह गुजर, सिद्रतुल मुन्तहा...तू कुजा मन कुजा।”

“देखो, हमारे घर ये सब नौटंकी नहीं चलेगी, समझी ...ये खिड़की के बाहर झाँकने की आदत अपने मायके में ही रखो, हम इज्जतदार लोग हैं, हमारे यहाँ की लड़कियाँ इस तरह नहीं झाँका करतीं।” अमीना के शौहर ने इतने जोर से खिड़की बन्द की, कि उसका पीतल का कुंडा ही उसके हाथों में आ गया। अपना काला कोट और टाई पहनकर शौहर साहब कचहरी चले गये और अमीना उस बन्द कमरे के अँधेरे में बैठी रही, जिनके कल्ब इश्क

के नूर से रौशन हों भला उन्हें दुनियावी रौशनी की क्या ज़रूरत। वह बात हकीकत थी या फसाना पर ये बात मशहूर हो गयी थी कि अमीना पागल हो गयी है, वह अँधेरे कमरे में बैठी सिर्फ बन्द खिड़की को ही घूरा करती है और उसके होंठ यही गुनगुनाते हैं... "तू कुजा मन कुजा ...तू कहाँ मैं कहाँ"।

समय की राँपी चलती गयी और दिन-रात काले बादामी रंग की कतरन बनकर इधर-उधर गिरते रहे। आखिरकार एक दिन बग्घी में अपने सामान के साथ अमीना को वापस घर भेज दिया गया। "हमने तो बहुत इलाज करवा लिया, पर ये ठीक होने का नाम ही नहीं लेती ....कुछ दिनों के लिए छोड़े जाता हूँ, सही हुई तो ठीक है..." आगे के अलफाज अमीना के शौहर के होंठों से नहीं निकले, आधी की हुई बात, सबसे खतरनाक होती है।

मैं अपने मदरसे से लौट रहा था, जेबों में जरिया के बेर भरे थे, कितनी मुश्किल से तोड़े थे, एक बेर के आसपास सैकड़ों काँटों का पहरा रहता है, फिर भी तोड़ने वाले बाज नहीं आते, उनमें से मैं भी एक था। मुँह में थोड़ी खटास लेकर मैं मोहल्ले की उस पहचानी गली में मुड़ा तो कुछ खुशनुमा मंजर मेरी आँखों से टकरा गया। अमीना आपा धत् तेरे की फिर से जुबान फिसल गयी, ये जबान भी कुत्ते की पूँछ की तरह होती है, कितने ही साल पुंगरिया में रखो, निकलते ही टेढ़ी हो जाती है। खैर...अमीना का जाली वाला झरोखा आज खुला देखा तो दिल को जैसे हवा लगी। मैं भागते हुए उनके घर की सीढ़ियाँ चढ़ गया, "अमीना आपा।" झरोखे में जाते ही चिलाया। देखा तो अमीना की अम्मी उसके हिस्से के बचे परदों पर कढ़ाई कर रहीं हैं। और अमीना जालियों में अपनी ऊँगली फँसाए मुर्तुज़ा की बन्द खिड़की को निहारे जा रही हैं। उनका जिस्म कितना घुल गया था। गुलाबी रंग ऐसा हो गया था जैसे किसी ने उनके रंग में हल्दी मिला दी हो। मैंने धीरे से जाकर उन्हें बेर दिये। "अल्लाह का शुकर है कि आज इसने कुछ मुँह लगाया है ...रहमान तू रोज आ जाया कर।" अमीना के बेर मुँह में रखते ही अमीना की अम्मी ने कहा था। अगली रात शब्बरात थी, एक ऐसी रात जिसमें सारी रात लोग जाग कर इबादत करते हैं, मेरी दादी ने बताया था कि उस रात अल्लाह चौथे आसमान पर आ जाता है। और तब मैं आसमान को घूरकर देखने लगता जैसे मेरी नजरों को भी कृष्ण जी ने शक्ति दी हो और मैं चौथा आसमान देख सकता हूँ। उस रात मैं अमीना के घर ही आ गया था इबादत करने

के लिए, सारी रात मदरसे से नातेपाक पढ़ने की आवाज़ें आती रही और मैं झरोखे में तस्बीह पर पहला कलमा पढ़ता रहा। गुसल करके थोड़ी देर में अमीना को सीढ़ियों से ऊपर आते देखा, आज उन्होंने सफेद शलवार-कुर्ता पहना था, जन्नतुल फिर्दौस वाला इतर भी लगाया था जैसे किसी मजार पर जा रही हों। वह सीधे आयीं और अपनी जा नमाज़ पर बैठकर कुछ पढ़ने लगी उनकी नजरें अभी भी उसी खिड़की पर ही टिकी हुई थीं। मैं तो जैसे उन्हें दिखाई ही नहीं दिया। मुझे आज पहली बार बहुत गुस्सा आया, मेरा बस चलता तो मैं अब इस खिड़की को दीवार में ही चुनवा देता। उस दिन भी चाँदनी अपने उरूज पर थी, ठीक आधी रात थी जब मैंने देखा की धीरे से मुर्तुज़ा कि खिड़की खुली। आज उसने भी सफेद पठानी पहना था। उसका चेहरा तो उतना ही दुबला था लेकिन आज उसमें चमक थी। ''तुम आ गये मुर्तुज़ा।" ''अमीना ने धीरे से कहा तो उधर से जवाब आया।'' मैं कहीं गया ही नहीं था अमीना, मैं तो तुम्हारे आजाद होने का इन्तज़ार कर रहा था।'' ''अब मैं आजाद हूँ ...अम्मी ने इजाजत दे दी है।'' अमीना ने कहा तो मुर्तुज़ा का चेहरा और मुस्कुराने लगा। कहते हैं शब्बेरात की रात सारे फैसले लिखे जाते हैं। साल भर की तकदीर बना दी जाती है। शायद उस दिन अमीना की तकदीर लिख गयी थी। उस दिन के बाद से अमीना का कोई पता नहीं चला। लोग कहते हैं कि पागलपन में कहीं चली गयी। अब ना तो वह खिड़की है और न झरोखा, मैं तो राख कुरेदने बैठा था सो आज किस्साये अमीना सुना दिया। अब चलता हूँ कहीं फिर से तीसरा वक्त बनकर जाना है, ताकि मैं दो मिलते वक्तों का गवाह बन सकूँ।

पहली मुलाक़ात

●

कंचन पन्त

ये शाम इन दिनों कुछ जल्दी ही घिर आ रही थी, उदासी में लिपटी, जैसे बस अभी रो पड़ेगी। अलसाया-सा, बादलों से घिरा ये आसमान कभी मुझे बेहद पसन्द हुआ करता था, बारिश की आहट से ही मैं खिल उठती थी। कभी-कभी सोचती हूँ, हम मौसम को यूँ ही गुनहगार बना देते हैं, ये तो मन है जो बदलता है। थोड़ी देर पहले ही माँ ने बताया था कि बारिश नैनीताल में भी हो रही है।

"आलू के गुटके बनाये हैं मैंने, जरा बारिश हुई नहीं कि तेरे पापा को चटक-मटक खाने की चड़क लग जाती है" माँ कह रही थी। ऐसे मौसम में चाय के साथ कभी पकौड़े, कभी समोसे, कभी आलू के गुटके खाने की आदत मैंने ही पापा को लगायी थी। काश इस समय पापा के साथ मैं भी वहीं नैनीताल में होती। मैंने सोचा, लेकिन कहा कुछ नहीं। माँ खुश थी कि मैंने फोन किया, माँ दुखी थी कि इस बार भी दिवाली पर मैं घर नहीं जा रही हूँ। उनकी हर ख़ुशी और हर दुख सिर्फ हमसे जुड़ा था। मुझसे और पापा से। इसलिए दिवाली पर मेरे घर ना आने से माँ थोड़ा दुखी थी, थोड़ी नाराज़ भी।

ऐसी कैसी बिजी हो गयी तू तनु? एक दिन के लिए ही आ जाती। माँ

ने कहा। जाना तो मैं भी चाहती थी, छुट्टियाँ भी थीं, लेकिन जाने कौन-सी चीज थी, जो मेरे क़दम रोक रही थी। उधर माँ पड़ोस की दीपिका की शादी से लेकर रमा आंटी की बेटी बीना के दूसरे बच्चे होने तक की कथा सुना चुकी थी। आधे घंटे की इस बातचीत में मैंने गिनती के दो-चार वाक्य बोले होंगे, लेकिन माँ की बातें ख़त्म होने का नाम नहीं ले रही थीं।

"अरे, तुझे पता है अपना.....हेलो...हेलो...तनु...आवाज़ आ रही है...?"

उधर माँ और इधर मैं हेलो, हेलो करती रह गये और फोन कट गया। कितनी बार कहा है पापा से कि अब ये लैंडलाइन हटाकर मोबाइल ले लो, लेकिन पापा को इस फोन से उतना ही प्यार है, जितना मुझसे है। 1987 में पापा ने लैंडलाइन का ये कनेक्शन लगाया था, उसी साल मैं भी पैदा हुई थी। उन्हें कई साल इस बात का गुरूर रहा कि मुहल्ले का पहला फोन उनके घर में लगा था, पापा शायद अब भी उसी गर्व में जी रहे थे। जरा-जरा सी बातों की खुशी मना लेना, छोटे-छोटे दर्द बाँट लेना इनसान को अन्दर से कितना हलका बना देता है। मेरे चेहरे पर उदासी और मुस्कान एक साथ छिटक आयी। फोन कट गया था, और अब मेरे पास करने के लिए कुछ नहीं था। मैं माँ को दोबारा फोन लगा सकती थी, लेकिन ऐसा करने पर वह तुरन्त समझ जाती कि मैं उदास हूँ। यही सच उनसे छुपाने के लिए मैं उनके पास जाने से बच रही थी। यूँ मेरा शाम का वक्त अपने फ्लैट में टीवी देखते हुए या बहुत हुआ तो खिड़की से पार्क में खेल रहे बच्चों के देखते हुए ही बीतता है, लेकिन आज वक्त काटे नहीं कट रहा था, इसलिए मैं खुद भी पार्क में चली आयी, और बेंच पर बैठकर क्रिकेट खेल रहे बच्चों को देखने लगी। दायें हाथ पर बूँदों का अहसास हुआ तो मैंने सिर उठाकर आसमान की ओर देखा, और तब तक देखती रही जब तक बारिश मेरे पूरे चेहरे को भिगो नहीं गयी। माँ कहती थी कि मैं पागल हूँ। पागल ही रही होऊँगी... नहीं होती तो अपना घर, अपना नैनीताल छोड़कर दिवाली पर क्यों पड़ी होती दिल्ली में, इन अनजान चेहरों के बीच। कितने महीने हो गये माँ के हाथों की आलू-पूरी खाये हुए, पापा के बालों में तेल मालिश किये हुए,...टफी को घुमाने ले जाये हुए... और उस...उस मोगली को परेशान किये हुए।

मैं भीग रही थी, शरीर से भी और मन से भी। लगा...जैसे नैनीताल

से कोई बादल उठकर चला आया हो मेरा अकेलापन धोने। बारिश की हर एक बूँद मुझे इस बड़े शहर की, बड़ी सी सोसाइटी के, बड़े से पार्क से मेरे छोटे से नैनीताल लेकर जा रही थी।

छत पर भरा हुआ बारिश का पानी, बरसते पानी के बीच एक-एक रन के लिए इस स्टम्प से उस स्टम्प के बीच दौड़ लगाती मैं, हर बॉल पर रन आउट की अपील करता गुड्डू, हर पाँच मिनट बाद नीचे से आवाज़ लगाती माँ।

"ओ बन्दरिया...अब आती है नीचे या मैं आऊँ?"

"ओफ्हो माँ...आ रही हूँ अभी....लास्ट ओवर है...हम जीतने ही वाले हैं।"

लास्ट ओवर...हंह...मेरा वह लास्ट ओवर तब तक चलता रहता जब तक हम जीत नहीं जाते थे। जिस बॉल पर बाउंड्री ना हो वह तो वाइड या नो बॉल हो जाती थी ना। मेरा छत, मेरा बैट, मेरा टूर्नमिंट और सामने मुझसे पाँच-छह साल छोटे बच्चे। मुहल्ले की किसी टीम में जगह नहीं मिलती थी उन्हें। मैं खेलने का मौका दे रही थी ये कम था क्या। इसलिए खेल के नियम भी मेरे होते थे। और पहला नियम था कि मेरी टीम हार नहीं सकती।

"ए...गुड्डू...ये सुर्रा बॉल थी....नो बॉल। विक्की के बच्चे...इतनी फास्ट बॉल क्यों फेंक रहा है...मैं नहीं खेलूँगी फिर" मैं हर बॉल पर फैसला सुना देती और बच्चे सिर झुकाकर मान लेते।

छत पर प्लास्टिक की बॉल से खेलने पर पापा कभी-कभी गुस्सा हो जाते थे, हल्ला-गुल्ला करके घर सिर पर उठा लेने के लिए माँ कभी-कभी नाराज़ हो जाती थी, उम्र में छोटे ही सही लेकिन लड़कों के साथ क्रिकेट खेलने के लिए दादी कभी-कभी चार बातें सुना देती थी। पर कुल मिलाकर अच्छी कट रही थी मेरी। आधिकारिक तौर पर शहजादी का खिताब मेरे पास नहीं था, लेकिन मेरे नख़रे और तौर-तरीके किसी शहजादी से कम नहीं थे। घर की नीचे की मंजिल पर दादी की हुकूमत चलती थी, और वह मुझे जरा कम ही पसन्द करती थी। लेकिन छत और उसपर बने इकलौते कमरे पर मेरा राज था, और मेरा वजीर था झबरीला टफी। क्रिकेट खेलने के अलावा मैं सिर्फ एक काम करती थी। छत वाले कमरे में बैठकर कपड़े की कतरनों से बॉल बनाना। टफी ग़ौर से जीभ निकालकर मुझे देखता रहता था, और मैं उसे बॉल बनाने का तरीका सिखाती थी। इस घर में मेरा वही एक प्रशंसक था। इनाम में कभी-कभी उसके लिए मैं डिजाइनर कपड़े भी

सिल दिया करती थी। रात में ये कमरा टफी का होता था। दादी को मंजूर नहीं था कि कुत्ते को हमारे रहने वाले कमरों में घुसने दिया जाये। पहले तो मैं इसी बात पर कई दिन गुस्सा रही कि दादी ने टफी को कुत्ता कहा था, लेकिन टफी को किसी गली में छोड़ आने के बदले उसे छत वाले कमरे में सुलाने का इन्तजाम मैंने अब मान लिया था।

12वीं के एग्जाम के बाद मैं एक महीने के लिए मामा जी के घर गयी थी...रामपुर। और जब लौटी तो छत पर बने उस इकलौते कमरे पर किसी और का कब्जा हो चुका था। पापा के किसी गुरुजी का बेटा था। एम. एससी. की पढ़ाई के लिए नैनीताल आया था। गुरुजी नहीं रहे थे अब, और उसकी फाइनेंशियल कंडीशन ऐसी नहीं थी कि नैनीताल में अलग से कोई कमरा किराये पर ले सके। सारी दुनिया की समाज सेवा का ठेका ले रखा था पापा ने, सो पकड़ लाये उसे घर।

तो... जब मैं घर लौटी तो श्रीयुत मुकुल कुमार ना सिर्फ टफी को बेघर करके उस कमरे में अपनी किताबें सेट कर चुके थे बल्कि अपने सौम्य स्वभाव से दादी सहित मेरे पूरे घर वालों को भरपूर इम्प्रेस भी कर चुके थे। बचे मैं और टफी। टफी नाराज़ था क्योंकि उसका घर छिन गया था, और मैं तो महा नाराज़ थी। दादी ने मेरा छत पर खेलना बन्द जो करा दिया था।

बदमाश, बदतमीज़, जंगली, गँवार...कितने सारे नाम सोचे उसके लिए...लेकिन कुछ जमा नहीं। मैंने जोर से और टफी ने शायद मन ही मन कसम खा ली थी उससे ज़िन्दगी भर दुश्मनी निभाने की। टफी तो खैर गद्दार निकला। 10-15 दिन में ही उस घुसपैठिए का हाथ चाटते हुआ दिख गया। साला...कुत्ता...एक बोटी देखकर फिसल गया। लेकिन मैंने हार नहीं मानी।

छत पर खेलने की छूट नहीं थी लेकिन कपड़े सुखाने मैं नहीं जाती तो क्या गठिया वाला घुटना लेकर दादी जाती छत पर?

फिर पता नहीं कैसे धूप में सूख रही उसकी शर्ट रोज छत से गायब होने लगी...और मोहल्ले के बच्चों के हाथों में बॉल बनकर प्रकट होने लगी। तीन-चार शर्ट गायब होने के बाद उसने बाहर कपड़े सुखाना छोड़ दिया। कुछ दिन तक मैं उसे परेशान करने के लिए परेशान रही। और एक दिन मौका खुद चलकर मेरे पास आ गया।

उस दिन मैं छत पर पहुँची तो वह अपने कमरे के बाहर झाड़ू लगा

रहा था। आधी बाजू की अंडरशर्ट...जिसकी पीठ पर दो-तीन छेद थे और बेरंग हो चुके निकर में बड़ा अजीब सा दिख रहा था वह। उसका पहनावा देखकर मैं हँस दी। सुबह ठीक पौने नौ बजे वह कॉलेज के लिए निकलता था, अगले दिन मैं पौने नौ से पहले ही तैयार होकर अपने बरामदे में खड़ी हो गयी। मेरे साथ मेरी वानर सेना के सिपाही भी थे। टिक-टिक-टिक...घड़ी ने पौने नौ बजाये। हाथ में एक कॉपी और फिजिक्स की किताब पकड़े वह सीढ़ी से उतरा और मेरी सेना शुरू हो गयी।

"जंगल-जंगल बात चली है पता चला है...अरे चड्डी पहन के फूल खिला है, फूल खिला है..."

उसने सकपकाकर ऊपर देखा। मैं हँस रही थी, और वह शर्म से पानी-पानी हो रहा था, मैं और हँसी वह और शर्मिंदा हुआ। अब उसका पर्मानेंट नामकरण हो चुका था...मोगली।

लेकिन अब दिन बदलने लगे थे। एक दिन मुझे अचानक पता चला कि मैं बड़ी हो गयी हूँ। दादी तो बचपन से ही कहती थी कि मैं बच्ची नहीं हूँ लेकिन मम्मी ने उस दिन पहली बार कहा।

"तनु...अब तू बड़ी हो गयी है बेटा...थोड़ा शऊर सीख ले...कल तेरी सास मुझे ही ताना देगी कि तुझे कुछ सिखाया नहीं।"

माँ का ऑर्डर था इसलिए रोज शाम को किचन में मेरी हाजरी लगने लगी। शुरू में आटा गूँधने का काम मिला। आसान सा काम था...आटा लो, थोड़ा पानी मिलाओ...और मसल दो। स्कूल में हस्तकला की क्लास में मिट्टी के आम, केला, सेव खूब बनाये थे मैंने। आटा गूँधना जल्दी ही सीख लिया। माँ ने शाबाशी भी दे दी। फिर शाम की चाय और रात की एक सब्जी बनाने की जिम्मेदारी मिली। दो ही दिन में माँ समझ गयी कि मुझे शाबाशी उन्होंने थोड़ा जल्दी दे दी है।

जीरे की जगह सौंप, सरसों की जगह राई और नमक की जगह सोड़ा मिलाने तक तो ठीक था लेकिन मैंने जब चाय मसाले की जगह मैंने सब्जी मसाला चाय में डाल दिया तो माँ ने मुझे डिमोट करके डस्टिंग और बरतन धोने का डिपार्टमेंट दे दिया। फिर भी... मैं बड़ी हो गयी थी। इसलिए वानर सेना का मुझमें से इंटरेस्ट घटता जा रहा था।

एक दिन पापा पता नहीं कहाँ से नेशनल इंस्टीट्यूट ऑफ फैशन

टैक्नोलॉजी का एडमिशन फॉर्म ले आये। किसी ने उन्हें बताया था कि एनआईएफटी बहुत अच्छा इंस्टीट्यूट है। पर मैंने फॉर्म भरने से साफ मना कर दिया। और पापा भड़क गये।

"पहले टीचर बनना था तुझे, फिर डॉक्टर बनने चली थी, फिर फैशन डिजाइनिंग का भूत सवार हुआ। अब फॉर्म लाया हूँ तो कहती है फैशन डिजाइनर नहीं बनना। आखिर बनना क्या है तुझे? ज़िन्दगी भर बस हा हा ही ही करती रहेगी?....कुछ तो सीख मुकुल से।"

बहुत दिनों बाद तगड़ी डाँट पड़ी थी, और मुझे मिसाल दी गयी थी उस मोगली की। मैं सिर झुका कर चली गयी अपने अड्डे में...रोने के लिए।

सीढ़ियों के पीछे बैठकर देर तक मैं रोती रही। और टफी जीभ निकाले मुझे देखता रहा। रोने का वह मेरा गुप्त अड्डा था, टफी के अलावा मेरे उस अड्डे के बारे में घर पर कोई नहीं जानता था, और मुझे तसल्ली थी कि मुझे आज तक किसी ने रोते हुए नहीं देखा है।

मुकुल यानी मोगली को हमारे घर में रहते दो साल होने को आये थे। मेरे घर में ही नहीं, मेरे मुहल्ले में ही नहीं बल्कि पूरे कॉलेज में उसके चर्चे थे। दिन में चार-पाँच बैच को ट्यूशन पढ़ाता था फिर भी एम. एससी. फर्स्ट ईयर में उसके 87 परसेंट मार्क्स आये। पापा सुबह-शाम उसके नाम का गुणगान करते रहते थे। मुझे गुस्सा आता था उस पर...पता नहीं क्यों आता था पर आता था। वह पढ़ने में मुझसे, रवि से, बल्कि सबसे होशियार था इसलिए? मैं उसे इतना परेशान करती थी और वह चुपचाप झेलता रहता था इसलिए? या उसने कभी मुझे नजर भर के देखा नहीं इसलिए?

बला की खूबसूरत ना सही मैं पर इतनी मामूली भी नहीं थी कि इस तरह इग्नोर कर दी जाऊँ। कॉलेज में कई लड़के थे जो मेरे आगे-पीछे डोलते थे, कई अपने प्यार का इजहार करके थप्पड़ खा चुके थे, कई भावी दूल्हों की माताएँ अपने बेटे के लिए माँ से मेरा हाथ माँगने की जुर्रत भी कर चुकी थीं। बस यही एक था जिसे मुझमें कोई इंटरेस्ट नहीं था।

उस दिन ज़िन्दगी में मैंने पहली बार साड़ी पहनी थी। अपनी दोस्त आभा की दीदी की शादी पर। गहरे हरे रंग की साड़ी, मैचिंग चूड़ियाँ, होंठों पर थोड़ी लिपस्टिक, काजल...आई लाइनर लगाने की भी कोशिश की लेकिन लाइन सीधी नहीं हुई तो मैंने रुई से लाइनर मिटा दिया। सिल्वर कलर की

बिन्दी माथे पर लगा कर मैंने शीशे में ग़ौर से एक बार खुद को देखा। मैं वाकई खूबसूरत लग रही थी। पापा तारीफ करते नहीं थक रहे थे और माँ बलाएँ लेते। लेकिन मुझे तो किसी और से तारीफ सुननी थी।

कपड़े उठाने के बहाने से मैं छत पर गयी। कपड़े रस्सी से उतारते हुए जानबूझ कर हाथों को झटका दिया। मेरी चूड़ियों की आवाज़ सुन ली थी उसने। खिड़की के पास ही तो बैठा था। एक बार सिर उठाकर देखा भी...फिर नजरें घुमा लीं। भस्म हो गयी मैं गुस्से से। लगा सारा मेकअप, सारा श्रृंगार उतारकर फेंक दूँ।

प्यार-व्यार नहीं करती थी मैं उस मोगली के बच्चे से। पर कुछ तो था जो चुभने लगा था। और इस चुभन को ख़त्म करने का कोई रास्ता नजर नहीं आ रहा था। मोगली के सारे ख़त हमारे ही पते पर आते थे। गुस्से में उसके लिए आने वाले लेटर्स, मैग्जीन मैंने छुपा दिये। दो महीने में उसके सात-आठ लेटर मेरे पास जमा हो चुके थे। दो साल में उसने कभी मुझसे ज्यादा बात नहीं की थी, कुछ पूछना भी होता तो सिर झुकाकर, नजरें चुरा कर पूछता और मैं भी उसे मुँह नहीं लगाती थी। पर उस दिन वह बड़ा परेशान था ।

''तनु जी...कल मेरा नेट का एग्जाम है...पर एडमिट कार्ड अब तक नहीं मिला...पोस्ट ऑफिस वाले कह रहे हैं कि उन्होंने घर में ही किसी को दिया है...आपने तो नहीं देखा?''

ये तो गड़बड़ हो गयी थी। मुझे पता नहीं था कि जो लेटर्स मैंने अपने पास छुपा रखे थे उनमें कोई एडमिट कार्ड भी है। मैंने लेटर्स का पुलिंदा लाकर उसे थमा दिया। उसने बेसब्री से लेटर्स को टटोला। एडमिट कार्ड मिल गया। उसने आँखें मूंदकर एक लम्बी साँस ली। और गहरी आवाज़ में बोला—

''थैंक्स।...''

थैंक्स?...मेरी वजह से उसकी साल भर की मेहनत बरबाद होते-होते बची थी, मेरी नादानी उसके केरियर को तबाह करने जा रही थी। डाँटने के बजाये, बुरा-भला कहने के बजाये, पापा से शिकायत करने के बजाये थैंक्स कहकर गया था वह मुझे। मैं पूरे दिन में एक बार भी नहीं मुस्कुरायी थी बस चुपचाप सीढ़ियों के पीछे बैठी रही। शाम को मैंने पापा के सामने जाकर अपनी गलती कबूल कर ली। पापा ने डाँट लगायी लेकिन मुझे बुरा

नहीं लगा, बुरा लग रहा था तो बस इस बात का कि मोगली ने कुछ क्यों नहीं कहा। जब रहा नहीं गया तो अगले दिन सुबह-सुबह मैं उसके कमरे में पहुँच गयी। वह थोड़ा हैरान हुआ।

मैं माफी माँगने के लिए शब्द जुटा रही थी। बहुत हिम्मत की और अन्त में बोल पड़ी।

"आप अपने लेटर्स सँभाल के नहीं रख सकते क्या?"

लेकिन मेरी आवाज़ और मेरे एक्सप्रेशन शायद मेरे शब्दों से मैच नहीं कर रहे थे। वह आज भी कुछ नहीं बोला। बस झेंपी हुई नजरों से मेरी ओर देखता रहा। मैं अपने कमरे में वापस चली आयी, लेकिन उसकी नजरें मेरा पीछा करती रहीं। दिल में किसी ने पेचकस से जैसे कोई स्क्रू कस दिया हो। मैं समझ नहीं पा रही थी कि हो क्या रहा है। मेरा बचपन, मेरा लड़कपन पता नहीं कहाँ चला गया था। मैं बड़ी हो गयी थी और बड़े होने का ये बोझ मुझसे उठाये नहीं उठ रहा था।

मेरे बी. ए. सेकेंड ईयर के एग्जाम ख़त्म हुए, मोगली की एम. एससी. भी कम्प्लीट हो गयी थी उसने नेट का टेस्ट भी क्लियर कर लिया। अब उसे जाना था। मैं सुबह से ही सीढ़ियों के पीछे छुपी बैठी रही। अचानक वह मेरे सामने आ खड़ा हुआ। किसी पिघलती चट्टान की तरह।

"मुझे पता था तुम यहीं मिलोगी।" उसने पहली बार मुझे तुम कहा था।

"आप अभी जा रहे हैं?"... मैंने पहली बार उसे आप कहा।

"हूँ...नौ बजे की ट्रेन है।" वह बोला। हम दोनों चुपचाप खड़े रहे। लगा एक सदी बीत गयी हो। उसने एक सफेद लिफाफा मेरी ओर बढ़ाया।

"तुम्हारे लिए।" उसकी आवाज़ काँप रही थी। मैंने लिफाफा ले लिया। मेरे हाथ भी काँप रहे थे।

वह चला गया। मैं देखती रह गयी। थोड़ी देर में उसकी पीठ दिखनी बन्द हो गयी। मैं देखती रही। फिर मेरी आँखें धुँधला गयीं।

काँपते हाथों से मैंने लिफाफा खोला। एनआईएफटी का एडमिशन फॉर्म था। साथ ही एक चिट्ठी। वह जा चुका था और मैं उसकी चिट्ठी लिये बुत बनी खड़ी थी। लिखा था–

तनु,

बहुत सोचा लेकिन ऐसा कोई सम्बोधन तुम्हारे लिए नहीं जुटा पाया

जो तुम्हें पसन्द आये। इतनी साधारण पसन्द कहाँ हैं तुम्हारी।

इन दो सालों में बहुत परेशान किया तुमने। हमेशा तुमसे पीछा छुड़ाना चाहता था। लेकिन आज जा रहा हूँ तो क़दम मनों बोझ से दबे जा रहे हैं। जब मेरी गिनती की छह शर्ट में से तीन तुमने बच्चों के हाथों में बॉल बनाकर थमा दी थीं तब भी इतना बुरा नहीं लगा था। काश ज़िन्दगी भर तुम यूँ ही मुझे परेशान करती रहतीं। पर जिसे कल का तो छोड़ो, अपने आज का भरोसा ना हो वह सपनों की बात सोचते अच्छा नहीं लगता। सही मायने में पहली मुलाक़ात कभी हुई नहीं हमारी, लेकिन इस आखिरी मुलाक़ात में तुम्हें दिल से शुक्रिया कहना चाहता हूँ। मुझे ज़िन्दगी की सबसे हसीन यादें देने के लिए।

मोगली

और हाँ... हरी साड़ी में तुम बहुत अच्छी लगती हो। उस दिन नहीं कह पाया था...''

उन चार लाइनों को मैंने बार-बार पढ़ा। तीन सालों में शायद ही ऐसा कोई दिन होगा जब मैंने उस ख़त को ना पढ़ा हो। बी. ए. करने के बाद मैंने एनआईएफटी में एडमिशन ले लिया। यही तो चाहता था वह। कोर्स ख़त्म होते ही अच्छी जॉब भी मिल गयी। टफी को भी अपना कमरा वापस मिल गया। लेकिन उस कमरे से मोगली की गन्ध अब तक कम नहीं हुई है। कहाँ चला गया मोगली, कोई लेटर, कोई मैसेज...कुछ भी नहीं भेजा होगा क्या उसने। कई बार माँ से, पापा से पूछना चाहा उसके बारे में। पर नहीं पूछ पायी। संकोच की एक चुन्नी जो सिर पर आ टिकी थी।

कहाँ हो तुम मोगली? मैंने मन ही मन उसे आवाज़ दी। बारिश रुक गयी थी, लेकिन शायद मेरी आँखें भर आयी थीं। नैनीताल में हर बात मोगली की याद दिलाती थी। लेकिन यहाँ भी कौन-सा सुकून मिल रहा था? दिवाली की छुट्टियों में घर ही ना चले जाऊँ? ज्यादा सोचा नहीं मैंने, बस अगले दिन बैग पैक किया और नैनीताल की बस में बैठ गयी।

माँ तो बावली ही हो गयी मुझे देखकर, पापा ने मुस्कुराकर सिर पर हाथ फेरा। दिवाली पर इससे बड़ा तोहफा क्या दे सकती थी मैं उन्हें। नहा-धोकर मैंने नाश्ता किया और सो गयी। दोपहर को पैरों में कुछ गीला-गीला लगा तो नींद खुली। टफी मेरे पैर चाट रहा था। कमरे के कोने में उसके सोने

का गद्दा बिछा हुआ था। सुबह शायद मैंने ध्यान नहीं दिया था।

“अरें माँ...ये टफी का बिस्तर यहाँ कैसे।” मैंने टफी की गरदन खुजलाते हुए कहा।

“ये मरा अब यहीं सोता है। ऊपर के कमरे में मुकुल रहता है ना।”

“क्या...????”

“हाँ... नैनीताल डिग्री कॉलेज में प्रोफेसर बनकर आ गया है अपना मुकुल। कॉलेज से क्वार्टर मिला हुआ था। लेकिन कहने लगा, चाची मैं यहीं रहूँगा...आपके घर।”

“आप...वह...आपने बताया नहीं” मेरे होंठ सूख गये। मुँह से जाने क्या निकल रहा था।

“अरे कल फोन पर बता तो रही थी...लेकिन फोन ही कट गया...चल तू मुँह-हाथ धो ले फिर मिल आना उससे। तेरे बारे में पूछ रहा था।” माँ तौलिया मेरे हाथ में पकड़ाकर बाहर निकल गयी।

मैंने हाथ-मुंह धोया...कपड़े बदलने के लिए अलमारी खोली...क्या पहनूँ? कपड़ों के ढेर के नीचे रखी थी वही हरी साड़ी, पिछली बार थोड़ी फट गयी थी पिन अप करते हुए। मैंने साड़ी निकाली ली।

हरी साड़ी, मैचिंग चूड़ियाँ, माथे पर बिन्दी, आँखों में नमी, होंठों पर मुस्कान...अब और किसी मेक-अप की जगह कहाँ थी। मैंने आखिरी बार आईने में खुद को निहारा और उसके कमरे की ओर बढ़ गयी। उससे पहली मुलाक़ात के लिए।

मिट्टी का खिलौना

•

नीलेश मिसरा

(इस कहानी की मूल परिकल्पना यामिनी त्रिपाठी की है)

याद शहर की एक सुनसान गली में एक बहुत बड़ा सेरेमिक स्टोर है,'कलाकृति'। पुराने मोहल्लों और एक नये एपार्टमेंट कल्चर के शहर में ऐसी जगह, जहाँ का हर कोना आने वाले को अपनी ज़िन्दगी की अलग-अलग कहानी बताता हो। बीचोबीच एक बड़ा-सा बरगद का पेड़ जिसमें तरह-तरह की मिट्टी की घंटियाँ, मिट्टी की रंग-बिरंगी तितलियाँ, मिट्टी की चिड़िया लगी हुई हैं, जैसे न जाने किसी अन्तहीन उड़ान के लिए तैयार हों। और उसके नीचे एक बड़ी-सी भट्ठी और उस भट्ठी में तरह-तरह की चीजें बनाती पसीना पोंछते वक्त अपने माथे पर जरा सी मिट्टी सजाये माया।

बाईस साल की उसकी बेटी है और लगता है जैसे बॉबी की डिम्पल कपाडिया हो या चाँदनी की श्रीदेवी हो या गाइड की वहीदा रहमान। मिट्टी के साँचों की अपनी ही दुनिया में खोई हुई। जो बेजान मिट्टी से इतनी खूबसूरत चीजें बनाती थी, वो खुद खूबसूरत कैसे न होती।

माया ने अपनी दुनिया अलग ही बसा रखी थी, जैसे उसे तनहाई की भी ज़रूरत न हो। पूरा दिन वो इस मासूम मिट्टी को जोड़ते और तोड़ते निकाल देती, लेकिन जैसे ही शाम को घर जाने का वक्त होता वैसे ही उसके

चेहरे से मुस्कुराहट ग़ायब हो जाती, जैसे शाम के चेहरे से धूप। शायद शाम होते-होते माया की आँखों पे याद के लम्हे भारी पड़ने लगते थे।

पति से तो बहुत सालों पहले तलाक हो चुका था। बच्चे अब विदेश में अपनी अपनी दुनिया में मसरूफ थे। बीत गये बरसों ने, ग़म के हर नश्तर की धार हलकी कर दी थी। लेकिन अकेलेपन के खिलाफ जो जंग जीत चुके होते हैं उनकी ज़िन्दगी में भी कभी ऐसी शामें आती हैं जो वो खुद के सामने अपनी यादों, बीते मौसमों, पुराने ख़यालों और किसी भूली हुई डायरी के पन्नों के सामने घुटने टेक देते हैं। वो भी ऐसी ही एक शाम थी। वो घर जाने के लिए हिम्मत जुटा ही रही थी कि बाहर काँच के दरवाजे पर हलकी-सी दस्तक सुनाई दी। दरवाजे पर स्टूडेंडनुमा एक लड़का खड़ा था। फटी हुई जींस, लम्बा-सा कुर्ता, लम्बे-लम्बे बाल। थोड़ा पत्रकार दिखता था, थोड़ा चित्रकार और थोड़ा बेकार।

उसने दरवाज़ा खोला और बोली "आय एम सॉरी, अब स्टोर बन्द..." वो अपनी बात पूरी कर पाती इससे पहले उस लड़के ने कहा "मैं आखिरी क्लास बन्द करके, तीन बसें बदल के, बत्तीस कि.मी. दूर से आपसे मिलने आया हूँ। मुझसे बड़ा इस शहर में आपका कोई फैन ही नहीं है। मेरा इतना हक़ बनता है कि आप दस मिनट और घर न जायें।" माया मुस्कुरायी। बेबाकी उसे पसन्द थी। बोली "हाँ, हक़ तो बनता है। आइये।"

वो आर्ट्स कॉलेज के फाइनल ईयर का स्टूडेंट था। नाम था आदित्य। बोला "मैंने फाइन आर्ट्स आपके कारण चूज़ किया। आपका काम मुझे सालों से पसन्द है, लेकिन मुझे कल ही पता चला कि आप और मैं पिछले तीन साल से एक ही शहर में रहते हैं। आज मैं आपको सिर्फ अपना चेहरा दिखाने आया हूँ लेकिन अगले हफ्ते से मैं हर हफ्ते, एक दिन आप के साथ बिताना चाहता हूँ।"

माया कुछ कहती, इससे पहले आदित्य ने कहा "हर सोमवार शाम को पाँच बजे। इनकार मत करियेगा।" इनकार करना जिस औरत की अदा ही बन चुकी थी, जिसने जानबूझ के सबको इनकार के दो हाथ के फासले पर रखा था, अपने को, यादों को, खुशियों को, उस औरत से आज ये अनजान लड़का कह रहा था कि इनकार मत करिये। लेकिन शायद इतने अधिकार से, माया से, बरसों से किसी ने कुछ माँगा ही नहीं था। शायद इतने अधिकार

से माया ने बरसों से खुद से भी कुछ नहीं माँगा था। वो बोली, "ठीक है हर सोमवार को पाँच बजे, लेकिन मेरी दो शर्तें हैं– एक, हम सिर्फ आर्ट्स की बातें करेंगे और दो, अगर उस दिन बारिश हो रही हो तो हम नहीं मिलेंगे। बारिश का और मेरा कुछ पर्सनल सा नाता है। उसमें किसी तीसरे की जगह नहीं है।" वो बोला "ठीक है। पर मेरी भी दो शर्तें हैं– एक, मैं आपसे उम्र में बहुत छोटा हूँ, पर मेरा आपका गुरु शिष्य का नहीं, फेलो ट्रैवलर्स का रिश्ता होगा। दो, हम सिर्फ आर्ट्स की बातें करेंगे।" उसने बेबाकी से हाथ बढ़ा दिया। मैंने बताया था न, माया को बेबाकी पसन्द थी। उसने एक सेकेंड रूकने के बाद हाथ मिलाने के लिये हाथ बढ़ाया। फिर चाय ऑफर की और फिर आदित्य चला गया।

उस रात माया क़ाफ़ी देर तक उलझी रही। वो रोज़ डायरी लिखती थी। रोज़ कुछ भी लिखने के लिए नहीं रहता था और आज जब लिखने को कुछ था तो शब्द बेमानी कर रहे थे। क्या कहे वो आज की इस अजीब मुलाक़ात के बारे में, कौन था ये लड़का? क्या चाहता था? एक बयालीस साल की औरत और छब्बीस साल के लड़के के बीच में बराबरी की दोस्ती चाहता था! इतनी हिमाक़त! पर माया तुम्हें तो हिमाक़त पसन्द है न! जैसे वो डायरी के पन्ने पर बैठ के कह रहा था "तुम्हें तो बेबाकी पसन्द है न?" आप से इतनी जल्दी तुम पे आ गया! माया ने जल्दी से कम्प्यूटर ऑन किया। फेसबुक पर ग्यारह फ्रेंड रिक्वेस्ट थीं। तन्हाई पसन्द खूबसूरत माया ने सबको इग्नोर कर दिया। डायरी का पन्ना अभी उसे देख रहा था। कह रहा था मुझ पर कुछ लिखो। माया ने डायरी को देखा और हसीन जल्लाद की तरह मुस्कुरायी। जैसे कह रही हो जा आज तू सादा ही रहेगा, तेरी यही सज़ा है।

सोमवार गुजरने चालू हो गये। हर मंडे पाँच बजे आदित्य घड़ी देख के पहुँच जाता था। दोनों घंटों आर्ट्स की बातें करतें। वो उसे अपनी बनाई हुई मूर्तियाँ, छोटे-छोटे मिनिएचर्स और हवा में तैरती मिट्टी की चिड़ियाँ दिखाती कभी आदित्य गीली मिट्टी में हाथ सान के कुछ खूबसूरत-सा बनाके उसे सरप्राइज़ कर देता। कभी वो एक-दूसरे की तारीफ़ करते, कभी वो बहस कर बैठता कि नहीं, इसको तो ऐसे बनाना चाहिए था... फिर हँस पड़ते पुराने दोस्तों की तरह।

चार महीने बीत गये। सोलह सोमवार। ये सोलह सोमवार का कान्सेप्ट बड़ा मजेदार होता है। लड़कियाँ जब शादी के बाज़ार में क़दम रखती हैं तो माँएँ ट्वेंटी-ट्वेंटी क्रिकेट मैच की तरह उन्हें सोलह सोमवार का नुस्खा बता देती हैं। सोलह सोमवार रखो और अच्छा पति पाओ। जैसे नूडल के पैकेट में से एक-एक स्टीकर जोड़ के सोलह स्टीकर इकट्ठा करो और बदले में एक खिलौना पाओ।

जब वो कॉलेज में थी तब माया ने भी इसी तरह एक खिलौना पाने के लिए सोलह सोमवार के सोलह स्टीकर जमा किये थे। भगवान का दफ्तर उन दिनों क़ाफ़ी चुस्ती से चल रहा था। सोलह सोमवार के कुछ सोमवार बाद माया को उसके स्टीकर वाला खिलौना मिल गया था।

अमर सिंह राठौर किसी भयंकर घराने का कोई भयंकर आदमी था। और जल्दी माया को पता चला कि सोलह स्टीकर के बदले जो खिलौना मिला था वो तो वह खुद थी। सुना है उनके यहाँ औरतों पर हाथ उठाना, बैडमिंटन की प्रैक्टिस की तरह था। हर दूसरे तीसरे दिन होती थी। अपनी फ़ाइन आर्ट्स का गोल्ड मैडल कहीं बड़े से सन्दूक में बन्द करके लम्बा सा घूँघट काढ़े एक हवेली में ख़ाली कमरों में सोचा करती थी कि क्या इस ज़िन्दगी के लिए मैंने अपनी ज़िन्दगी छोड़ दी?

"ये मिट्टी के कप-प्लेट तो हमारे गाँव का कुम्हार भी बना लेता है। इसके लिए इतनी लम्बी-चौड़ी डिग्री की क्या ज़रूरत थी?" यही कहा था उसने। "क्या सोच रही हैं आप आज!" आदित्य बोला। माया चौंक पड़ी। माया के ख़याल उस दिन क़ैद में एक तितली की तरह किसी पुरानी यादों की हवेली में भटक रहे थे। आदित्य ने कहा "मैं आपके लिए कुछ लाया हूँ।" उसने पैकेट से अखबार फाड़ा और हाथों से बनाया हुआ तोहफा सामने मेज पर रखा; छः खूबसूरत मिट्टी के कप-प्लेट!

हफ़्ते गुज़रते गये। हर सोमवार का पड़ाव अपने साथ कुछ नया लेकर आता था। हर रोज़ माया को आदित्य के बारे में कुछ नया पता चलता था। यह छब्बीस साल का लड़का उसके लिए धीरे-धीरे एक हसीन पहेली बनता जा रहा था। उसके बारे में और जानना चाहती थी, उससे सैकड़ों सवाल पूछना चाहती थी, उसकी ज़िन्दगी के बारे में, उसके रिश्तों के बारे में, उसके मन में क्या चल रहा था इसके बारे में। लेकिन मजबूरी थी। रूल्स

तो क्लियर थे वो सिर्फ आर्ट्स पर बात कर सकते थे। माया को पता ही नहीं चला कब ये अनजान-सा लड़का उसकी ज़िन्दगी में ऐसी कमी, ऐसी कमी भर गया जिसके होने का उसको एहसास ही नहीं था। वो शायद इस बेवकूफ़ लड़के को पसन्द करने लगी थी। उनके बीच का उम्र का अन्तर एक बड़े से साइन बोर्ड की तरह उसके सामने आके खड़ा हो जाता था। वो छेड़ने के अन्दाज में खुद को आईने में देखके गाने लग जाती 'ना उम्र की सीमा हो ना जन्म का हो बन्धन...'

एक सोमवार पाँच से सवा पाँच बज गये फिर पाँच चालीस। फिर साढ़े छः... आदित्य नहीं आया। माया अपनी वर्कशॉप में अकेली बैठी रही, जैसे ख़ुद भी वैसा ही बुत बन गयी हो जैसा वो कितनी खूबसूरती से तराश लेती थी। आज जैसे मिट्टी की चिड़ियों ने उड़ना बन्द कर दिया था, घोड़ों ने दौड़ना रोक दिया था, मिट्टी के छोटे-छोटे हाथियों ने अपने छोटे-छोटे क़दम रोक लिये थे। हर एक लम्हा माया की आँखों में एक कंकड़ बनकर चुभ रहा था। पता ही नहीं चला कि कब वो कंकड़ आँसू के क़तरे बन गये और उसकी आँखों से चल निकले। माया ने अचानक महसूस किया कि ये एक अलमस्त आदमी जो चार महीने पहले उसके काँच के दरवाजे पे दस मिनट के लिए मिलने की मोहलत माँग रहा था, उससे आज कितने गहरे इन्तज़ार का नाता जुड़ गया था। वो माया, जिसे आज तक किसी की ज़रूरत नहीं थी, वो अपने दिन को, उस लम्हे को, शायद ख़ुद को उसके बिना अधूरा महसूस कर रही थी। पर वो कहाँ था? माया के चारों तरफ सन्नाटा था। अचानक उस सन्नाटे में फोन की घंटी बजी।

फोन की घंटी सुनते ही माया अपने ऑफ़िस की ओर दौड़ी, मकड़ी के जालों की तरह, तरह-तरह के बुरे ख़यालों को मन से हटाती हुई। उसने फोन उठाया, आदित्य का था। माया ने कहा "माय गॉड आय एम सो रिलीव्ड! कहाँ हो तुम? मेरी जान ही निकल गयी थी।" आदित्य ने कहा "आय सॉरी माया! मेरी गाड़ी का फ़्लैट टायर हो गया था, और मेरे मोबाइल फोन में बैटरी ख़त्म हो गयी थी। मुश्किल से टायर ठीक कराया और एक पब्लिक फोन ढूँढ़ा, मुझे नहीं लगता कि मैं आज आ पाऊँगा, मैं अगले मंडे मिलता हूँ। आय एम रियली सॉरी।" माया ने कहा "पागल हो क्या! मैं बस थोड़ा, थोड़ा घबरा गयी थी!"

माया बस फोन रख कर पलटी ही थी कि फोन फिर बजा, उसने कहा "हैलो!" दूसरे छोर से आवाज़ आयी "मैं अमर बोल रहा हूँ। तुमसे कोर्ट के कुछ पेपर्स साइन करवाने थे, वो पुराने केस के बारे में, मैं एक दिन के लिए शहर आ रहा हूँ आके साइन करवा लूँगा।" माया कुछ कहती इससे पहले उसने कहा "मंडे को साढ़े चार बजे..."

पुरानी ज़िन्दगी का सोमवार और नयी ज़िन्दगी का सोमवार, दोनों एक-दूसरे के सामने आके खड़े हो गये थे। अगले सोमवार चार बजकर के पच्चीस मिनट पर एक लम्बी-सी गाड़ी वर्कशॉप के दरवाजे पे रुकी। कुछ पल बाद काँच के दरवाज़े पे अमर सिंह राठौर का वही चेहरा था, जिसे कई-कई साल पहले माया ने आखिरी बार अलविदा कहा था। भयंकर खानदान का भयंकर आदमी। पर शेर भी कभी बूढ़े होते हैं। अमर सिंह राठौर कागजों पे दस्तखत नहीं, बल्कि इतने सालों बाद माफ़ी माँगने आया था। पन्द्रह मिनट की तकल्लुफ भरी बातों के बाद माया की आँखों में देखा और कहा माया " आय एम सॉरी! मैं ग़लत था, मैंने कभी तुम्हें रिस्पेक्ट नहीं दी, मेरी ज़िन्दगी में वापस आ जाओ।"

उस दिन बारिश हो रही थी। पेड़-पत्तियाँ, मिट्टी के खिलौने, सब धुल के नये हो गये थे। एक खूबसूरत लाल साड़ी पहने माया अपने कोर्टयार्ड में खड़ी बारिश को देख रही थी। शायद वो भी नया होना चाहती थी। जैसे कोई पहुँचा हुआ कारीगर किसी सफेद रंग की दीवार पे काँच के सितारे धीरे-धीरे जड़ रहा हो, वैसे ही माया के सामने अपनी ज़िन्दगी के भूले हुए लम्हें एक कलाइडोस्कोप की तरह एक के बाद एक नज़र आ रहे थे। यादों की पुरानी सिनेमास्कोप ब्लैक एंड व्हाइट रील पे आदित्य का रंगीन चेहरा बार-बार चमक रहा था। जैसे याद और ख़्वाब दूर कहीं मिल रहे थे। करीब पाँच मिनट बाद अमर सिंह राठौर मुड़े और अपनी गाड़ी की ओर वापस चल दिये।

एक सेकेंड के अन्दर आदित्य आ गया। उसने अमर सिंह राठौर को गाड़ी में जाते हुए देखा। बोला "ये कौन था? बिगड़े हुए रहीस..." माया ने बिना कुछ कहे उसकी तरफ देखा और बोली "नहीं मेरे एक्स हसबैंड... मुझे अपनी ज़िन्दगी में वापस चाहते हैं।" आदित्य ने कहा "ओह!" माया ने कहा "लेकिन उन्हें खाली हाथ जाना पड़ा।" आदित्य कुछ पल ख़ामोश

रहा जैसे हवा के रुख का अन्दाजा कर रहा हो। फिर बोला "लेकिन मैं खाली हाथ नहीं जाऊँगा, मुझे आपसे प्यार हो गया है, मेरे सोलह सोमवार पूरे हो गये हैं..."

माया ने कहा "शायद हमारे बीच कुछ शर्तें तय हुई थीं।"

"वो शर्तें बच्चों का खेल थीं, माया शायद ये तुम भी जानती हो।" "लेकिन रिश्ते बच्चों का खेल नहीं होते।" माया ने कहा। वो बोला "हम बच्चे हैं भी नहीं। मेरी उम्र में नेपोलियन आर्मी का कमांडर इन चीफ बन गया था!" माया ने कहा "तुम नेपोलियन नहीं हो!" वो बोला "देवदास भी नहीं हूँ, जीना चाहता हूँ, हँसना चाहता हूँ, तुम्हारा साथ चाहता हूँ..." बारिश तेज हो रही थी। माया अपनी मेज से एक काग़ज़ और क़लम उठा कर लायी और बोली "तुम छोटे हो इसलिए काम तुम करोगे। चलो इस काग़ज़ पे नयी शर्तें लिखते हैं। पहली, हम रोज़ मिलेंगे और दूसरी, हम बस आर्ट्स की बातें नहीं करेंगे। और जब बारिश होगी तो मेरे, बारिश के और तुम्हारे अलावा कोई नहीं होगा।"

घर हम्ज़ा और ज़ीनत

●

अकबर क़ादरी

सुबह के साढ़े पाँच बजे थे, ट्रेन जब काठ गोदाम पर रुकी, हम्ज़ा ने बोगी से बाहर निकलकर देखा, इंजन कुछ इस तरह धुआँ फेंक रहा था जैसे उसके नीचे बैठ कर कोई रोटियाँ पका रहा हो। उसके पुराने घर की चिमनी भी तो कुछ ऐसे ही धुआँ फेंकती थी और हम्ज़ा, चिमनी के चारों ओर 'छुक छुक, छुक छुक' की आवाज़ निकालता हुआ उसके चक्कर कटता रहता। सफेद काले मिले-जुले धुएँ ने यादों की धुन्ध साफ कर दी थी, इंजन की चिमनी देखकर उसे लगा जैसे अम्मी अभी खाने की लिए आवाज़ लगा देंगी। पर आवाज़ इंजन ने लगाई थी, इंजन कुछ इस तरह चीख़ रहा था कि काठ गोदाम के प्लेटफर्म के आगे अगर रेल की पटरियाँ बिछी होतीं तो शायद इंजन भाग ही जाता। उधर इंजन से धुआँ निकलता रहा और इधर हम्ज़ा की आँखों में यादों का पानी भर आया था। तीन साल हुए माँ को इस दुनिया से रुखसत हुए, बस तभी आया था हम्ज़ा महीने भर के लिए। एक पुराने घर के अलावा कुछ भी तो ऐसा नहीं था यहाँ जिसके लिए उसे आना पड़ता। पर इस बार जब छोटे चचा ने घर को सँभालने से पल्ला झाड़ लिया तो उसे आना ही पड़ा। महीना चाहे जो भी हो काठगोदाम की रातें ठंडी ही होती हैं। तमाम यादों को समेटे, अपने मुँह से धुआँ उड़ाता हुआ

हम्ज़ा स्टेशन के बाहर आ गया।

"कहाँ जायेंगे साहब!" कुली ने सर पर रखी दो अटैचियों का बैलेंस बनाते हुए कहा।

"जाना तो लक्कड़ बाजार है, चलेंगे।" हम्ज़ा ने अपने हाथों को रगड़ते हुए जवाब दिया।

"आप भी साब! मजाक करते हो ...लक्कड़ मंडी तो यहाँ से चार कोस की दूरी पर है।" कुली अपने चेहरे पर बेचारगी बिखेरते हुए बोला।

"तो फिर पूछा क्यों? जब ले जा नहीं सकते तो पूछा मत करो।" कुली को एक तल्ख सा जवाब देकर हम्ज़ा आगे बढ़ गया। स्टेशन के बाहर ज्यादा भीड़ तो नहीं थी, फिर भी ऑटो रिक्शा और बग्घी ताँगे वाले "सदर ...और घंटाघर" की आवाज़ें लगाते ...अपने घोड़ों, खच्चरों के साथ क़ाफ़ी तादात में एक अदद सवारी के इन्तज़ार में खड़े थे।

"भाई साब सदर..." हम्ज़ा को देखकर एक ने कहा। "कहाँ जायेंगे घंटा घर...इधर आ जाइये..." दूसरा लपका। आने वाली इक्का-दुक्का सवारियों पर रिक्शा बग्घी वालों ने हमला बोल दिया। अगर सामान कुली के पास न होता तो शायद उन लोगों ने झपट ही लिया होता।

यहाँ के कुली ...बग्घी वाले कभी नहीं सुधर सकते ...हम्ज़ा ने मन में सोचा और फिर एक से कहा। "लक्कड़ बाजार चलोगे।"

लक्कड़ बाजार सुनकर दो तो वापस हो गये पर एक ने हाँ में गर्दन हिलाई और अपने घोड़े की पीठ थपथपाते हुए बोला, "पूरे सौ लगेंगे, चढ़ाई बहुत है साब।"

"ठीक है ...चलो।"

कुली से सामान लेकर घोड़े वाले ने धोड़े के आजू बाजू दोनों तरफ रस्सियों से लटका दिया और बीच में हम्ज़ा के बैठने की जगह बनाते हुए बोला। आइये साहब...। घोड़े पर बैठते ही, हम्ज़ा को लगा जैसे एक पल में किसी ने उसे सौ साल पहले पहुँचा दिया हो। आज जाने कितने दिनों के बाद, सुबह की होने की आवाज़, अज़ान की आवाज़ के साथ सुनी थी ...हम्ज़ा ने।

अज़ान की आवाज़ जैसे-जैसे धीमी होती गयी वैसे-वैसे सुबह की लालिमा भी चढ़ने लगी थी। तकरीबन आधा घंटा खर्च करके आखिरकार हम्ज़ा अपने पुराने घर पहुँच ही गया। लोन के सलाखों वाले गेट पर झूल

रही टीन की तख़्ती हवा से थोड़ी खड़-खड़ाई, जैसे हम्ज़ा की आहट को पहचान गयी हो। हम्ज़ा ने हाथ से तख़्ती की धूल साफ की तो सफेद अक्षरों से लिखा हुआ अब्बा का नाम "लेफ्टिनेंट मिर्ज़ा शेख़ उभर आया। अब तक बग्घी वाले ने सामान उतारकर नीचे रख दिया था। ताला खोल कर हम्ज़ा ने मेन गेट खोला तो लॉन के फर्श पर जमी धूल की अर्ध गोलाकार रेखा खिंच आयी। बग्घी वाले को पैसे देकर हम्ज़ा बैठक की तरफ बढ़ गया। अपने सामान को एक तरफ रखकर हम्ज़ा बैठक को निहारने लगा। सब कुछ तो वही था, दीवारों का रंग, फर्श के बीचोंबीच बनी सीमेंट के चाँद सितारों की डिज़ाइन सामने की अलमारी की वह बन्द फटकियाँ जिन पर ताला तो नहीं था लेकिन हमेशा की तरह से बन्द ही थीं। अब्बा मीठे मुरब्बे रखा करते थे उसमें और हम्ज़ा की चोरी की आदत की वजह से उसमें पीतल का छोटा ताला डाल देते थे। हम्ज़ा ने आगे बढ़कर अलमारी की फटकियाँ खोली, जैसे अभी मुरब्बा चुराकर छत की मुँडेर पर भाग जायेगा ...लेकिन अन्दर न तो मुरब्बे का कंटर था और न उसको देखने वाले अब्बा। चारों तरफ धूल और मकड़ी के जाले देखकर हम्ज़ा को समझ आ गया था कि घर महीनों से बन्द पड़ा है, अकेले सफाई करना उसके बस की बात नहीं किसी को तो ढूँढ़ना ही पड़ेगा, हम्ज़ा पुरानी यादों को फटकियों के साथ बन्द करके फिर से लॉन में आ गया। अब तक सूरज की रौशनी चारों तरफ भर आयी थी, इक्का-दुक्का लोग भी सड़क पर जॉगिंग करते निकल गये थे। रात भर सो न पाने की वजह से उसके सर में हलका दर्द सा था सो था उसे चाय की तलब भी जोरों की लग आयी थी। सलाखों का मेन गेट फिर से बन्द करके हम्ज़ा किसी ढाबे की तलाश में निकल गया, जहाँ तक उसे याद था थोड़ी दूर चल कर दायें हाथ की तरफ जहाँ ढलान पड़ती है, वहीं पर ढाबे जैसा कुछ तो देखा था उसने। हम्ज़ा पुराने घरों के बीच-बीच में बन आये नये घरों को देखता जा रहा था। कितनी पुरानी यादें जुड़ी थीं इन घरों से, कि तभी कोई उससे टकराया अभी वह सँभल भी नहीं पाया था कि अपने कपड़ों को झाड़ते हुए एक लड़की ने गुड मॉर्निंग की बजाय खरी खोटी सुनना शुरू कर दीं– "देख कर नहीं चल सकते, सुबह-सुबह पीकर आ जाते हैं, अभी मुझे चोट लग जाती तो।"

इससे पहले हम्ज़ा कुछ कह पाता, लड़की दौड़ती हुई सामने चली गयी

काले रंग का लोअर और सफेद टी-शर्ट पर पोनी किये हुए उसके बालों को इधर-उधर झूलता हुआ हम्ज़ा उस लड़की को जाते हुए देखता रहा। कैसा गुलाबी चेहरा था उसका, चन्द सेकेंड ही सही उसकी बड़ी-बड़ी आँखें हम्ज़ा की आँखों में उतर आयी थीं।

चाय का ढाबा तो बन्द था पर हमीद चचा जरूर मिले थे। अब्बा के पुराने दोस्त। हम्ज़ा को देखते ही बोले,'' तुम कब आये?''

"चचा बस अभी-अभी आया हूँ। घर के हाल से तो आप वाक़िफ़ ही होंगे, चाय की तलब लगी सो यहाँ ढाबे पर चला आया।''

हम्ज़ा ने बन्द ढाबे की तरफ इशारा करते हुए कहा।

''बेटा...माना कि तुम्हारे अम्मी अब्बा, अब इस दुनिया में नहीं हैं मगर ऐसा भी नहीं है कि यहाँ तुम्हारा कोई भी न हो, अरे हमारा घर भी तो है, चले आये ढाबे पर चाय पीने...चलो।'' खुश मिजाज हमीद चचा हम्ज़ा का हाथ पकड़कर अपने साथ ले गये। जब हम्ज़ा के अब्बा अपनी आर्मी से मिली हुई छुट्टियाँ बिताने घर आते थे तो हमीद चचा की रोज़ की उठक बैठक थी। खूब बातें होती थीं दोनों में।

हम्ज़ा हमीद चचा का चेहरा ग़ौर से देखता रहा, उतना रुआब तो नहीं बचा था अब, पर फिर भी जिन्दादिली वैसे के वैसी ही थी।

''बेटा, तुम तो मुम्बई जाकर हमें भूल ही गये... ।'' चचा ने अपने घर में अन्दर आने का इशारा करते हुए हम्ज़ा से कहा।

''नहीं चचा, ऐसी बात नहीं है ...ऑफिस से छुट्टी कहाँ मिलती है, अब कोई सरकारी नौकरी तो है नहीं। और फिर ...यहाँ कौन है मेरी राह देखने वाला, जब तक अम्मी थीं तब तक...'' हम्ज़ा कुछ कहते-कहते रुक गया। शायद उसने हमीद चचा के चेहरे पर शिकायत की एक लकीर पढ़ ली थी।

''फिर वही बात...अरे अम्मी न सही, कम से कम तुम्हारा अपना घर तो है, उसी की खातिर आ जाते।'' चचा ने थोड़ा गुस्सा जताते हुए कहा। इस बीच चचा ने अन्दर चाय के लिए आवाज़ लगा दी।

''चचा! सच पूछो तो, घर तो औरत से होता है, आदमियों के कहाँ कोई घर हुआ करते हैं, वहाँ मुम्बई में भी सिर्फ सोने के लिए आशियाना है, घर तो वहाँ भी नहीं है फिर क्या फर्क पड़ता है कि में यहाँ रहूँ या वहाँ।''

हम्ज़ा का संजीदा जवाब सुनकर हमीद चचा कुछ देर के लिए चुप हो गये।

"तो शादी क्यों नहीं कर लेते?"

चचा की इस बात पर हम्ज़ा चुप ही रहा, शादी की बात सुनकर जैसे न जाने कितने घुटन भरे दिन एक साथ गले में अटक गये हों। अपने माँ-बाप की रोज-रोज की लड़ाइयों से ही तो घर से भागा फिरता था, वह। माँ-बाप तो चले गये थे, पर शादी के रिश्तों की घुटन ने उसका पीछा कभी नहीं छोड़ा।

"चचा ...आज चाय पी कर बताइए, कल तो बड़ी मीन मेक निकाली थी आपने।"

हम्ज़ा और चचा के बीच की ख़ामोशी को तोड़ती हुई, एक ख़ूबसूरत आवाज़ ने हम्ज़ा का ध्यान तोड़ दिया। सामने देखा तो वही लड़की खड़ी थी जिसने, अभी कुछ देर पहले हम्ज़ा को टक्कर मारने के बाद खरी खोटी सुनायी थी।

"बेटी मिलो इससे, ये हम्ज़ा है मेरे पुराने दोस्त का बेटा, ये जो सामने वाली गली में पीले रंग का घर है, जिसे तुम भूत बंगला कहती हो दरअसल वह हम्ज़ा का ही है।"

हम्ज़ा को इस तरह अपने चचा के साथ बैठा देख कर ज़ीनत के होश उड़ गये। बिना आवाज़ के सिर्फ सर हिला कर उसने हम्ज़ा को सलाम किया, वह घबराकर चलने को मुड़ी ही थी कि हम्ज़ा ने टोक दिया।

"चचा शराब के ऊपर चाय पीने से कोई नुकसान तो नहीं होगा न।"

"लाहौल बिला क़ुब्बत ...कैसी बातें कर रहे हो बेटा तुम शराब पीने लगे हो क्या।" चचा ने हाथ में उठाया हुआ चाय का प्याला नीचे रखते हुए कहा। चचा की बात सुनकर हम्ज़ा मुस्कुराया पर ज़ीनत की चेहरे की रंगत उड़ गयी थी।

हम्ज़ा की निगाहें ज़ीनत पर ही टिकी हुई थीं "जी...मैं शराब तो नहीं पीता लेकिन...कुछ लोगों को ऐसा लगता है।" हम्ज़ा ने चाय की चुस्की ली और जीनत को तिरछी निगाहों से देखते हुए जवाब दिया। इससे पहले कि हम्ज़ा कुछ और बताता ज़ीनत ख़ुद बीच में कूद पड़ी।

"चचा वह बात ये है कि मैं अभी जोगिंग करके लौट रही थी कि ये जाने कैसे मुझसे टकरा गये, मुझे लगा कि कोई लफंगा है इसलिए इनसे बोल दिया, "सुबह-सुबह पीकर आये हो क्या?, बस बात इतनी सी है।" अपनी गलती छिपाते हुए ज़ीनत ने सारी बात एक साँस में कह डाली।

कुछ झूठ बोलने से, और कुछ हम्ज़ा की पैनी निगाहों से, ज़ीनत का सुर्ख रंग और सुर्ख हो आया था। पर ज़ीनत की झुकी हुई निगाहें कुछ और ही बयाँ कर रही थीं।

''अरे उलटा चोर कोतवाल को डाँटे...ये मोहतरमा एक तो खुद ही मुझसे टकरा गयीं और बिना कोई सफाई दिये हुए ही चिल्लाना शुरू कर दिया, सॉरी बोलना तो दूर इन्होंने मुझे शराबी कहा सो अलग।'' हम्ज़ा ने सुबह की घटना की तहरीर बयाँ कर दी।

''जी मेरा नाम मोहतरमा नहीं जीनत है।''

''जो भी हो मुझे उससे क्या।''

दोनों की नोंकझोंक देखकर चचा पहले तो उनका चेहरा देखते रहे फिर हँसते हुए बोले, "क्यूँ री...सुकड़ी, तूने इससे भी लड़ाई कर ली...।"

''चचा मुझे सुकड़ी-वुकड़ी मत कहा करो।'' कहते हुए ज़ीनत अन्दर चली गयी। जाते-जाते उसने एक बार हम्ज़ा को पलटकर देखा, और हम्ज़ा की नजरें मिलने पर मुँह भी चिढ़ाया, उसकी इस अदा पर हम्ज़ा अपनी हँसी नहीं रोक पाया।

''बेटा ये ज़ीनत है मेरी भतीजी कुछ दिनों के लिए घूमने आयी है, थोड़ी चुलबुली है, इसकी बातों का बुरा मत मानना।'' चचा ने हम्ज़ा को समझाते हुए कहा।

कुछ देर यूँ ही एक-दुसरे का हाल-चाल लेने के बाद हम्ज़ा जब जाने लगा तो चचा ने रोकते हुए कहा।

''बेटा नाश्ता तो करके जाते...।''

''जी शुक्रिया मैं गेट का दरवाज़ा यूँ ही खोल कर आ गया था, सारा सामान भी यूँ ही बिखरा पड़ा है।''

''तो हम ज़ीनत के हाथों नाश्ता वहीं पहुँचवा देंगे'' इससे पहले हम्ज़ा कुछ कह पाता चचा ने आगे कहा, "और तुम मना नहीं करोगे जब तक यहाँ हो खाने वगैरह की जहमत न करना, वह तुम हमारे यहाँ ही खाओगे वरना में अपने दोस्त को क्या मुँह दिखाऊँगा।" चचा की आँखों में नमी देखकर हम्ज़ा भी उन्हें मना नहीं कर पाया।

इतनी सुबह सफाई वाला तो कोई मिला नहीं सो हम्ज़ा ने खुद ही घर की सफाई का काम शुरू कर दिया। पहले बैठक की झाड़ू निकाली फिर घर

के चारों तरफ गहरे जालों को साफ किया। जैसे-जैसे हम्ज़ा घर को साफ करता जाता उसे लगता कि उसके मन का कोई हिस्सा हलका हो गया हो। लॉन में बिखरे पड़े पेड़ों के सूखे पत्तों और टहनियों को साफ कर उसने बेंत की दो कुर्सियाँ कमरे से निकालकर लॉन के बीचोंबीच डाल दीं। दो घंटे की कड़ी मशक्कत के बाद, वीरान पड़े घर के दीवारों पर जैसे हँसी उभर आयी थी। हम्ज़ा के हाथों में झाड़ू थी और बदन पर धूल, अभी वह लॉन की झाड़ू लगा ही रहा था कि उसी जानी पहचानी आवाज़ ने दरवाजे पर दस्तक दी जिसने सुबह टक्कर मारी थी।

हम्ज़ा ने मुड़कर देखा दरवाजे पर अपने हाथों में पीतल की प्लेट लिए ज़ीनत खड़ी थी। हम्ज़ा को इस तरह काम करते देख ज़ीनत की हँसी निकल गयी, पर किसी लड़के को इस तरह काम करते देख उसे अच्छा भी लगा था। इस बार जॉगिंग ड्रेस की जगह ज़ीनत ने मेहरून रंग का सलवार सूट पहना था, गले में मैचिंग का दुपट्टा सलीके से पहना हुआ। सुबह की चुलबुली लड़की इस वक्त कितनी मासूम लग रही थी।

दरवाजे पर ज़ीनत को खड़ा देखकर हम्ज़ा ने कहा, "अन्दर आ जाइये।"

जीनत ने कोई जवाब तो नहीं दिया बस अपने दोनों हाथ थोड़े से उठाकर दिखा दिये। ज़ीनत के दोनों हाथ भरे हुए थे, एक हाथ में प्लेट और दूसरे हाथ में चाय की केतली देखकर हम्ज़ा मुस्कुराया और दरवाज़ा खोलने चला गया।

''आज कितना अच्छा लग रहा है यहाँ वरना मैं तो इधर से गुजरने में भी डरती थी, लगता था जैसे कोई भूत रहता हो यहाँ।'' साफ सुथरे लॉन को देखकर ज़ीनत ने कहा।

''जहाँ कई सालों से कोई नहीं रहता हो वहाँ भूत ही रहते होंगे, अन्दर जाकर देखो शायद कोई मिल जाये।'' हम्ज़ा ने चुटकी लेते हुए कहा।

''हाँ एक तो मेरे सामने ही खड़ा है।'' हम्ज़ा को ऊपर से नीचे देखते हुए ज़ीनत बोली। इस बार दोनों खिल खिलाकर हँस दिये। सामने पड़ी हुई मेज पर ज़ीनत ने सफेद रुमाल से ढँकी प्लेट रखी और केतली खोलकर कप में चाय निकालते हुए बोली। ''अब से आप यहीं रहेंगे।''

''जी नहीं, मैं तो कुछ दिनों के लिए यहाँ आया हूँ, पहले मेरे चचा इस घर को महीने-दो महीने में देख जाया करते थे पर अब उन्होंने ही पल्ला

झाड़ दिया तो मुझे मजबूरी में आना पड़ा।''

''मतलब कि ये घर फिर से वीरान हो जायेगा।''

हम्ज़ा ने कोई जवाब नहीं दिया बस घर पर एक निगाह डालकर देखता रहा।

''लीजिये नाश्ता कर लीजिये'' प्लेट में आलू के पराँठे देखकर हम्ज़ा अपने आपको रोक न सका, काम करते-करते भूख भी तो जोरों की लग आयी थी।

''अरे...रे रे रे... पहले हाथ-पैर तो धो लो, कैसे धूल-मिट्टी से लिथड़े हुए हैं।'' हम्ज़ा को जैसे याद ही नहीं रहा हो।

जब वह अन्दर से हाथ-मुँह धोकर आया तो देखा कि मेज पर नाश्ता बड़े करीने से लगा है, प्लेट में आलू के पराँठे, चीनी की एक छोटी-सी कटोरी में चटनी, और दूसरी में शक्कर।

इस घर में जाने कितने सालों के बाद किसी ने इस तरह खाना परोसा होगा, हम्ज़ा को अम्मी की याद आ गयी, अम्मी भी तो अक्सर लॉन में ही नाश्ता लगाती थीं।

''आप चीनी कितनी लेंगे चाय में।''

''जी आप नहीं भी डालेंगी तो चलेगा मैं चीनी कम ही लेता हूँ।''

''पर मैंने दो चम्मच डाल दी है।'' ज़ीनत ने बच्चों जैसी आवाज़ बनाते हुए कहा।

''अब डाल ही दी है तो पीनी पड़ेगी जैसे सुबह आपकी गालियाँ खा ली थीं।'' कहते हुए हम्ज़ा ने चाय का प्याला उठा लिया और मुस्कुराने लगा।

''देखिये उस बात के लिए मैंने माफी माँग ली है।'' ज़ीनत अपनी नजरें चुराते हुए बोली।

''अरे! किससे माँग ली, गालियाँ तो मैंने खाई थीं।''

''जी! अल्लाह से माँग ली थी।'' ज़ीनत की इस बात पर हम्ज़ा जोरों से हँस दिया।

"इतनी जोर से मत हँसिये फन्दा लग जायेगा हम्ज़ा मियां।'' ज़ीनत का इतना कहना था कि हम्ज़ा को वाकई में फन्दा लग गया। ''कहा था न कि फन्दा लग जायेगा, रुकिए मैं अन्दर से पानी लाती हूँ।" ज़ीनत पानी लाने के लिए घर में चली गयी जैसे पता ही हो कि बावर्चीख़ाना कहाँ है?

"अरे ज़ीनत जी अन्दर बर्तन वगैरह नहीं होंगे शायद...बावर्चीख़ाना बहुत गन्दा है।" हम्ज़ा ने पीछे से कहा, पर ज़ीनत फिर भी चली गयी। आज कितने दिनों के बाद इस घर में हँसी गूँजी थी, खुशियाँ कभी-कभी यूँ ही चली आती हैं ज़ीनत बनकर।

"हम्ज़ा बावर्चीख़ाने की हालत तो ऐसी है, जैसे कभी किसी ने खाना बनाया ही न हो ...उफ ...।" अन्दर से ज़ीनत ने आवाज़ लगायी फिर वह ताम चीनी के गुलदस्ते के पॉट में पानी भर लायी।

"ये क्या है?" हम्ज़ा ने पूछा।

"पानी है जनाब, घर के सारे बर्तन पानी लाने लायक नहीं थे इसलिए इसमें भर लायी।" ज़ीनत ने गुलदस्ते का जार हम्ज़ा को थमा दिया। ये औरतें भी कमाल होती है, घर में कुछ हो न हो पर इन्हें कुछ न कुछ मिल ही जाता है। पानी देकर ज़ीनत फिर से अन्दर जाने लगी तो हम्ज़ा ने टोक दिया "अब आप कहाँ चलीं, मोहतरमा।"

"जी बावर्चीखाने की सफाई करने इतना गन्दा पड़ा है कि पूछो मत, आप भी जल्दी नाश्ता निपटाकर अन्दर आ जायेंगे और हाँ आखिरी बार बता रही हूँ मेरा नाम मोहतरमा नहीं ज़ीनत है, हम्ज़ा जी।" कहकर वह चली गयी। बड़ी अजीब सी थी वह लड़की जाने किस अधिकार से घर में ऐसे घुस आयी जैसे उसका ही हो।

नाश्ता ख़त्म करके जब हम्ज़ा अन्दर गया तो देखा अपने कमर में दुपट्टा बाँधे ज़ीनत बर्तनों के ढेर को साफ कर रही थी। पुराने कनटेनर को साफ करके उसने कोने में रख दिया था और स्लेब पर रखा उलटा गैस चूल्हा पानी की बूँदों के साथ चमक रहा था, जो ज़ीनत ने अभी-अभी धोया था। बर्तन धोते वक्त ज़ीनत के माथे से टपकती बूँदें उसकी गर्दन से होती हुई आँचल तक लुढ़क आयीं, उसको इस तरह काम करते देख हम्ज़ा को बहुत अच्छा लगा।

"आप आ गये, चलिए ये सारे कनटेनर ऊपर रख दीजिए, और ये कूड़ा मैंने अखबार में इकट्ठा कर दिया है बाहर डाल आइये।" हम्ज़ा को देखकर ज़ीनत ने कहा। जो जो वह कहती गयी, हम्ज़ा वह वह करता गया पहले बावर्चीखाना, फिर बेडरूम, बरोठा एक-एक करके सारे घर की सफाई दोनों ने मिलकर कर डाली। अभी दोनों बरामदा धो रहे थे कि हमीद चचा

आ गये'' भाई ...बहुत देर लगा दी नाश्ते में।''

''जी चचा नाश्ता तो कब का हो गया, वह...ये जनाब अकेले घर की सफाई कर रहे थे तो मैंने सोचा कि थोड़ा हाथ बँटा दूँ।'' वायपर से पानी साफ करते हुए ज़ीनत ने कहा। चचा ने एक नजर ज़ीनत को देखा, फिर हम्ज़ा को।

''अच्छा ठीक है, काम ख़त्म हो जाये तो आ जाना, तुम्हारी चची जान बुला रही हैं।'' इतना कहकर चचा चले गये। सारा काम निपटवाने के, थोड़ी देर बाद ज़ीनत भी चली आयी थी। हम्ज़ा का पूरा घर एकदम करीने से लग गया था।

रात को ज़ीनत जब हम्ज़ा को खाना देकर जाने लगी तो, हम्ज़ा ने ही पूछ लिया, "एक बात पूछूँ ज़ीनत।''

''हाँ पूछिए।''

''मैं तो तुम्हें जानता तक नहीं, फिर तुमने मेरे घर की सफाई, ऐसे की जैसे तुम्हारा ही हो।''

''जिनके अपने कोई घर नहीं होते उनको सबके घर अपने ही लगते हैं हम्ज़ा।''

जीनत की आवाज़ में थोड़ी उदासी थी।

''मतलब!''

''मतलब, ये कि आपके पास अपना घर है और आपको उसकी कोई कद्र नहीं है वरना ऐसे कोई अपना घर छोड़ के जाता है।'' ज़ीनत ने अपना लहजा बदलते हुए कहा।

''ज़ीनत घर लोगों से होता है और जब लोग ही न हों तो घर खँडहर के अलावा कुछ नहीं होता, देखो न आज तुम आयी हो तो मैं बातें कर रहा हूँ, वरना दीवारों को देखने के सिवाय और कर भी क्या सकता हूँ।''

''तो आप शादी क्यूँ नहीं कर लेते।''

जीनत के सवाल पर, हम्ज़ा चुप हो गया, पर ज़ीनत को ऐसे देखता रहा जैसे कुछ कहना चाहता हो।

जीनत ने बड़े करीने से खाना परोस दिया।

सफेद कुर्ता-पाजामा पहने हुए ज़ीनत हम्ज़ा को निहारती रही, गोरा चेहरा तिरछी कलम, थोड़ी उभरी पर बड़ी-बड़ी आँखें, नीचे वाले होंठ के

नीचे छोटा-सा कट का निशान, शायद कभी चोट लगी होगी।

"वहाँ मुम्बई में कैसे वक्त काटते हैं" डोंगे में से थोड़ा कोरमा उँड़ेलते हुए ज़ीनत ने पूछा।

"वहाँ वक्त होता ही कहाँ है जो काटा जाये। रात को जाता हूँ, बाई खाना बना कर जाती है, खाता हूँ सो जाता हूँ, कभी-कभार छुट्टी मिलती है तो भी नहीं लेता ओवर टाइम कर लेता हूँ, मुम्बई के दोस्तों से डर लगता है, और अकेले रहना भी मुश्किल ...जब तक अम्मी थी वह जरूर बात करती थीं।"

"और अब्बा से" ज़ीनत के पूछने पर जैसे हम्ज़ा का निवाला कड़वा हो आया हो।

"अब्बा ने न मुझे कभी अपना बेटा समझा और न ही मैं उन्हें अपना अब्बा बना पाया, हर वक्त अपनी अकड़, मैंने ये किया मैंने वह किया, घर बनाया, अम्मी को भी कभी सुकून नहीं लेने दिया उन्होंने तभी तो मुझे इस घर से कोई लगाव नहीं रहा।" हम्ज़ा की बातों में चिड़चिड़ाहट भर आयी थी।

"इतनी कड़वाहट अच्छी नहीं होती हम्ज़ा, ऐसे तो तुम खुद को ही परेशान करोगे जो बीत गया उसे वहीं छोड़ दो, पीछे का वक्त क्या कभी वापस आयेगा, जो उसे सीने से चिपकाये घूम रहे हो।" ज़ीनत की आवाज़ में कितनी मिठास घुली हुई थी।

"तुम नहीं जानतीं ज़ीनत मैंने अब्बा की वजह से क्या कुछ देखा है।"

"मुझे सब पता है बारहवीं करके भाग गये थे यहाँ से चचा ने मुझे सब बता दिया है। भगोड़े कहीं के हम्ज़ा वक्त का सामना करना चाहिए इस तरह भागने से कुछ बदल नहीं जायेगा, अच्छा देर बहुत हो चुकी है, मैं कल आऊँगी। "कहकर ज़ीनत चली गयी।"

रात को सोते वक्त हम्ज़ा को ज़ीनत की बातें याद आती रही, कैसे उलझे हुए मन को पल भर में सुलझा के चली गयी थी वह। काश अम्मी अब्बा भी इसी तरह एक-दूसरे को कभी समझ पाते। हम्ज़ा ने सोचा, ...फिर उसके चेहरे पर हलकी-सी मुस्कराहट उभर आयी, उसे ज़ीनत की बातें याद आ गयीं जो बीत गया उसे वहीं छोड़ दो, पीछे का वक्त क्या कभी वापस आयेगा, जो उसे सीने से चिपकाये घूम रहे हो।" हम्ज़ा ने सारे ख़याल वहीं

छोड़ दिये और सो गया, ज़ीनत की बातों ने उसका मन हलका कर दिया था।

उस दिन के बाद से ज़ीनत रोज़ ही उसके घर आती घंटों बातें करती कभी-कभार तो छोटी-छोटी पहाड़ियों पर पैदल घूमने भी चले जाते थे वह। शायद ही उसकी ज़िन्दगी में कोई इस तरह से मिला था, जो उसके साथ बिना कोई शर्त के टाइम बिताता हो। हम्ज़ा रोज़ शाम को उसका इन्तज़ार करता बीते छब्बीस सालों में शायद ये पहला मौका था जब हम्ज़ा ने किसी का इन्तज़ार किया हो। शायद हम्ज़ा को ज़ीनत से प्यार हो गया था।

एक दिन जब ज़ीनत नहीं आयी तो हम्ज़ा खुद ही हमीद चचा के घर चला आया। चचा लॉन में ही मिल गये।

"कैसे हो बरखुरदार सब खैरियत।"

"जी अल्लाह का करम है वह ज़ीनत नहीं आयी आज... कुछ बर्तन रह गये थे, कल के।"

हम्ज़ा ने इधर-उधर झाँकते हुए कहा।

चचा ने देखा हम्ज़ा के हाथों में कोई बर्तन तो थे नहीं। "जीनत से मिलने आये हो, वह तो कल परसों ही आयेगी।"

"कहीं बाहर गयी है क्या?"

"हाँ डिस्ट्रिक्ट कोर्ट गयी है।"

"कोर्ट क्यूँ?" हम्ज़ा के चेहरे पर परेशानी उतर आयी।

'वह उसके अम्मी अब्बा की तलाक का केस चल रहा है न, कई साल हो गये, केस को, पूरे का पूरा घर बर्बाद है, कई सालों से खुद ज़ीनत वर्किंग वीमन हॉस्टल में रहती है, अभी कुछ दिनों के लिए ही आयी थी मेरे पास, मैंने ही बुला लिया था।" हम्ज़ा को जैसे हमीद चचा की बातों पर यक़ीन ही नहीं हुआ इतनी दिक्कतों में कोई, इस तरह सुलझा हुआ, इतना चंचल, इतना हँसमुख कैसे हो सकता है। हम्ज़ा ज्यादा देर नहीं बैठ सका। ज़ीनत के इन्तज़ार में, दो दिन कैसे बेचैनी से बीते हम्ज़ा ही जानता है दो दिन के बाद जब ज़ीनत आयी तो हम्ज़ा गुस्से में बोल पड़ा।

"कहाँ चली गयी थी बिना बताये मैं यहाँ कितना परेशान था।"

"तुम खुद ही परेशान होते हो हम्ज़ा मैं तो ठीक हूँ।"

"और तुमने बताया क्यूँ नहीं कि तुम कोर्ट गयी थी मतलब ...तुम्हारे घर पर...ये सब...अरे यार, मुझे बताती तो...।" हम्ज़ा को पता नहीं किस

बात की हड़बड़ी थी। ज़ीनत ने अपनी परेशानियाँ नहीं बतायीं इस बात की या फिर उसने अपना सब कुछ बता दिया इस बात की।

"हम्ज़ा...बताने के लिए हमेशा हम परेशानियाँ ही क्यों गिनते हैं। हम खुशियाँ क्यूँ नहीं चुनते? चलो घूमकर आते हैं, आज शाम कितनी अच्छी है।" कहकर वह हम्ज़ा का हाथ पकड़कर दूर सड़क पर ले गयी। वक्त की लकीरों को पीछे छोड़ दोनों हाथों में हाथ डाले दूर निकल गये।

सैनोरिटा

●

दुर्गेश सिंह

स्मृतियों के मामले में मैं और मेरे मुल्क के नेता एक जैसे हैं। दोनों अपना काम भूल जाते हैं। घर पर सब्जी लाना मेरा काम है और देश चलाना उनका काम है, वे भूल जाते हैं। सब्जी स्मृतियाँ और नेता क्या लग नहीं रहा किसी तरह के दर्शन की बात हो रही हो? मैं एक नितान्त व्यक्तिगत बात आपको बताने जा रहा हूँ। जिसमें सबसे पहले मेरी पत्नी शामिल है। निक्की नाम है। इसको देखकर मैं सोचता हूँ कि इसकी बनावट में ऊपरवाले ने सारी गाँठे इतनी सधी हुई क्यों मारी हैं।

हे ऊपरवाले अगर तुम सुन रहे हो तो प्लीज पे अटेंशन मैंने अपनी कौन-सी भैंस खोल दी थी जो तुम्हारा खेत चर गयी और तुमने निक्की को मेरे हवाले कर दिया। अब आप मुँह मत बिगाड़िए– जाके पैर न फटे बिवाई, वो क्या समझे पीर पराई। बीवी मेरी है मुझसे बेहतर आप तो समझ सकते नहीं उसे। कभी-कभी सोचता हूँ कि निक्की इतनी बुरी भी नहीं है लेकिन क्या कहूँ कि समस्या की जड़ भी यही है कि निक्की एकदम बुरी नहीं है। वह एकदम सन्तुलित सधी हुई और नियमित है। उसमें इमोशन एक चम्मच, एडवेंचर नाखून के बराबर, एंबीशन पर नो कमेंट, सपना सिर्फ नींद में देखती है, इच्छा पूछे जाने पर कहती है जी जैसी आपकी इच्छा, और गुस्सा इतना कि बिना थूके काम चल जाये, शौक मतलब शौक बड़ी चीज

है, छोड़ ही देते हैं। अब आप ही कहिए मैं करूँ तो क्या करूँ। क्या करूँगा सब्जी लाने जाऊँगा और क्या। अच्छा देखिए मैं आपसे कह रहा हूँ न सब्जी लेने जाऊँगा तो मुझे अच्छे से पता है कि निक्की ने झोला तख्ते पर रख दिया होगा। उसको पता है कि मुझे कोई भी चीज ढूँढ़ने में तकलीफ होती है। जी हाँ, देखिए, मिल गया न झोला। दो साल होने को है मेरी शादी को। तारीख मत पूछिएगा, मैंने पहले ही कह दिया स्मृतियों के मामले में मेरा खाता सिर्फ उधारी पर चलता है।

कुल मिलाकर मैं आपसे दिल की बात दिल निकालकर कहूँ न दोस्तो तो मेरी बीवी निक्की ऐसी है जो रोज मेरे पूछने पर हमारी शादी की डेट आसानी से बता सकती है। उसे बिल्कुल गुस्सा नहीं आता। लेकिन अब मैं अपने कमरे में नहीं जाऊँगा। अभी वह टीवी देख रही होगी और मेरे जाते ही चाय पीने के लिए पूछ लेगी। मेरा मानना है कि चाय, चाय की पत्ती से बनती है और उसका मानना है कि चाय चीनी से बनती है। इधर दो-तीन दिन से एक अनजान नम्बर से मुझे इसी समय फोन आ रहा है। मैं जब तक फोन उठाने जाता हूँ कट जाता है। निक्की को इस बात की परवाह नहीं है लेकिन मैं हमेशा से अपनी बोरिंग लाइफ में कुछ एडवेंचर चाहता हूँ। चाय पर चर्चा करके वह एडवेंचर तो हो नहीं पा रहा सो अब सब्जी खरीदने जा रहा हूँ। रात में निक्की आठ बजे के बाद उबासियाँ मारने लगती है। काम पर सुबह मुझे जाना होता है लेकिन रात में जल्दी सोती निक्की है। आज निक्की के सोने के बाद मैं इस अनजान नम्बर पर फोन लगाकर पता करूँगा कि कौन है जो मेरी ठहरी-सी ज़िन्दगी में मिस काल के कंकड़ फेंक रहा है।

अब मैं सब्जी की दुकान पर हूँ और सब्जी वाले से बातें कर रहा हूँ।

भाई ये नेनुआ कैसे दिये?

क्या—इस क्या के साथ दुकान वाले ने मेरी बात में कोई इंटरेस्ट नहीं लिया और मेरी बगल में खड़ी एक महिला की तरफ देखकर भिंडी तौलता रहा। उसको भिंडी से अधिक इंटरेस्ट महिला में था।

परसों की भिडी कैसी थी मैडम रुढाई तो नहीं थी ना! वह चौकन्ना होकर बोला।

वाक्य के अन्त में ना आने का मतलब ही हुआ करता है हाँ सुनना!

मुझे सब्जी वाला भी निक्की जैसा लग रहा था जो आज की भिंडी के बजाय कल की भिंडी में जी रहा है।

हैलो भाई– ये नेनुआ कैसे–मैंने फिर से कहा।

उसने मुझे देखा और फिर से महिला की तरफ देखते हुए बोला–अउर कुछ लेंगी मैडम या बस धनिया मरचा डाल दें। मेरा दिमाग हट गया। देखिए सब्जी मैं रोज लाता हूँ लेकिन धनिये और मरचे के लिए तो झगड़ा ही करना पड़ता है। यहाँ बिना पूछे ही धनिया और मरचा दिया जा रहा है। लेकिन करता क्या अब इस सब्जी वाले के खिलाफ उपभोक्ता फोरम भी नहीं जा सकता। फोरम में बैठे लोग फोकट में हँसेंगे। मेरा मन तो हुआ कि एक बार महिला जी को देख लूँ लेकिन दुकान वाले पर गुस्सा इस कदर था कि सब्जी खरीद कर सीधे घर जाने का मन कर रहा था।

ओह आई गाट इट। ऐसी ही जगहों पर मुझे निक्की की याद आती है।

जब मैं बेबस होता हूँ। वह होती तो तब तक दुकान पर खड़ी रहती जब तक दुकानदार बिना कुछ पूछे झोला भर नहीं देता।

मैं महिला जी को देखने ही वाला था कि दुकान वाले ने कहा–नेनुआ।

उत्तर प्रदेश में कहते होंगे जी यहाँ तुरई कहते हैं।

मैंने मन में ही सोचा कि उत्तर प्रदेश का हूँ इसलिए उत्तर दे रहा हूँ अन्यथा बताता। मुझे समझ नहीं आया कि ये मुझे धमकी दे रहा है या फिर जानकारी।

अरे हाँ माफ कीजिएगा मेरी पत्नी के बारे में बताने को इतनी सारी बातें हैं कि अपने काम के बारे में आपको बता नहीं पाया। मैं रेलवे में बुकिंग क्लर्क हूँ। लोगों की यात्राओं के विवरण कंप्यूटर में सुरक्षित करता हूँ लेकिन अपनी स्मृतियों के बारे में तो खैर छोड़िए मेरी नौकरी और पत्नी को छोड़कर कुछ भी सुरक्षित नहीं।

और क्या चाहिए मुझे लगा ये आवाज़ कहाँ से आयी।

तुरई के अलावा और क्या चाहिए? सब्जी वाला था। इसे भी मेरे बारे में पता चल गया। कमबख्त सब्जी वाला है कि सीबीआई वाला है।

और धनिया मरचा डाल दो, मैंने कहा। धनिए का दाम बढ़ गया है, परसों डीजल का दाम बढने वाला है।

मेरा दिमाग फिर से हट गया। मैंने कहा–परसों से डीजल का दाम

बढ़ेगा, तो धनिया का दाम आज से क्यों बढ़ा

तभी एक आवाज़ आयी। सब हो गया न भइया।

दुकान वाला थोड़ा उदास हो गया। बोला, हाँ सब हो गया। मुझे याद आया अरे हाँ इन्हीं महिला जी को इसने मुफ्त में धनिया दिया था।

लेकिन भइया शब्द सुनते ही उसके चेहरे की मर्करी जीरो वाट का बल्ब बन गयी।

मैंने माफ किया और कहा कि ठीक है बताओ कुल कितना हुआ। तभी मेरे पास से एक खुशबू गुजरी। जो महिला के जाने के बाद वहाँ ठहर गयी थी।

मैंने कोशिश की लेकिन तब तक महिला चली गयी थी। मैं देख नहीं पाया।

मैं घर वापस आ गया था और घर में नेनुए की सब्जी बन रही थी। निक्की टीवी पर कोई धारावाहिक देख रही है जिसमें सास पिछले दो महीने से नाराज़ चल रही है कि बहू ने उसके पैर नहीं दबाये हैं और यह ऐसा दर्द है जो दवाओं से भी नहीं जा रहा है। डॉक्टर, रिश्तेदार सब लोग आ चुके हैं लेकिन सास के पैर का दर्द जाता ही नहीं और बहू भी अपनी जिद पर अड़ी है। वह सास के पैर छू लेगी लेकिन दबायेगी नहीं। अभी तक कहानी आगे नहीं बढ़ी—मैंने निक्की से कहा तो उसने कहा कि अच्छा तो है। इतना तो मजा आ रहा है। सास की बात सही है। बहू को उसके पैर दबा देने चाहिए लेकिन ये बुआ राह में रोड़ा बनकर बेठी है। ऊपर से भी फूफा भी दिन भर इन्हीं के घर मे बैठकर शराब पीता रहता है। देख रहे हैं न आप अगर मैं अपनी बीवी से बात करूँ तो सिर्फ मोनो लाग होता है। मैंने भी अपना तकिया और चटाई ली और छत पर गर्मी से बचने के लिए चला गया। आसमान साफ था। रोज ही जब मैं इस वक्त छत पर आता हूँ तो इसी तरह रहता है। मैंने चटाई बिछा दी और लेट गया। रीढ़ की एक-दो गाँठे खुल गयी और माँ की कही बात याद आ गयी समतल पर सोने से कुंडलनियाँ एक तल में आ जाती हैं और आराम मिलता है। मैं ऊपर की तरफ देख रहा था मानो माँ को कन्फॅर्म करना चाह रहा था हाँ तूने ठीक ही कहा था। मेरा फोन बज गया। फोन बज तो रहा था लेकिन दिख नहीं रहा था। मैं पलटा फोन नहीं मिला और फिर पलटा फोन नहीं मिला। मैं

खड़ा हो गया फोन गिर गया। न जाने कहां चिपका था। फट से आवाज़ आयी लेकिन फोन फटा नहीं। मैं झुका और स्क्रीन पर एक अननोन नम्बर डिस्प्ले हो रहा था। आपको याद है न कि मैं एक बुकिंग क्लर्क हूँ। अपनी सीटीसी और आईआरसीटीसी से परेशान बहुत सारे लोग मुझे अक्सर फोन करते रहते हैं।

मैंने सोचा कि काट दूँ। काट दिया। फिर बजा और मैंने फिर काट दिया। एकबारगी मुझे लगा कि काटने के बाद फोन तो कोई अपना ही करता है। लेकिन मेरी अपनी पत्नी तो नीचे नेनुए की सब्जी बना रही है और नींबू पानी पीते हुए धारावाहिक देखकर खुश है। मेरे माँ-पिता तो गुजर चुके हैं। सास-ससुर ब्रहम मुहूर्त में जगने वाले लोग हैं सो उनका सूरज तो अब तक अस्त हो चुका होगा। कोई ढीठ है, लगता है बम्बई से भागलपुर तक का टिकट चाहिए इसको।

नहीं बुक होगा तुम्हारा टिकट—मैंने गुस्से में कहा और फोन काट दिया।

मैं खुद को सफल मानकर फोन देख ही रहा था कि मैसेज आया। फोन उठाओ? मैंने अपने दिमाग पर जोर दिया कि किसी ने मुझे धमकी दी लेकिन कौन हो सकता है जो इतनी रात को मुझे मेसेज कर फोन उठाने को कह रहा है। मैंने आवाज़ पर ध्यान दिया तो लगा कि कुछ पहचानी सी किसी लड़की की आवाज़ है। लेकिन लड़कियों का मेरे जीवन में आना-जाना शादी के पहले तक ही था। अब ये कौन है!

मैंने फोन लगा दिया और एक घंटी के बाद पाँच और घंटियाँ हुईं। मुझे अपने सस्ते फोन से इस वजह से भी प्यार था क्योंकि वह बता देता था कि कितनी देर से सामने वाले नम्बर पर घंटी बज रही है। अननोन नम्बर पर बज रही इस घंटी का मैं सेकेंड गिन रहा था। सैंतीस अड़तीस उनतालीस और चालीस और अब कटा। लेकिन नहीं, आवाज़ फिर से उसी महिला की आयी।

कैसे हो—

मैं सकपकाया और बोला—हाँ जी ठीक हूँ, मुझे महिलाओं के फोन तो नहीं ही आते हैं और जिनके आते भी हैं उनको मैं अपनी सुविधानुसार बहन जी और माता जी बोल देता हूँ। चूँकि यह फोन थोड़ा जासूसाना था तो फोन कर्ता से कोई सम्बन्ध जोड़ना उचित नहीं समझा।

लेकिन मेरे मन में एक बात घर कर गयी थी कि ये कोई साधारण फोन नहीं है।

मैंने कहा—जी आप?

सब्जी खरीदते समय लिस्ट क्यों नहीं रखते तुम—मुझे आवाज़ कुछ जानी-पहचानी सी लगी। और ये धनिया-मिर्च के लिए कब से झिक-झिक करने लगे तुम?

जी, वह मैं समझा नहीं। आप कौन? क्या चाहती हैं?

अब आप मेरी कन्फ्यूजन की अवस्था देखिए। एक अननोन नम्बर से एक लड़की का फोन आया है। उसे मेरे पास्ट के बारे में यहाँ तक पता है कि मैं पहले सब्जी के साथ धनिया जबर्दस्ती नहीं डलवाता था। लेकिन मैं अपनी इस मेमोरी का क्या करूँ। कभी भुलूँ कभी याद करूँ।

मैं कुछ नहीं चाहती बस आज तुमको सब्जी की दुकान पर देखा तो लगा कि तुम भी इसी शहर में हो।

हाँ, मैं इस शहर में तो अभी जल्दी ही आया लेकिन आप कब आयीं—मैंने बिना ये पूछे कि आप कौन हैं, ये पूछ दिया कि आप कब आयीं।

पहचाना मुझे—सामने से हँसती आवाज़ आयी।

मैंने कहा— नहीं लेकिन आपकी आवाज़ जानी-सुनी लग रही है।

चलो अच्छा है आवाज़ तो याद है— सामने से फिर से आवाज़ आयी। मैंने सोचा और कहा, हाँ लेकिन तुम्हारी आवाज़ ही पहचान तो नहीं है ना।

सामने से हँसने की आवाज़ आयी और नीचे से बीवी की—सुनो इन्वर्टर भी जा रहा है। जल्दी से खाना खा लो।

दरअसल इन्वर्टर इसलिए आवाज़ें निकाल रहा था क्योंकि निक्की का दूसरा धारावाहिक शुरू हो गया था।

देखिए मेरी पत्नी मुझे खाने के लिए बुला रही है। आप अपना नाम तो बता दीजिए— मैंने जल्दी बाजी में कहा।

पत्नी, बड़े जिम्मेदार टाइप के हो गये हो टीपू सुल्तान—फिर सामने से एक हँसी गूँजी।

टीपू सुल्तान सुनकर मैं चौंक गया। टीपू मेरे बचपन का नाम था और मेरे दोस्त मुझे चिढ़ाने के लिए टीपू सुल्तान कहते थे।

मेरी चौंक दाल की छौंक से मिल गयी थी। मैं सूँघ सकता था कि

निक्की अब दाल बघार रही थी और थोड़ी ही देर में फिर बुलायेगी।

तुम्हें हबीबगंज एक्सप्रेस याद है? उधर से फिर से एक सवाल उछला।

हबीबगंज एक्सप्रेस के बारे में मेरी कुल जमा जानकारी इतनी थी कि हिन्दुस्तान का पहला आईएसओ प्रमाणित रेलवे स्टेशन है यह।

मेरी स्मृतियों के बहाने मेरे सेल्फ कान्फिडेंस की धज्जियाँ फोन के जरिए उड़ाई जा रही थीं कि तभी निक्की ने आवाज़ दी—अब तो आ जाओ मैंने लालटेन जला ली है।

मैंने थोड़ा गुस्से में कहा—नाम बता दो नहीं मैं रख दूँगा। माँ कसम खाकर बोल रहा हूँ।

सामने से आवाज़ आयी— कल बात करते हैं और हाँ अभी भी माँ कसम खाते हो।

मैं नीचे आ गया था और खाने की तखत पर बैठकर अपने बखत के बारे में सोच रहा था। फोन को देख रहा था और खा भी रहा था। निक्की सामने बैठे खा रही थी। मुझे वह दुनिया की सबसे सुखी और सन्तुष्ट प्राणी लग रही थी।

खाना अच्छा बना है—मैंने निक्की की तरफ देखकर खाने का कौर हाथ में उठाकर कहा।

उसने मेरी तरफ देखा और चावल-दाल का एक कौर मुँह में डालते हुए कहा— ये तो आप रोज ही कहते हो। कुछ अलग भी कहा करो!

लाइट आ गयी लाइट आ गयी कहते हुए निक्की उठी और थाली को दायें हाथ में रखकर बायें हाथ से रिमोट दबा दिया।

टीवी चल पड़ा और स्क्रीन पर आ रहे एक विज्ञापन में पिता अपने पुत्र को डाँट रहा था कि तेज बाइक चलाने से जान-माल का खतरा है। इसलिए उसे ये वाला हेलमेट लगाना चाहिए। बाइक तेज चलानी है या नहीं, इस बारे में पिता ने बेटे को कुछ नहीं बताया। निक्की ने चैनल बदल दिया और मैंने खाने का मूड। अब आप ही बताइए कि ऐसी पार्टनर के साथ आपकी शिप डूबेगी या चलेगी।

मैं आज ऊपर ही सोने जा रहा हूँ। तुम्हें आना हो तो बता देना—मैं बेसिन में हाथ धोते हुए बोला।

निक्की ने बिना कुछ बोले कहा—मुझे जल्दी सोना है मैं नीचे ही रहूँगी।

मैंने मच्छर अगरबत्ती ले ली कि अगर उनका रात-बिरात आगमन हो तो सुलगा लूँ। ऊपर आसमान थोड़ा घिर आया था। मैं वैसे ही चटाई पर लेट गया लेकिन इस बार मुझे माँ की याद नहीं आयी। मुझे फोन की याद थी जो मेरे हाथ में था। मैंने उस महिला वाला मैसेज खोला और फिर से पढ़ा। मुझे अच्छा लगा, थोड़ा हँसा। मैंने हबीबगंज और टीपू सुल्तान के बारे में सोचा, थोड़ा और अच्छा लगा। मुझे लड़की की आवाज़ में एक ठहराव लग रहा था। मुझ जैसे मेमोरीलेस आदमी को अगर ये आवाज़ याद आ रही है तो कहीं न कहीं ये आवाज़ मेरे साथ भी ठहरी हुई है। मैं खुद को रोक नहीं पाया और थोड़े देर पहले खाये खाने की एक ताजी सी डकार ली और फोन घुमा दिया। स्क्रीन देखने लगा, एक दो और तीन। फोन कट गया। फोन कट जाना मेरे लिए एक निराश कर देने वाली घटना थी। मैंने फिर से फोन मिला दिया और पहले ही सेकेंड फोन उठ गया।

तुम्हारी इतनी हिम्मत कि तुम मुझे बार-बार फोन करो टीपू।

मैंने धैर्य और उत्तेजना इकट्ठी की और उम्मीद की भट्ठी में झोंकते हुए कहा– देखो तुम जो भी हो। अब चोर पुलिस खेलना बन्द करो। नाम बताओ। वरना, वरना।

मैं इतना कहकर रुक गया। मुझे लगा कि खाली वरना-वरना बोलना ही है, करना-धरना तो कुछ है नहीं। फिर मैंने कहा–अच्छा नहीं बता रहीं तो ये बता दो तुम चाहती क्या हो मुझसे।

अब आये ना लाइन पर टीपू–सामने से आवाज़ आयी।

अच्छा ये बताओ अभी भी सैनोरिटा परफ्यूम लगाते हो–फिर वही कुटिल मुस्कान मुझे सुनाई पड़ी।

मुझे याद आया। जी हाँ, मुझे पहली बार याद आया। ये लड़की मेरे कालेज की राजदार है। जो मेरे कालेज का नाम परफ्यूम हबीबगंज स्टेशन और यहाँ तक कि सब्जियों के समीकरण के बारे में भी जानती है।

क्या सोच रहे हो, इतना सोचो मत, तुम पर सूट नहीं करता।

कल सुबह कलक्टर ऑफिस आ जाना।

रात बीती नहीं मैंने जैसे-तैसे बिता दी। तीन बार तो निक्की को देखने गया था, जो चाचा-चौधरी पढ़ते-पढ़ते सो गयी थी। इसे क्यों नींद नहीं आ रही थी। निक्की के उठने से पहले मैं आज उठ गया। चाय बना

दी। अखबार मोड़कर बैग में रख लिया। नहा लिया, पूजा नहीं की। चलने लगा कि निक्की चौंककर उठ गयी और बोली–कहाँ चल दिये? निक्की की टाइमिंग एकदम तगड़ी थी। मैंने कहा, आज दफ्तर में पेंडिंग काम निपटाने हैं।

तो टिफिन तो ले जाते–खाना कौन बनाकर देगा वहाँ।

मैंने कहा–नहीं, ऑफिस में आज एक कलीग खाना लेकर आयेगा। उससे कल ही बात हो गयी थी। वहीं खा लूँगा।

क्या बात है आजकल बीवी के हाथ का खाना अच्छा नहीं लगता–निक्की ने बालों को समेटते हुए कहा।

निक्की का ये कहना ऐसा था मानो किसी ने मेरे दिल के तवे पर छन्न से पानी का छींटा मार दिया हो। निक्की अपने बालों को समेटकर जूड़ा बाँध चुकी थी। जूड़े के ठीक नीचे एक बड़ा-सा तिल था। तिल के पास उस एक तोले के हार का लाक था जो मैंने खरीदा था। मुझे याद आया मैंने कितने महीने पैसे जोड़े थे इसके लिए।

मैंने कहा, तो मैं चलूँ तो निक्की ने जवाब दिया–ठीक है लेकिन शाम को सब्जी लेते हुए जल्दी आना। थोड़ी ज्यादा ले आना ताकि तुम्हारा रोज-रोज का बाहर जाना बन्द हो।

निक्की अब आईने के सामने खुद को निहार रही थी। मैंने सोचा कि रात में पढ़ तो रही थी चाचा चौधरी लेकिन बातें कर रही है शेरलाक होम्स जैसी।

क्या हो गया इसको?

मैं अब कलक्टर दफ्तर जाने के लिए बस पकड़ चुका था। मैं कभी इतने बड़े अधिकारी के घर नहीं गया। कौन है ये लड़की जो मुझे इतना जानती है और मुझे वहाँ बुलाया है। और न जाने क्या-क्या पता है इसको। मैं इससे मिलूँ ही क्यों? निक्की को पता चल गया तो? आज मुझे वह पूरे फार्म में लग रही थी।

सास-बहू सीरियल भी देखती है।

मैंने कंडकटर को दस का नोट दिया। उसने मेरा रोज की तरह का स्टेशन का टिकट काट दिया। लेकिन मुझे तो कलक्टर ऑफिस ही उतरना था।

मुझे कंडक्टर अच्छा आदमी लगा। कम से कम लड़की की तरह पहेलियाँ तो नहीं बुझा रहा। मैंने कंडक्टर को माफ कर दिया और अखबार

निकालकर पढ़ने लगा।

पहले पन्ने पर नयी सरकार के बनने की तनातनी की बात थी। आईपीएल के साल में छह महीने खेले जाने की भी खबर थी। छोटी-मोटी अपराध घटनाओं के साथ जिले में नये कलेक्टर के आने की खबर को भी सिंगल कालम स्पेस दे दिया गया था। जिले में आयी अब तक की सबसे कम उम्र की महिला जिलाधिकारी निहारिका सिंह पटेल। इलाहाबाद विश्वविद्यालय 2007 बैच की पास आउट। मैं रुक गया, मेरा वक्त रुक गया। मुझे लगा बस में सब मुझे देख रहे हैं। एक के बाद एक बीते दिनों के चित्र मेरी आँखों के सामने आ रहे थे। ऐसा लगा मैं अचानक स्मृतियों का बाजीगर हो गया। मेरी रैगिंग के दौरान जब मुझसे परफ्यूम लाने को कहा गया तो मैं सेनोरिटा खरीदकर लाया। कहाँ घूमने जाना चाहूँगा का जवाब था हबीबगंज क्योंकि ये हिन्दुस्तान का पहला आईएसओ सर्टिफाइड स्टेशन है। क्या पसन्द है धनिये की चटनी। एक साल दो साल तीन साल चार साल और पाँच साल हम साथ में रहे। लेकिन किसी खास रिलेशनशिप के तहत नहीं ऐसे ही जैसे आसमान में एक झुंड में कई पंछी साथ-साथ उडते हों।

बस कलक्टर ऑफिस के बाहर रुक गयी। मैं ऐसे डर के उतरा जैसे सड़क में गये खेत का मुआवजा माँगने आया हूँ। गेट पर लाल अक्षरों से लिखा था निहारिका सिंह पटेल—आईएएस।

डीएम का आवास था तो सुरक्षा तो रहती ही है। मैं धीरे-धीरे सुरक्षा कमरे की तरफ बढ़ा। मुझे देखते ही मुख्य सुरक्षाकर्मी अपनी कुर्सी से खड़ा हो गया। उसने मुझसे कहा कि किससे मिलना है। मैं थोड़ा नर्वस था वरना कह देता कि डीएम के ऑफिस में एसपी से थोड़े न मिलने आये हैं। मैंने कहा—मैडम से मिलना है। मेरे शहर का यही दस्तूर था कि जिले की महिला जिलाधिकारी को पूरा शहर मैडम कहता था। मैडम निहारिका सिंह पटेल। मेरे जेहन में कल्पना चावला छात्रावास के यादों की कतरनें तैरने लगीं। किससे मिलना है—हॉस्टल के वाचमैन बब्बू भैया ने पूछा। क्या बब्बू भैया आप तो जानते हैं कि मेरा रोज का आना-जाना है। हाँ रोज का है तभी तो थोड़ा डाँटकर पूछते हैं। रोज इस हॉस्टल के बाहर खड़े रहोगे तो एक दिन अपने भी हॉस्टल के बाहर खड़े मिलोगे। पढ़ो, जो करने आये हो। अब आप सुबह-सुबह ज्ञान न देकर रजिस्टर दीजिए। हमको एंट्री करनी है। मैंने

जिलाधिकारी आवास के सुरक्षाकर्मी से रजिस्टर लिया तो लगा बब्बू भैया से रजिस्टर ले रहा हूँ। मैंने दस्तखत किये और आगे की तरफ बढ़ गया। रास्ते के बीचोंबीच मैं चल रहा था। दोनों तरफ गमले रखे हुए थे। गमले की मिट्टी गीली थी। लगता था कि सुबह-सुबह तरी की गयी है। हॉस्टल के गमलों की भी तरी की जाती थी। कल्पना चावला छात्रावास तक जाने वाला रास्ता मुझे डीएस आवास तक जाने वाला रास्ता लग रहा था। मैं सधे कदमों से दबे पाँव जा रहा था मानो डीएम से मिलने नहीं बल्कि कुछ चुराने जा रहा था। दिल जेम्स वाट का भाप वाला इंजन हो गया था। इस तरह धुक-धुक कर रहा था मानो टेस्ट रन पर रखा गया हो। मैं डीएम आवास के बरामदे में था। अर्दली बाहर कुर्सी पर बैठा मेरी तरफ देख रहा था। उसने भी वही राग अलापा जो कल्पना चावला छात्रावास की वार्डन अलापती और पूछती किससे मिलना है।

मैं कहता कि गर्ल्स हॉस्टल के कामन रूम तक आ गया हूँ तो जाहिर सी बात है कि आपसे मिलने नहीं आया हूँ। सरकारी चीजों से मुझे इसी वजह से चिढ़ होती है कि हर कोई इतना अधिकार जताता है मानो उसी के दादा परदादा सब छोड़ गये हैं। बाकी सब तो अचार डाल रहे हैं।

मैंने अर्दली से कहा—मैडम ने बुलाया है।

उसने पूछा—किसलिए। अब आप ही बताइए कि मैं इसको क्या जवाब दूँ। क्या इसको बता दूँ कि तुम जिस मैडम के कमरे का पंखा इस बाहर टँगी रस्सी को खींचकर चला रहे हो उसको मैं जानता हूँ। तब से जब वह हवा में पतंग हुई फिरती थी और कहती थी कि अगर कहीं भटकूँ तो तुम बस कन्नी मार देना। मैंने अर्दली से कहा—भाई उन्होंने बुलाया है मुझे। उसने मुझे ऊपर से नीचे तक देखा। मुझे क्या वह मेरे चप्पलों को देख रहा था। मैंने भी कहा, देख लो ज्यादा अच्छी लग रहें हों तो रख भी लो।

तभी घड़ी ने टन से आवाज़ की और एक-एक करके दस घंटे बज गये। यानी कल्पना चावला छात्रावास में मुलाक़ात का समय शुरू और डीएम साहिबा का जनता दरबार भी।

निहारिका मेरे सामने खड़ी थी। नहीं-नहीं, आईएएस निहारिका सिंह पटेल मेरे सामने खड़ी है। पाँच फीट पाँच इंच, न-न ये तो थोड़ी लम्बी लग रही है। हील पहन रखी होगी लेकिन साड़ी तो ज़मीन पर लथर रही है।

हील से पैरों के हाल का तो पता ही नहीं लग रहा है।

क्या देख रहे हो?

मैं सकपका गया। मैंने कहा, कुछ नहीं। आगे कट टू हो जाता है। बड़ा ही साधारण-सा दृश्य था जिसके बारे में बात करना कुएँ मे भांग पड़ जाने वाली उपमा होगी। मैं निहारिका के कमरे में था। जी निहारिका सिंह पटेल के कमरे में। सोफे पर धँस गया था। वह सामने खड़ी थी।

तो क्या किया ज़िन्दगी के साथ?

निहारिका ने उतने ही साधारण तरीके से पूछा।

मैंने कहा– खाया पीया और शादी कर ली। और अब शादी के बाद मिलने वाली ज़िन्दगी के ऐश कर रहा हूँ। मैं जिस सोफे पर धँसा था उसके बगल में प्रतियोगिता दर्पण रखी थी।

मैंने उठा लिया और कहा–अब क्यो पढ़ती हो इसे

मेरा इंटरव्यू आया है और इन्होनें बताया कि मेरी पन्द्रहवीं रैंक यही पढ़कर आयी है। निहारिका जोर रो हँराने लगी। उसके चेहरे के भाव मुड़-तुड़कर एक नया चेहरा बना रहे थे। एक ऐसा चेहरा जो दस साल पहले मुझे इलाहाबाद की गलियों में ले कर जा रहा था। चौक बाजार की उन पुरानी बेंचों के इर्द-गिर्द जमी धूल जैसे हमारी यादों से छँट रही थी। मैं और निहारिका एक रिक्शे पर बैठे कोठापार्चा से निकल रहे थे। सड़क थोड़ी ऊँची थी तो रिक्शा वाले ने उतरकर खींचना सही समझा। उसकी साँसे फूल रही थीं। निहारिका को अच्छा नहीं लग रहा था। मैं समझ गया था। समझ क्या गया था समझने की कोशिश करते-करते समझ गया था। करके देखिएगा कभी समझने से बेहतर होती है समझने की कोशिश। मैंने ठेल-ठालकर रिक्शे को ऊपर पहुँचा दिया। अब फिर उसके बगल में बैठ गया था। रिक्शा ढुलकने लगा था। देखो हम अपना घर यहीं कहीं पुराने इलाहाबाद में बनाएँगे। सिविल लाइंस के सिविलाइज्ड लोग मुझे अच्छे नहीं लगते। हनुमान मन्दिर में भी आधा झुककर प्रणाम करते हैं। मैं तो सोचता हूँ कि एक बार हनुमान जी आ ही जायें गदा लेकर और धम्म-धम्म मारने लगें सबको। नकली भक्तों पूरा आर्शीवाद तभी मिलेगा जब प्रार्थना पूरी होगी।

लेकिन पुराने इलाहाबाद में जगह किधर है। निहारिका के एक सवाल पर मेरे लाखों के सपने पंचर हो जाते। मैं सोचता इलाहाबाद में पुराने

इलाहाबाद में जगह कहाँ है। कितना सुन्दर होता अगर हम सड़क के किनारे घर बनाते। हर मौसम को हर जीवन को अपने करीब से महसूस करते। गर्मियों में गऊघाट में जमुना के किनारे सर्दियों में गंगा के कछार में गोभी के फूल उगाते तो बरसात में बस चलते रहते। बस भीगते हुए। जो हार रहे हों उन्हें समझाते कि सब ख़त्म नहीं हुआ। जो थक चुके हैं उन्हें बताते तुम चुक नहीं गये। सब ठीक हो जायेगा। देखो सड़क के उस पार नीम की परछाईं में जो बुढ़िया बैठी है उसने अपना जीवन इसी बिला पर काट दिया कि सब ठीक हो जायेगा। फेंटेसी कितनी खूबसूरत होती है निहारिका। मेरे हाथों को कोई जोर से हिला रहा था। प्रतियोगिता दर्पण नीचे गिर गयी लेकिन उसका दर्पण टूटा नहीं, जस का तस रहा। मैंने कहा, तुम कुछ कह रही थीं। उसने कहा, सपनों को जीना अच्छा है लेकिन सपनों में जीना कम अच्छा है। तुम्हारी बीवी कैसी हैं?

बीवी से याद आया कि सपनों से परे एक दुनिया होती है जहाँ आपकी पत्नी आपका इन्तज़ार कर रही होती है। लाठी-डंडे लेकर। जो आपको याद दिलाती है कि सब्जी का झोला आपका इन्तज़ार कर रहा है, बिजली का बिल और राशन की दुकान पर रोमांस को ठेंगा दिखाने वाला बिम्ब मेकअप करके बैठा है।

निहारिका को देखकर मैंने कहा—निक्की अच्छी है। प्यार करती है मुझसे। मैं सब्जी ले आता हूँ और वह खाना बनाती है। गर्मियों में थोड़ा गुस्सा ज्यादा करती है लेकिन शादी के बाद मौसम के बदलने की फीलिंग उतनी ही होती है जितनी कैलेंडर बदलने की। निहारिका मुस्कुरायी और बोली कुछ खाओगे?

मैं बोला—हाँ क्यों नहीं। तुमसे मिलने की खुशी में बिना खाये ही घर से निकल गया।

क्या खाओगे? तुम्हारे शहर में मैं नयी हूँ। तुम बताओ मैं मँगवा देती हूँ।

मैंने कहा, मेरे शहर में हाँ मुझे याद आया यह तो मेरा ही शहर था। मैंने कहा, तुम समोसा मँगवा दो और आलू की टिकिया भी। बड़ी सही मिलती है।

निहारिका ने एक फोन घुमाया और मुझे बाहर के कंपाउंड से जीप के घुर्र-घुर्र करने की आवाज़ सुनाई दी। ये वही निहारिका थी जिसकी एक

आवाज़ पर शहर की दशा-दिशा बदल सकती थी और मैं एक अदना सा बुकिंग क्लर्क अभी भी स्टेशनों के कोड और रिजर्वेशन फॉर्म देने में व्यस्त रहता हूँ। मैं सोच रहा था कि इससे पूछूँ कि मेरे बाद इसने क्या किया। पूछूँ क्या मेरा मन बोला चुप कर बे बुकिंग क्लर्क। औकात में रह। लेकिन मन की बात मन समझ जाता है। फिर वह बरसों पहले ही क्यों न जुड़ा हो। तुम्हारे बाद इलाहाबाद ने मेरी जीने की और लड़ने की क्षमता को दस गुना कर दिया था। निहारिका अब अपनी टेबल के पीछे रखे चेयर पर बैठ गयी थी। ये जिलाधिकारी का मीटिंग रूम था। जहाँ मैं अभी भी सोफे पर धँसा था और वह आईएएस की तख्ती के उर्स पर बैठी थी। इतिहास मैं तुम्हारे साथ पढ़ना चाहती थी लेकिन तुम्हारे जाने के बाद मैंने पालीटिकल साइंस पढ़ने का निर्णय लिया। राजनीति सत्ता के सिद्धान्त पर चलती है। मैंने इसे स्व सत्ता पर चलाने का निर्णय लिया। सत्ता किसी और के हाथों में क्यों मैंने अरस्तू को पढ़ा प्लूटो से बात की और चार्वाक से दोस्ती। लेकिन मैंने अपनागा देकार्त को और समझी कि मैं सोचती हूँ इसलिए मैं हूँ। मैं भक्त की तरह निहारिका की बातें सुन रहा था। वह मुझे आनन्ददायिनी ज्ञान प्रबोधिनी श्री श्री एक हजार निहारिका लग रही थी। हूँ न मैं मूर्ख, जी हाँ ज़िन्दगी के सबसे कीमती बरस जिस लड़की के कन्धे पर उतारकर रख दिये हों अगर वह आपके सामने खड़ी सत्ता के सिद्धान्त पर बात करे तो प्रवचन को पी लेने के अलावा आपके सामने कोई विकल्प नहीं होता। मैं सुनता रहा निहारिका बोलती रही। मैं चलता रहा निहारिका मुझे समझाती रही। मैं करता रहा वह मुझे रोकती रही। मैं जाता रहा और वह रोती रही। मैं पाता रहा और वह खोती रही। मुझे क्यों समझ नहीं आया कि हम सब कुछ क्यों पा लेना चाहते हैं, हमें क्यों नहीं दिखता कि महत्वाकांक्षा की सड़क के हर साइनबोर्ड पर लिखा होता है कि ये रास्ता कहीं नहीं जाता।

समोसे आ गये थे। मेरे सामने निहारिका का अर्दली प्लेट में नीन समोसे रखकर गया था। मुझे लगा कि अर्दली को कैसे पता कि मैं तीन समोसे खाने के टोटके को पहले से करता आ रहा हूँ। मुझे एक पल को भी नहीं लगा कि ये टोटका निहारिका ने ही करवाया होगा। मैंने समोसे खाते हुए निहारिका को देखा वह मुस्कुरा रही थी। और बोली कि कैसे हैं तुम्हारे शहर के समोसे?

मैंने कहा– अच्छे हैं। लेकिन समोसों ने मुझसे कहा कि तुम अच्छे नहीं हो यार। मुझे पता था कि मैं अच्छा नहीं हूँ। जब निहारिका को सबसे अधिक मेरी ज़रूरत थी तब मैं उसको छोड़कर चला गया। छोड़ना भी ऐसा कि जैसे पतझड़ पेड़ो को छोड़कर चला जाये। उन पेड़ों को जो ये उम्मीद लगाये बैठे हों कि इसके बाद हरी पत्तियाँ आयेंगी। मुझे लगा कि निहारिका मुझसे बात कर रही हो कि बताओ कि तुम तो स्टूडेंट यूनियन में सक्रिय होना चाहते थे। फिर ऐसा क्या हुआ जो, जो, जो इस जो के आगे का सब बहुत साधारण है दोस्तो। मैं एक निहायत ही स्वार्थी और परिवार की बेड़ियो में जकड़ा हुआ आदमी हूँ। निहारिका से शादी मेरे परिवार को मंजूर नहीं थी। ये बात मैंने खुद को बता दी थी क्योंकि मैं किसी और को बताने की हिम्मत नहीं करता था। प्यार एक समय के बाद अगर–चलता फिरता न रहे तो कपड़े का ढेर लगने लगता है। यह मेरा अपना निजी अनुभव है। मेरा और निहारिका का प्यार चल फिर तो रहा था लेकिन मेरे मन की मोटरसाइकिल में स्पीड चालीस पर आकर फिक्स हो गयी थी। मुझे न तो तेज राइड का एडवेंचर चाहिए था और न ही गियर बदलने की झंझट। पाँच साल के सम्बन्ध के बाद ऐसे ही एक दिन मैंने निहारिका से कहा था कि मुझे लगता है कि अब हमें अलग हो जाना चाहिए। गुस्सा आ रहा है न मुझ पर। आना भी चाहिए। मेरे सरकारी परिवार ने मेरी सरकारी नौकरी लगवा दी थी। और उन्हें लगा कि अब मैं तगड़ा असामी हूँ। मैंने भी सोचा–मत जानिए क्या सोचा लेकिन मैं निहारिका को बिना बतायें एक दिन बस पकड़कर अपने गाँव चला गया। उसके बाद से मैं अब तक ट्रेन की टिकटें निकालता हूँ और बस में चलता हूँ। मेरी एक पत्नी है। हम दोनों को नहीं पता है कि हम दोनों क्यों एक-दूसरे के साथ रह रहे हैं क्यों एक-दूसरे के साथ खुश हैं क्यों वह मेरे लिए खाना बनाती है और क्यों मैं खाकर मोटा हुआ जा रहा हूँ। लेकिन मेरा यक़ीन करो निहारिका निहारिका निहारिका। अरे ये क्या ये तो कोई फाइल देखने लगी है। मैंने अपने मन से कहा यार तुम दिल से बात नहीं कर रहे हो दिल ने कहा कि यार ये तुम मन से नहीं कह रहे हो।

दिल और मन लड़ने लगे। मैं निहारिका को देखने लगा और सोचने लगा कि काश निहारिका मेरी पत्नी होती। दरअसल मैं सोच रहा था कि निहारिका

मेरी पत्नी नहीं बल्कि आईएएस निहारिका सिंह पटेल मेरी पत्नी होती तो कैसा होता। मुझे हलकी सी झेंप हुई और अहसास बोध भी लेकिन कैसे मियां जिस सम्बन्ध को तुम्हें सींचना था पनपने देना था और प्यार से देखना था उसे डंठल से उखाड़ने के बाद से ये सब सोचना भी एक हिमाकत है।

इतने में निहारिका ने कहा—समोसे और लोगे।

मैंने कहा— हाँ एकदम अच्छे हैं।

जानते हो तुम्हें यहाँ क्यों बुलाया है। निहारिका अपनी कुर्सी से हटते हुए बोली

मैंने उसकी तरफ उस बच्चे की तरह देखा जिसे उम्मीद हो कि कुछ उसके मन का होने वाला है।

कितनी तनख्वाह मिलती है तुमको रेलवे के दफ्तर में।

मेरा पुरुष अहं थोड़ा कम हुआ। अक्सर हम लोगों का खामख्वाह कम हो जाता है। मैंने कहा—तीस हजार के आस-पास। और टेबल के नीचे...

निहारिका से इस तरह के सवाल की उम्मीद नहीं थी मुझे। मैं अभी भी उससे प्यार करता हूँ मतलब था तो क्या हुआ। मैंने कुल जोड़जाड़कर बताया पाँच-दस हजार और। टिकट निकालकर इधर-उधर से। पैंतीस हजार—निहारिका बोली।

घर चल जाता है—निहारिका ने फिर मेरे अहं पर कुल्हाड़ी मारी। मैं धँसे सोफे पर से पहली बार निकला। रोमांस वातावरण से गायब हो रहा था। मैं एयरफ्रेशनर की ज़रूरत महसूस कर रहा था। मैंने निहारिका से कहा— हाँ मतलब हम दो लोग ही तो हैं। इतने में चल जाता है।

मतलब तुम्हारी बीवी डिमांडिंग नहीं है— निहारिका ने फिर से शब्दभेदी बाण चलाया जो मेरे दिल को चीरकर उस पार चला गया। मुझे लगा कि खून निकला है लेकिन सब सही था।

मैं समझ नहीं पा रहा था कि निहारिका ऐसा क्यों कह रही है। इतनी पहेलियाँ क्यों बुझा रही है। वह तो हमेशा सीधी और सटीक बात कहती थी। मैं पहले वाला तुम होता तो कह देता कि यार खुलकर बताओ निहारिका जो भी कहना है। तुम्हारी इस तरह की बातों से मुझे कोफ्त होती है। आप समझ रहे हैं न कि किस तरह पोजीशन हमारे जीवन में प्यार को प्रभावित करती है।

मैंने अपनी एड़ी का जोर चोटी तक लगाया और पूछा कि तुम कहना क्या चाह रही हो।

नथिंग– निहारिका ने पहली बार मुझे देखा और अंग्रेजी में कोई शब्द कहा था। मुझे लगा कि मेरा नाम बुला रही है। या अब मेरी अहमियत उसके लिए बस इतने से शब्द की है। मुझे निक्की की याद आ रही थी। मुझे लगा कि अगर निक्की होती तो निहारिका को मुँह तोड़ जवाब देती। मैं ऐसी हर परिस्थिति में अपनी पत्नी को क्यों याद करता हूँ। क्या आपको जीवन के सबसे कमजोर कर देने वाले लम्हों में अपनी सबसे करीबी महिला की याद आती है मुझे तो बेतरह याद आ रही है और लग रहा है कि अब निहारिका को निहार लिया जितना निहारना था। बस निकलना चाहिए। इससे पहले आईएएस निहारिका सिंह पटेल कुछ और पूछे और मेरी बेइज्जती करे मैं बस में अपना चेहरा खिड़की से टिकाये पुरानी और असली ज़िन्दगी में लौट लूँ। निहारिका ने अभी तक मेरे सवाल का जवाब नहीं दिया था। मैं बड़ी मुश्किल से सोफे से उठा और पूछा कि तो मैं चूलँ। निहारिका ने कहा–ओह येस प्लीज। तुमको दफ्तर भी जाना होगा। वैसे तो मैंने दिन भर का समय इस अन्जान महिला के साथ बिताने के लिए छुट्टी ले ली थी लेकिन अब कहना कुछ और भी था। मैंने कहा– हाँ थोड़ा देरी से जाऊँगा। मैं धीरे से निहारिका के कमरे से बाहर निकला। अर्दली मुझे घूरकर देख रहा था मानों कह रहा हो वापस मत आना। मैंने कहाँ हाँ ठीक कह रहे हो भाई। आगे मेन गेट पर पहुँचा तो सुरक्षा गार्ड खड़ा हो गया और मुझे लगा कि ढकेलकर बाहर निकालना चाहता हो।

मैं तेजी से गेट के बाहर निकल गया। अपनी ख़त्म हो रही दुखी साँसों को बटोरकर पैदल बस स्टैंड की तरफ भागा। बस आयी और बैठ गया। मुझे लग रहा था कि बस में हर कोई मुझे देख रहा है। मैंने पेपर ले लिया और मुँह छिपा लिया। मैंने पेपर के अन्दर आँख खोली तो पूरे पन्ने पर विज्ञापन था कि नव-नियुक्त जिलाधिकारी की तरफ से जनपदवासियों को हार्दिक बधाई।

मैं घर पहुँचा। निक्की ने चाय बनायी। मैंने पी और सब्जी वाला झोला उठाकर निकल गया। जो सब्जी जितने की मिली मैंने ले ली। किसी से बहस नहीं की। भिंडी पुरानी थी कोई बात नहीं। बैंगन में निशान था आने

दो, लौकी मोटी थी तो क्या हुआ। करेला कड़ा था चलेगा। ऐसा लग रहा था कि मैं किसी महात्मा जैसा हो गया था। जिसके लिए सारी परिस्थितियाँ सर्वमान्य थीं। घर आया, सब्जी रखी और चटाई लेकर छत पर जाकर लेट गया। निक्की ने अन्दर छौंका मारा और टीवी पर आ रही सास ने बहू से कहा कि तड़का मार-मार कर एक दिन ये मुझे मार देगी। ननद ने कहा जी मम्मी जी, दीवार ने कहा जी मम्मी जी और कैमरे ने कहा जी मम्मी जी।

निहारिका तुमने ये अच्छा नहीं किया। मेरे बीते वक्त ने मुझसे कहा कि हाँ बेटा, तुम्हारा दर्द दर्द और दूसरे का सरदर्द। तुमने क्या अच्छा किया था उसके साथ। पूरी दुनिया को जीने के सपने दिखाकर बरसाती बादल बनकर उड़ गये। मुझे ये सब कहाँ सुनना था। मैं दुखी था और अपने दुख से उबरने के तरीका मुझे सूझ नहीं रहा था। निक्की ने आवाज़ लगाई और मैंने कहा खाना रख देना। मैंने ये भी नहीं पूछा कि खाने के लिए ही बुला रही है या फिर किसी और बात के लिए।

मैं चाँद को ताकता रहा लेकिन उसने मुँह फेर रखा था। मैंने पलटकर तारों को देखा तो आवाज़ आयी धोखेबाज। मैंने बादलों को देखा तो लगा कि बरस पड़ेंगे। मुझे समझ नहीं आ रहा था कि क्या करूँ। निक्की को बताऊँ तो कहीं मायके न चली जाये। अरेंज मैरेज में स्थितियाँ अभी बहुत नहीं बदली हैं। बीवी के मायके चले जाने के चांस अभी भी हैं। मैं सो गया। नींद मेरी अपनी थी जो आ गयी। मुझे लगा कि जब आदमी किसी निष्कर्ष पर न पहुँचे तो उसे सो जाना चाहिए। मैं सो गया। और धूप मेरे चेहरे पर आ गयी। सुबह मेरे मुँह पर पानी के छींटे पड़े तो देखा बीवी टुल्लू के पानी से छत धो रही थी। उसने मेरे चटाई के एरिये को छोड़कर पूरी छत धो दी थी। अब इससे क्या कहता कि जगा तो देती। आदमी अपनी पत्नी से कहना बहुत कुछ चाहता है लेकिन कह नहीं पाता। मैं उठा और नीचे जाने लगा। उसने कहा—कहा क्या चिल्लाई कि चटाई कौन ले जायेगा। मैंने सोचा बात तो सही हैं कि चटाई कौन ले जायेगा। मैं नीचे गया तो तख्ते पर पेपर के साथ एक लिफाफा रखा था। अर्जेंट कूरियर था। मेरे क्लाइंट की डिटेल्स अक्सर कूरियर से आती रहती थी। मैंने गरम पानी पिया और ब्रश किया। टीवी चलायी और योग किया। मुझे लगा कि मन कुछ शान्त और हलका हुआ है। मैंने अखबार पढ़ा और निहारिका की एक प्रेस वार्ता

का विवरण पढ़ा जिसमें उसने कहा था कि आने वाले वैलेंटाइन डे पर शहर की सुरक्षा चाक चौबन्द होगी। अराजक तत्त्वों को तुरन्त जेल भेजा जायेगा। मुझे निहारिका पर गर्व हुआ। प्रेम दिल से थोड़े न दिमाग से चले जाता है। मैंने अब खुशी की इसी ट्रिप में लिफाफे को खोल लिया। मेरी आँखों को यक़ीन नहीं हो रहा था। एक बार दो बार और तीन बार पढ़ने के बाद मुझे यक़ीन हुआ। कि ये मेरा नियुक्ति पत्र है। मुझे बतौर पेशकार डीएम दफतर से अटैच करने का आदेश है। साथ ही निहारिका का पत्र जिसमें साफ शब्दों में लिखा था कि रेलवे की गति तुम्हारी गति के अनुरूप नहीं है सो इस्तीफा दे दो।

मेरी हालत बताने की ज़रूरत है क्या आपको। मेरे पास कूदने के अलावा कोई विकल्प नहीं था। मैं कूदने लगा कि नीचे वाले फ्लोर से आवाज़ आयी कि क्या गिरा भाई साहब। मैंने कहा कि मैं खुद इतना गिरा आदमी हूँ और क्या गिरेगा बे। निक्की आ गयी। मैंने कहा कि तुमसे कुछ बताना है। उसने कहा—बहुत काम है। मैंने कहा काम के बारे में ही है। उसने कहा—अभी टाइम नहीं है। मैं कूदे जा रहा था।

मैं निक्की को गले लगाऊँ या निहारिका को समझ नहीं आ रहा था। हूँ न मैं नकली प्रेमी जो एक नौकरी पर इतना खुश हो रहा हूँ। अब आप ही फैसला कीजिए क्योंकि मैं आपके ही बीच का हूँ।

ट्रेन का हमसफर

•

कंचन पन्त

टैंट हाउस वाले अपना टैंट निकाल रहे थे, लॉन में कुर्सियाँ इधर-उधर बिखरी पड़ी थीं, ज़मीन पर बिछाया हुआ लाल कॉरपेट, धूल-मिट्टी से कुछ धुँधलका हो गया था, प्लास्टिक के डिस्पोजिबल गिलास, कटोरे, कॉरपेट पर जहाँ-तहाँ गिरे हुए थे, दिनभर सगाई की चहल-पहल के बाद मेरा घर आज बिल्कुल ख़ामोश था। 15 दिन बाद मेरी और आदर्श की शादी थी। उसने दादाजी को इस बात के लिए भी मना लिया था कि शादी हमारे इस पुराने घर से नहीं बल्कि उसके घर से होगी, अहमदाबाद से। मैं एक नयी दुनिया की दहलीज़ पर खड़ी थी, जिसमें मेरे पास वह सब कुछ हो सकता था, जो लोग कहते हैं कि होना जरूरी है। पर सब कुछ होते हुए भी जैसे मैं बिल्कुल रीती थी, लग रहा था जैसे किसी स्टेशन पर मेरा सामान छूट गया हो।

दादाजी बहुत खुश थे, ज़िन्दगी में पहली बार उनकी पोती को उसके रिश्तेदारों ने इज्जत दी थी, दादाजी का रोम-रोम मुझे आशीर्वाद दे रहा था, आते-जाते कई बार वह मेरे सिर पर हाथ फेर कर अपनी खुशी जता चुके थे। सब रिश्तेदार वापस जा चुके थे, चाचा-चाची को कल सुबह जाना था, मैं उनका सामान पैक करने में मदद करने लगी। उनके कपड़े, अटैची, और दूसरा सामान सब चारपाई पर बिखरा पड़ा था। थोड़ी देर में चाची हाथ में

एक पैकेट लिये मेरे कमरे में आयीं।

"अदिति, ये पैकेट भी अटैची में रख ले, कहीं इधर-उधर हो जायेगा।" उन्होंने कहा। मैंने उनके हाथ से पैकेट लिया और अटैची में रख लिया। चाची चारपाई पर पालथी मार कर बैठीं, और प्यार की परत में लिपटा-लिपटा कर ताने मारने लगीं।

"इसे कहते हैं किस्मत, कहाँ तू, कहाँ आदर्श? अब बड़े घर की बहू बन रही है तो भूल मत जाना कि चाची ने कैसे मुश्किल से पाला है तुझे।" मैं मुस्कुरा तक नहीं पायी, बस उनके कपड़े समेटती रही। उन्होंने अटैची को एक ओर खिसकाया, मुझे अपने बगल में बिठाया और बोली–

"देख, शादी में 15 दिन ही बचे हैं, बड़े घर के तौर-तरीके सीख लेना जरा, बाद में हमें तेरे ससुराल वालों की बातें ना सुननी पड़ें।"

मैं कुछ देर तक उनसे नजरें चुराती रही, फिर कपड़े सँभालने के बहाने से उठ खड़ी हुई।

आधी रात हो चुकी थी, लेकिन नींद जैसे मुझसे रूठकर बैठी थी, जब करवटें बदलना भारी पड़ गया तो मैं उठकर बैठ गयी। बाहर तेज बारिश हो रही थी, मैंने आँखें बन्द कर लीं, बारिश की आवाज़ मेरे कानों से होते हुए दिल तक पहुँच रही थी। मैंने कतरा-करता हिम्मत बटोरी और दादाजी के कमरे की ओर चल दी।

धीरे से उनका दरवाज़ा खटखटाया, लेकिन बारिश के शोर में आवाज़ दब गयी। मैंने दरवाजे पर थाप थोड़ी और तेज कर दी। थोड़ा कुनमुनाने के बाद दादाजी उठे, दरवाज़ा खोला और मुझे देखकर थोड़ा चौंके भी। मैं अन्दर उनकी चारपाई पर आकर बैठ गयी। दादाजी मेरे बगल में आकर बैठे, और मेरे हाथों को अपनी हथेली में भर लिया।

"दादाजी, मेरा दम घुट रहा है" मैंने कहा, और आँसू रोकने के लिए अपनी आँखें भींच लीं। दादाजी ने धीरे से मेरा सिर अपने कन्धे पर टिका दिया।

"तुझे आदर्श पसन्द नहीं है क्या अदि?" दादाजी ने पूछा लेकिन दादाजी के सवाल का मेरे पास जवाब नहीं था, मैंने अपना सिर दादाजी के कन्धे पर और धँसा लिया।

"तुझे शादी नहीं करनी तो बता दे, मैं सबको सँभाल लूँगा।" दादाजी

ने मेरे बालों पर हाथ फिराते हुए कहा।

"पता नहीं दादाजी, बस घबराहट हो रही है।" मेरे मुँह से किसी तरह निकला।

"पगली कहीं की, घबराने की क्या बात है, शादी से पहले सभी को थोड़ी बेचैनी होती है, तू चिन्ता मत कर।" दादाजी ने मुझे तसल्ली दे तो दी, लेकिन मेरी घबराहट कम होने का नाम नहीं ले रही थी, सिर्फ 15 दिन थे मेरे पास फिर मेरी ज़िन्दगी बदल जानी थी।

जून की तपती दोपहर थी, मैं रेलवे स्टेशन पर बनी पत्थर के बेंच पर बैठी, बार-बार अपना पसीना पोंछ रही थी। दादाजी प्लेटफॉर्म पर यहाँ से वहाँ टहल रहे थे, और बार-बार ट्रेन के आने की दिशा में देखते, जैसे कि उनके ऐसा करने से ट्रेन की रफ्तार बढ़ जानी हो। मैंने उनकी बाजू पकड़ कर उन्हें आश्वस्त किया कि वह घबराएँ नहीं। दादाजी शायद इस बात से परेशान थे कि मुझे अकेले अहमदाबाद जाना पड़ रहा है। उनके ट्यूमर के ऑपरेशन की वजह से डॉक्टर ने उन्हें कुछ दिन आराम करने को कहा था। लेकिन ना तो चाची और ना ही आदर्श ने शादी की तारीख़ आगे बढ़ाने की ज़रूरत समझी।

"जब अपना काम पड़ता है तो सबको अदिति याद आती है, आज सब आँख फेर कर बैठ गये, कम से कम इस बार तो तुझे लेने किसी को भेज देते।" दादाजी बड़बड़ा रहे थे।

मुझे हँसी आ गयी। कहना चाहती थी, कि दादाजी आज तक सब अकेले ही तो किया है, ये सफ़र भी अकेले कर ही लूँगी। पर कुछ कहा नहीं। सिर्फ एक हफ्ते बाद मेरी शादी थी, और मेरे होने वाले पति की इच्छा के हिसाब से शादी दादाजी के घर से नहीं, बल्कि चाची के घर से होनी थी,...अहमदाबाद से।

ट्रेन आयी, और दादाजी ने मुझे हड़बड़ाते हुए ट्रेन में चढ़ा दिया। इस स्टेशन पर ट्रेन कुल मिलाकर एक मिनट ही रुकती थी, मैं अपनी सीट पर बैठी, और दादाजी खिड़की के पास आकर खड़े हो गये। बोले–

"तू घबराना मत अदि, शादी से पहले मैं पहुँच जाऊँगा।"

मैंने बेबसी से दादाजी की ओर देखा, आँखें थोड़ी भीग आयी थीं, तभी ट्रेन से सीटी दी, और गाड़ी चल पड़ी।

"अपना ध्यान रखना।" दादाजी ने कहा, फिर उनकी आवाज़ कहीं पीछे छूट गयी।

अकेले सफ़र करने का ये मेरा अकेला मौका नहीं था, चाचियों, मामियों, मौसियों के बुलावे पर मुझे अक्सर उनके घर जाना ही होता था। किसी के घर शादी के काम में हाथ बँटाना है, तो किसी के घर बच्चे को सँभालना है, बीमारी में किसी की देखभाल करनी है, तो कोई महीने-दो महीने के लिए मायके जा रही है। और किसी मौके पर याद आये ना आये, बिन माँ-बाप की एक गरीबजान बेटी की ऐसे मौके पर रिश्तेदारों को याद आ ही जाती थी। पर इस बार उनकी ज़रूरत नहीं थी, इस बार ये एक अहसान था, जो मेरी मर्जी के खिलाफ मुझ पर थोपा जा रहा था। बिन माँ-बाप की बेटी के लिए चाची ने एक लड़का ढूँढ़ रखा था, मेरी हैसियत से बहुत ऊँचा।

ट्रेन में बैठते ही मेरी धड़कनें ट्रेन की रफ्तार से दौड़ने लगी थीं, मैंने अपने बैग को अपनी गोद में रखा और हथेलियों को कस कर भींच रखा था। मुझे लग रहा था कि मैं चलती ट्रेन से कूद पड़ूँ और भागकर दादाजी के पास चली जाऊँ। सगाई के दौरान सिर्फ एक हफ्ते के लिए चाची ने मुझे दादाजी के घर रहने की इजाजत दी थी। माँ-पापा की मौत के बाद से मैं चाची के घर में एक कैदी की तरह जी रही थी। कॉलेज छुड़ा दिया गया, दोस्त छूट गये, बाहर आना-जाना बन्द हो गया, और अब शादी तय हुई है तो आदर्श में भी चाची का ही चेहरा नजर आ रहा था। उसकी कही बातें बार-बार हथौड़े की तरह मेरे कानों में बजती थीं।

"मैंने माँ से पहले ही कह दिया था कि मेरे लिए सीधी-सादी घरेलू लड़की ढूँढ़े, बिल्कुल तुम्हारी तरह।"

"अच्छा हुआ तुम्हारी पढ़ाई छूट गयी, पढ़-लिखकर लड़कियाँ उड़ने लगती हैं।"

मैं क्या बताती आदर्श को कि मैं भी उड़ना चाहती हूँ।

ट्रेन शहरों की पीछे छोड़ती हुई भागी जा रही थी, धीरे-धीरे मैं आदर्श को भूलने लगी, ये सफ़र मुझे भाने लगा। बाहर एक नयी दुनिया थी, रंग-बिरंगी, आजादी से भरी हुई। आसमान अचानक बादलों से घिर आया था, और थोड़ी ही देर में बादल बरसने लगे। मैंने अपना हाथ ट्रेन की खिड़की से बाहर निकाला और अपनी हथेलियों में बारिश की बूँदें जमा करने लगी, जैसे ये

बूँदें सिर्फ मेरे लिए बरसाई जा रही थीं। दूर एक मैदान में कुछ बच्चे बारिश में फुटबॉल खेलते दिखाई दे रहे थे, उन्हें देखकर मेरे होंठों पर मुस्कान चली आयी। मैं देर से इस बारिश को, इस मौसम को अपनी आँखों में समेट रही थी, कभी ट्रेन की छत से टकराकर आ पानी की धार को अपनी हथेलियों से तितर-बितर करने की कोशिश करती, कभी ट्रेन की खिड़की के खाँचे में जमा हो गये पानी को उँगलियों से ठेलने लगती, इस बात से अनजान कि दो जोड़ी निगाहें मेरे इस खेल को ग़ौर से देख रही हैं।

"लगता है बारिश से बड़ी दोस्ती है आपकी।" अचानक एक आवाज़ सुनकर मैं चौंकी। मेरी बगल की सीट पर बैठा वह लड़का जाने कब से मुझे देखकर मुस्कुराये जा रहा था। मैंने कन्धे से थोड़ा खिसक आया दुपट्टा ठीक किया और घबराहट में खिड़की की ओर थोड़ा सिमट गयी। बारिश अब भी लगातार हो रही थी, लेकिन मैं फिर से उस दुनिया में जाने की हिम्मत नहीं जुटा पा रही थी, खासतौर पर ये जानने के बाद कि मेरे बगल में बैठे उस लड़के की आँखें मेरा पीछा कर रही हैं। मेरे अन्दर एक सिंहरन सी मच गयी। पहली बार मैंने बोगी के दूसरे यात्रियों पर नजर दौड़ाई, कोने वाली सीट पर बच्चे को गोद में लिये एक औरत को बैठा देखकर थोड़ी तसल्ली जरूर हुई, पर दिल से डर नहीं निकला।

"कभी बारिश की आवाज़ सुनी है आपने?" वह लड़का फिर बोला, मैंने झेंपते हुए उसकी ओर देखा।

"सुनी है बारिश की आवाज़?" उसने फिर पूछा, और आँखें बन्द कर लीं।

"आँखें बन्द करके सुनो, तो हर बूँद सीधे आत्मा को भिगोती हुई लगती है, फिर सारा डर ख़त्म हो जाता है।" उसने आँखें बन्द किये हुए कहा और फिर जैसे बारिश की आवाज़ में खो गया। मैं कुछ देर तक उसे देखती रही, पहली बार ग़ौर किया कि उसकी बायीं आँख के ऊपर चोट का एक निशान है, और उसके होंठ के ऊपर एक छोटा-सा तिल, ठीक उसी जगह पर मेरे चेहरे पर भी तिल था। अनजाने ही मेरा हाथ अपने तिल पर चला गया।

"टिकट..." तभी टीटी की आवाज़ से मैं झेंप उठी। मैंने बैग से अपना टिकट निकालकर टीटी को दिखा दिया।

"भाई साहब, टिकट" टीटी अब उस लड़के के कन्धे हिला रहा था।

उसका ध्यान टूटा। उसने हड़बड़ाहट में अपना बैग टटोला। पर शायद टिकट मिला नहीं, फिर उसने पूरा का पूरा बैग सीट पर उलट दिया। छोटे-बड़े शंख, सीपियाँ, छोटी-छोटी कठपुतलियाँ, काँच की, लकड़ी की, बाँस की बनी छोटी-छोटी चीजें, जाने क्या-क्या भरा था उसके बैग में। इन सामानों के बीच उपेक्षित सा पड़ा हुआ टिकट आखिरकार मिल गया।

"शिखर श्रीवास्तव?" टीटी ने टिकट पर लिखा नाम दोहराया।

टीटी टिकट चेक करके चला गया और उसने अपना सामान समेटना शुरू कर दिया। बैग खाली करते समय उसके कुछ सामान इधर-उधर बिखर गये थे।

"ये कड़ा पास कर देंगी जरा?" उसने एक कड़े की ओर इशारा किया, जो लुढ़ककर मेरे बैग के पास आकर गिर गया था। मैंने कड़ा उठाया, लाख के उस कड़े पर रंग-बिरंगी, चमकीली दुनिया उकेरी हुई थी, इतना सुन्दर कड़ा मैंने छूना तो दूर आज तक देखा भी नहीं था। मैं कुछ पल तक उस कड़े को देखती रही। फिर उसकी ओर बढ़ा दिया।

"चाहें तो आप इसे रख लीजिए। जो चीज पसन्द आये, उसे छोड़ना नहीं चाहिए।" उसने कहा।

"लेकिन दूसरे की चीज रखनी भी नहीं चाहिए।" पूरे सफ़र में मैं पहली बार कुछ बोली थी।

"आप बोल सकती हैं? मुझे तो लगा था..." उसकी बात पूरी भी नहीं हुई थी, कि अचानक वह दूसरी ओर मुड़ गया। बगल की सीट वाली औरत की गोद में बैठा बच्चा शिखर का बैग खींचते हुए रोने लगा था। शायद उसने भी उस बैग में अपने काम की चीजें देख ली थीं। शिखर ने उसके गालों को धीरे से खींचा, फिर अपने बैग से एक छोटी-सी कठपुतली निकालकर बच्चे के हाथ में थमा दी। बच्चा कभी हाथों से कभी दाँतों से कठपुतली को खींचने लगा। अब से थोड़ी देर पहले आँखें बन्द करके बारिश की आवाज़ सुन रहा वह शख्स अब छोटे-से बच्चे के साथ खेलने में मस्त था। मैं तिरछी नजरों से बार-बार उसे देखती, फिर अपनी हरकत के लिए खुद को कोसती, लेकिन थोड़ी देर में फिर उसे देखने लगती, और एक बार मेरी चोरी पकड़ी गयी। मैं उसकी ओर देख रही थी, ठीक उसी वक्त उसकी नजरें भी मेरी ओर उठीं, वह मुस्कुराया, और मैंने घबराकर अपनी नजरें फेर

लीं। मैं जैसे उस मुस्कुराहट में बँध गयी थी। मेरी नजरें तो उससे हट गयीं, लेकिन दिल उसी मुस्कान में अटका रह गया।

सफर लम्बा था, और रात हो गयी थी। मैं ऊपर की बर्थ पर जाकर बैठ गयी थी। सोने से पहले अपनी डायरी निकाली, डायरी पर चढ़ी अखबार की जिल्द पुरानी हो गयी थी, कई बार सोचा था कि जिल्द बदल दूँ। फिर लगा कि डायरी का जिल्द बदल भी दूँ तो कौन-सा ज़िन्दगी बदल जानी है, आज भी ऐसा ही लगा था, पर मैंने डायरी खोल ही ली। एक और सपना मैंने डायरी के पन्नों में उतार दिया। मेरे अलावा सिर्फ यही एक डायरी थी, जो मेरे सपनों को समझती थी। मुझे दुनिया घूमनी थी, मुझे चाँदनी रातों में समुद्र के किनारे टहलना था, मुझे बर्फीले तूफान में पहाड़ों की चढ़ाई करनी थी, मुझे घने जंगलों में तम्बू गाड़ कर रात बितानी थी, मुझे समुद्र की गहराई में जाकर मछलियों से मिलना था, मुझे चाँद पर जाना था, मुझे तारों से बात करनी थी। पर ये सब किससे कहती। बुजुर्ग, कमजोर दादाजी से? वह सुन जरूर लेते, मेरे बचकाने सपनों पर मुस्कुरा भी देते, पर कुछ कर नहीं सकते थे। चाचा, मामा, मौसी इनके लिए मैं एक बोझ थी, जिसे ढोना उनकी मजबूरी थी, और अब चाची ने इस बोझ को उतारने का रास्ता भी ढूँढ़ लिया था। मेरा दिल भारी हो गया। फिर डायरी नहीं लिखी जा सकी, मैंने पैन को डायरी के पन्नों के बीच खोंस कर डायरी बन्द की, और लेट गयी। वह लड़का, यानी शिखर नीचे वाली बर्थ पर लेटा हुआ, एक नक्शे पर पैन से कुछ निशान लगा रहा था। फिर कुछ हिसाब लगाता और फिर कहीं और फिर से निशान लगाने लगता, मैं थोड़ी देर तक उसे देखती रही, फिर ट्रेन के धचकोलों के बीच मुझे भी नींद आ गयी। सुबह जब आँख खुली तो ट्रेन वडोदरा पहुँची थी। मैं अपनी बर्थ छोड़कर नीचे उतरी और मुँह धोने चली गयी। वापस लौटकर मैं ऊपर जाने के बजाये नीचे वाली सीट पर ही बैठ गयी, सुबह की ताजी-ताजी हवा बड़ी अच्छी लग रही थी।

"गुड मॉर्निंग। ये लीजिए चाय।" शिखर ने प्लास्टिक वाला चाय का कप मेरी ओर बढ़ाया। इस वक्त मुझे चाय की सख्त ज़रूरत थी, लेकिन थोड़ा संकोच हो रहा था।

"चिन्ता मत कीजिए, मेरे पास और है।" शिखर ने कहा और दूसरे कप से चाय सुड़कने लगा। मैंने मुस्कुराकर चाय का कप ले लिया। अब

वह उतना अनजान नहीं रह गया था, उससे डर तो अब बिल्कुल नहीं लग रहा था मुझे।

"तो आप अहमदाबाद जा रही हैं?" शिखर ने चाय का घूँट लेकर पूछा।

मैं चौंकी। मेरे कप से छलककर थोड़ी-सी चाय मेरे सूट पर गिर गयी। उसने नये अख़बार के जिल्द वाली एक कॉपी मेरी ओर बढ़ा दी।

"मिस गुमसुम, मेरा मतलब, अदिति जी, अपने सपनों को सँभालकर रखिये।"

मैंने उस कॉपी को देखा, फिर घबराकर अपने बैग को टटोला। मेरी डायरी वहाँ नहीं थी। करीब-करीब झपटते हुए मैंने उसके हाथ से अपनी डायरी ली।

"रात को आपके बैग से गिरकर मेरी सीट पर आ गयी थी। जिल्द फट गयी थी, तो मैंने बदल दी।" मेरी घबराहट और भरी हुई आँखें देखकर वह थोड़ा सकपका गया था। मैंने डायरी अपने बैग में रखी और बैग को कसकर अपनी गोद में दबा लिया। पूरी बोगी ख़ामोश थी। सिर्फ रेल की धड़धड़ाने की आवाज़ आ रही थी, इस भयानक ख़ामोशी को शिखर की आवाज़ ने ही तोड़ा।

"इफ यू डोंट माइंड, एक बात कहूँ? हम सबके पास सिर्फ एक ज़िन्दगी है। डायरी में लिखकर कुछ नहीं होगा, जो करना है, इसी ज़िन्दगी में करना है।" शिखर ने कहा, और मैं उसे देखती रह गयी।

13 घंटे से एक साथ रहते हुए इतना तो मैं जान गयी थी कि चुप रहना शिखर की आदत नहीं है। लेकिन क़ाफ़ी देर से वह चुप था। उसने मेरी डायरी चोरी से पढ़ ली थी, वह डायरी जो मैं दादाजी तक से छुपा कर रखती थी, पर जाने क्यों मुझे उस पर गुस्सा नहीं आ रहा था, जाने क्यों मैं चाह रही थी, कि मैं अपने सपने उसके साथ बाँटू...पहली बार कोई ऐसा मिला था, जिससे खुल कर बात करने को दिल चाह रहा था।

"आप भी अहमदाबाद जा रहे हैं?" मैंने पहली बार अपनी तरफ से उससे पूछा।

"पता नहीं, निकला तो वहीं के लिए ही था। पर अब सोच रहा हूँ इन्दौर में उतर जाऊँ। सुना है इन्दौर के पास एक झरना है, पाताल पानी,... अब यहाँ से गुजर रहा हूँ तो झरना तो देखना बनता है, फिर वहाँ से ट्रैकिंग

पर जाऊँगा, और कल यहीं से फिर अहमदाबाद के लिए ट्रेन पकड़ लूँगा।" उसने बेपरवाही से कहा।

"और अगर कल ट्रेन नहीं मिली तो?" मैं जैसे उसे नहीं खुद को ये जोखिम लेने से रोक रही थी।

"तो परसों मिल जायेगी, अगर पता हो कि लाइफ में आगे क्या होना है, तो ज़िन्दगी वीडियो गेम नहीं बन जायेगी?" उसने कहा।

मैं उसकी बातों में बह रही थी। क्या ज़िन्दगी है इस लड़के की, जब मन किया, जहाँ मन किया चले गये। ना किसी का डर, ना कोई परवाह, बिल्कुल वैसी ही ज़िन्दगी, जैसी मैं सपने में देखती हूँ।

"आप हमेशा ऐसे ही रहते हैं? आपके घरवाले नाराज़ नहीं होते।" मैंने पूछा।

"आप तो हमेशा वही करती हैं ना जो आपके घरवाले कहते हैं, लेकिन क्या आपके घरवाले आपसे खुश हैं? खुद को खुश रखने की पहली जिम्मेदारी मेरी है। मैं तो भई यही मानता हूँ।" वह बोला।

हमें बात करते-करते दो-तीन घंटे हो चुके थे। इन घंटों में न जाने कितनी अनदेखी दुनिया मैं उसकी नजरों से देख रही थी, नैनीताल की वादियों में हाथों से बादलों को छूने का अहसास, असम के जंगलों में आदिवासी परिवारों के साथ गुजारे दिन, केरल के समुद्र तट पर पैरों पर गिरते समुद्र के थपेड़े, चौल की घाटियों में बकरियाँ चराने की कहानियाँ। लग रहा था जैसे शिखर कहानियाँ सुनाता जाये, और ज़िन्दगी ख़त्म हो जाये। मैं अपने उसी बेपरवाह बचपन में पहुँच गयी थी। मुझे बचपन में घूमने-फिरने का, ज़िन्दगी को खुल के जीने का बेहद शौक था। नौंवीं क्लास में कॉलेज के टूर पर हमें कर्नाटक जाना था, टूर के नाम पर तो माँ पैसे देती नहीं, इसलिए मैंने सिलाई की क्लास के नाम पर माँ से पैसे लिए और बिना बताये, उनके नाम पर चिट्ठी छोड़कर एक हफ्ते के लिए कर्नाटक चली गयी। वापस लौटकर पिटाई जरूर हुई, लेकिन कर्नाटक में बिताये वह दिन आज भी मेरे होंठों पर मुस्कान ले आते थे।

"कितना बुलवा रही हो तुम मुझसे? एक तो तुम्हारी डायरी के चक्कर में रात भर सो नहीं पाया, और तुम अब भी सोने नहीं दे रही हो।" शिखर अचानक शरारत से मुस्कुराते हुए बोला। और सीट पर लेट कर मुँह पर

चादर ओढ़ ली। फिर थोड़ी देर में चेहरे से चादर उठाकर बोला—

"मिस अदिति, इन्दौर आ जाये तो जगा दीजिएगा।"

चार घंटे में गाड़ी इन्दौर पहुँच गयी। शिखर को अब जाना था, मेरा दिल कह रहा था कि काश इन्दौर कभी आये ही नहीं, काश ये ट्रेन कभी रुके ही नहीं, काश शिखर जाये ही नहीं, काश...

लेकिन धीमी होती-होती ट्रेन आखिरकार रुक गयी। मैंने भरी हुई आँखों से शिखर की ओर देखा। वह अपने बैग को तकिया बनाये बच्चे की तरह सो रहा था। मैंने धीरे से उसके बालों को छू लिया, उसे इस तरह निश्चिन्त सोते देखकर जगाने का दिल नहीं किया, पर जगाना जरूरी था, मैंने उसके कन्धों को हलके से हिलाकर उसे उठाया।

वह हड़बड़ाते हुए उठा और जल्दी-जल्दी जूते पहनने लगा।

इन्दौर स्टेशन पर गाड़ी 15 मिनट रुकती थी। उसने अपना सामान समेट लिया था, लेकिन वह उतरा नहीं, वहीं बैठा रहा।

"मेरा स्टेशन तो आ गया। अच्छा लगा, तुम मिलीं, तुमसे दोस्ती हुई। सच कहूँ तो अभी जाने का मन नहीं कर रहा है।" उसने जमानेभर की मुस्कुराहट लुटाते हुए कहा।

मैं कहना चाहती थी कि मत जाओ शिखर, मेरे पास ही रह जाओ। पर किस हक से कहती? एक अनजान आदमी के लिए इतना लगाव? मेरा दिमाग मुझे चेता रहा था, कि ये पागलपन है। मेरे चेहरे पर एक बुझी-सी मुस्कान उभरी।

"अनजान लोगों से दोस्ती का क्या फायदा?" मैंने कहा।

"दोस्ती फायदा देखकर होती तो वह दोस्ती ही ना होती। हम शायद इसके बाद कभी मिलें ही नहीं, लेकिन सोचो अगर इत्तेफाक से हम कहीं मिल गये तो कितनी खुशी होगी? और ना भी मिलें, तो भी एक-दूसरे को याद करके मुस्कुरा तो पायेंगे"

उसकी इस बात से मैं इस बार सच में मुस्कुरायी।

कुछ घंटे पहले मैं खुद से हार मानकर इस ट्रेन में बैठी थी। लेकिन अब मैं कुछ और हो चुकी थी। मुझे नहीं पता था कि ज़िन्दगी में मुझे आगे क्या करना था, लेकिन क्या नहीं करना था, इसका फैसला मैं कर चुकी थी। और पहला फैसला था आदर्श से शादी ना करने का। पर जिसने मुझे

ये सब तय करने की हिम्मत दी, मैं उससे धन्यवाद का एक शब्द कहने की हिम्मत नहीं जुटा पा रही थी। शिखर के जाने का वक्त आ गया था। उसने अपना बैग उठाया और सीट से उठ खड़ा हुआ। जाते-जाते वह एक पल को रुका, फिर उसने झुककर मेरा दायाँ हाथ पकड़ लिया, और लाख़ का वही नक्खाशी वाला कड़ा मेरी कलाई में सरका दिया। तभी ट्रेन ने सीटी दी, और वह बिना मेरी ओर देखे ट्रेन से उतर गया। मैं ट्रेन की खिड़की से उसे जाते देखती रही, एक आखिरी बार उसका चेहरा देखने की उम्मीद करती रही। ट्रेन आगे सरकने लगी थी, लेकिन उसने मुड़ कर नहीं देखा। थोड़ी देर में वह स्टेशन की भीड़ में खो गया। मेरी आँखों से लुढ़कते हुए आँसू मेरे गालों से बहते हुए गर्दन तक पहुँच गये थे, मैं अपनी कलाई में पड़े उस कड़े को देखती रही, फिर उसे अपने होंठों से छुआ दिया।

सिर्फ 15-16 घंटों की पहचान थी हमारी। बस इन थोड़े से घंटों में मेरी ज़िन्दगी में उथल-पुथल मचाकर शिखर चला गया था। फिर कभी ना मिलने के लिए। लेकिन उसकी बातें अब भी मेरे कानों में गूँज रही थीं। मैंने अपनी डायरी निकाली और शेखर के आखिरी शब्द उसके नाम के साथ डायरी में उतार दिये

''हम शायद इसके बाद कभी मिलें ही नहीं, लेकिन सोचिए अगर इत्तेफाक से हम कहीं मिल गये तो कितनी खुशी होगी, और ना भी मिलें, तो भी एक-दूसरे को याद करके मुस्कुरा तो पायेंगे।''

मैं उसे याद करके मुस्कुरा दी। पागल था वह, और आज उसने मेरे अन्दर का पागलपन भी जगा दिया था। मैं डायरी बन्द कर ही रही थी, कि आखिरी पन्ने पर लिखी अनजान लिखावट पर नजर पड़ी। लिखा था–

''ये सफ़र तो ख़त्म हो रहा है, लेकिन मेरा दिल कह रहा है कि ये साथ लम्बा चलेगा। 15 नवम्बर को ऊटी बेसकैंप से नीलगिरी पहाड़ पर ट्रैकिंग के लिए जा रहा हूँ, एक साथी का इन्तज़ार रहेगा।

'शिखर'

गाड़ी अपनी मंजिल पर पहुँच रही थी। शायद मुझे भी अपनी मंजिल मिल गयी थी। मैंने अपना सामान उठाया, और अपनी मंजिल की ओर पहला क़दम बढ़ा दिया।

फिर नया साल और पुराना मैं

●

नीलेश मिसरा

मेरे सीने की ओर देखिए। बायीं तरफ मेरे दिल के ऊपर, मेरे बायें हाथ से थोड़ा दाहिनी ओर, वहाँ एक अदृश्य पिन से लटकता हुआ एक अकेलेपन का तमगा लगा है। ध्यान से देखेंगे तो पता चलेगा कि आजकल मेरी ज़िन्दगी रेनिन मार्टिन टाइप ग्रामर की कोई किताब बन गयी है। इसमें पास्ट टेंस है प्रेजेंट टेंस है और माशाअल्ला फ्यूचर टेंस है। सब टेंस चल रहा है। इसी टेंशन के साथ जीना सीख गया हूँ। ग़म में मुस्कुराना सीख गया हूँ मैं। जब से अकेले रहना शुरू किया है, अकेले रहना सीख गया हूँ मैं। थोड़ा ढीठ हो गया हूँ, दोस्त अपने घर बुलाते हैं तो दाढ़ी बढ़ा के जाता हूँ, कई-कई दिन शेव नहीं करता। पुराने गाने सुनना शुरू कर दिया है। बाल छोटे कटवाने लगा हूँ। पिछली बार नाई से कहा गुड्डू कलम थोड़ा छोटी कर दे एकदम शोबर दिखना चाहिए, तो गुड्डू नाई बोला "सर आप तो हमेशा एकदम अपडेट रहते थे! ये अचानक गुरुदत्त कैसे बन गये?" रास्ते में दूध लेते वक्त दुकान के शोकेस में लगे शीशे में अपनी धुँधली छवि को देखा, सचमुच गुरुदत्त बन गया था क्या? गुरुदत्त को तो वो पसन्द करती थी, मैं तो हमेशा मजाक उड़ाता था, इन पुराने गानों का, पुरानी फिल्मों का, पुराने लोगों का, एक ही इनसान से ज़िन्दगी भर प्यार करने जैसे पुराने ख़यालात का। उससे नफ़रत

करते-करते मैं उसके ख़यालों जैसा बन गया था क्या? "कल से दुकानदारों की हड़ताल है सर। जो लेना है आज ले लो, हो सकता है दो-चार दिन बन्द रहे दुकान..." विद्यालंकार बोला। उसका नाम विद्यालंकार नहीं था। आजकल कोई अपने बच्चे का नाम विद्यालंकार नहीं रखता। उसका नाम क्या था मुझको पता भी नहीं था और मैंने कभी जानने की कोशिश भी नहीं की। असल ये मेरा और रिद्धिमा का ये एक गेम होता था। रोज सुबह-सुबह चाय बनाते-बनाते वो मजाक-मजाक में मेरा एक काल्पनिक नाम सोच लेती थी और वो चाय की पहली चुस्की लेते ही मेरे सामने अनाउंसमेंट कर दिया जाता। एक दिन बोली "आज के लिए तुम्हारा नाम पप्पू अग्निहोत्री है।" कभी कहती आज के लिए तुम्हारा नाम अग्निशमन डिसूजा है, अग्निशमन डिसूजा। अरे मतलब कोई सेंस तो हो भाई नाम में...। कौन रखेगा किसी का नाम अग्निशमन। यानी कोई फायर इंजन हूँ मैं क्या? और डिसूजा के साथ मेल का कोई फर्स्ट नेम सोचो। जैसे माइकल डिसूजा। लेकिन, नहीं उसने कह दिया तो कह दिया। जैसे नामकरण करने की हिन्दुस्तान की सबसे उच्च अधिकारी हो। उसका लिखा सुप्रीम कोर्ट भी नहीं काट सकता और हाँ जब तक उस नाम से पुकारे जाने पर जवाब न दूँ तो न खाना मिलता था न ये बताया जाता था कि घर के सारे तौलिए कहाँ गये। और मुझे शर्म के साथ बताना पड़ रहा है कि एक दिन मेरा नाम राधा कुमारी भी रखा गया था और पूरे दिन वो मुझे राधा कुमारी कहकर बुलाती रही और मुझे दिल पर पत्थर रखकर हाँ हूँ करते रहने पड़ा। उसी सुबह मैंने अनाउंसमेंट कर दिया था कि जो अगला इनसान घंटी बजायेगा उसका आज से नाम विद्यालंकार सुब्रमणियम रख दिया जायेगा। दस मिनट बाद ये मुर्गा फंसा था। परचून की दुकान से ये लड़का दूध और ब्रेड लाया था और तब से मेरे इतिहास की पुस्तकों में इसका नाम विद्यालंकार सुब्रमणियम रख दिया गया। मैं हमेशा उसे इसी नाम से बुलाता था उसने मन ही मन ये नाम स्वीकार भी कर लिया था "अरे पहली जनवरी से तुम लोग स्ट्राइक कर रहे हो विद्यालंकार? अरे तुम्हें पता है ना कि साल के पहले दिन जो करते हैं वो पूरे साल करना पड़ता है" मैंने विद्यालंकार से कहा। विद्यालंकार मुस्कुराया "जी वरुण भैया, ये सच है। बचपन में नानी से सुना था मैंने साल के पहले दिन जो भी करो वो पूरे साल करना पड़ता है... ये सच है। पिछले साल

एक जनवरी को उससे नफ़रत करना शुरू किया था। पूरे साल हर रोज, हर घंटे, हर माइक्रो सेकेंड, बस शिद्दत से नफ़रत की है उससे..."

किसने कहा था बिना लिफ्ट वाली बिल्डिंग में घर लेने को, हाँफ जाता हूँ। खासकर जब सब्जी के थैले लेकर चार मंजिल चढ़ना पढ़े। जब से अकेले रहना शुरू किया है एक हफ्ते की सब्जी एक साथ ले आता हूँ। जब से अकेले रहना शुरू किया है सब्जी वालों से मोलभाव करना सीख लिया है। बाजार में शान्त भाव से टहलते हुए ये नाटक करना सीख लिया है कि सब्जी लेने के मामले में मुझसे बड़ा जैसा एक्सपर्ट तो जैसे पूरे शहर में ना हो। बैंगन को एक कोने से हलके से उँगलियों से महसूस करके ये कहना कि कच्चा है अभी, भिंडी में हलके से नाखून दबाकर उसकी जाँच करना, टमाटर ज्यादा गले हुए ना खरीदना, सब सीख लिया है। जब से अकेले रहना शुरू किया है चाय बनाना सीख लिया है, अदरक छील लेता हूँ, कितने कप चाय में चीनी कितनी डालनी है चाहिए, जान गया हूँ। चाय बनाने के नये-नये प्रयोग करना सीख गया हूँ। कभी लेमन ग्रास डाल देता हूँ कभी तुलसी। एक दिन तो सौंफ झोंक दी थी मैंने। खाना बनाने वाली उर्मिला दीदी मेरा खूब मजाक उड़ाती हैं। मैं इसको दोस्तों के सामने अतिशयोक्ति कहकर टाल देता हूँ। लेकिन सही बताऊँ जो विमला दीदी कहती हैं वो सच है। एक दिन जब मैं इलायची वाली चाय बनाने चला था तो मैंने बाकायदा तैरने के लिए दो-तीन साबूत इलायची डाल दी थीं। विमला दीदी मुझपर वैसे ही अधिकार जमाना अपना अधिकार समझती हैं, जैसे घर जाने पर माँ जमाती हैं। बल्कि माँ के पास विमला दीदी का नम्बर है और उन दोनों की सीधी मंत्रणा चलती रहती है। आज सुबह विमला दीदी की जासूसी के कारण सुबह-सुबह माँ का फोन दनदनाता हुआ आया। अरे नया साल आ गया है तू अपना कमरा भी नहीं साफ कर सकता अरुण बेटा! इतना बेचारा हो गया है तू। मैं अभी ठीक से उठा भी नहीं था कि धुआँधार गोलीबारी 700 किमी. दूर से चालू हो गयी। मेरी आँखों से नींद टपक रही थी। मैंने बायीं आँख थोड़ा कोशिश करते हुए थोड़ा-सा खोलते हुए रसोई में लाल फ्रिज के आड़ में छिपती हुई विमला दीदी की ओर देखा – देखा, मेरी माँ की इस जासूस ने मेरी तरफ के ठीक उलट देखते हुए कड़ाही में कलछुल और द्रुत गति से चलाना शुरू कर दिया था। मैंने अपने घर पर

एक नजर डाली, माँ सचमुच गलत तो नहीं कर रही थी, सचमुच बेचारा हो गया था मैं अपनी निगाह में। आज पहली जनवरी के दिन जब दुनिया नये साल का स्वागत कर रही थी, मैं ऐसा निढाल पड़ा था जैसे हफ्ते की जोंडिस के बाद मरीज पड़ा हो। चारों तरफ वो चीजें पड़ी थीं जो जरूरी हैं कहकर मैंने विमला दीदी को छूने से मना कर दिया था। एक घंटे के बाद जब विमला दीदी खाना बनाकर चली गयी थीं। मैं बिना हार जीत के ख़त्म हो गये किसी युद्ध के बाद उठने की कोशिश करते हुए सिपाही की तरह उठा। सोचा जरा ज़िन्दगी का हिसाब किताब कर लूँ। नये साल-वाल में मैं ज्यादा यक़ीन नहीं करता, लेकिन माँ ने कहा था, माँ की बात रखनी थी। मैं पुरानी अलमारियाँ खोलने लगा, पुराने कागजों के बंडल खोलने लगा, बरसों से बन्द प्लास्टिक के पैकेट निकालने लगा और धीरे-धीरे काग़ज़ दर काग़ज़ मेरा अतीत, मेरा पास्ट, मेरे सामने बिखरने लगा और फिर पीले रंग के एक बड़े से प्लास्टिक बैग में कैद एक लिफाफा अचानक किसी भूले हुए पड़ोसी की तरह सामने आ गया। मन ना जाने कौन-सी आवाज़ें सुनने लगा था। बाहर सड़क के ट्रैफिक का शोर कम होता जा रहा था। पड़ोस के टीवी पर चल रहा नयी फिल्म का गाना मद्धम पड़ता जा रहा था। मैंने बैग खोला और उससे ढेर सारे नये साल के ग्रीटिंग कार्ड लुढ़कते चले आये। नये पुराने पीले पड़ते उन सूखे हुए गुलाबों को थामे, जिन गुलाबों को देने वाले हाथ न जाने कब किसी और के नाम की अँगूठियाँ पहन चुके थे। ये नये साल के कार्ड उन पेड़ों की भूरी पड़ गयी पत्तियाँ अपने सीने में सँभाले थे जिन पेड़ों की छाया को कब का छोड़कर आ गया था मैं। उन खूबसूरत फाउंटेन पेनों से हैंड राइटिंग में लिखे गये, जो गुजरे हुए वक्त की तरह ना जाने कहाँ किस पुरानी अलमारी में कैद हो गये थे। ये ग्रीटिंग कार्ड नहीं थे, ये मेरी कई जिन्दगियाँ थीं जो सवाल पूछती, जवाब सुझाती आज मेरे सामने आ खड़ी हुई थीं। मैं और मेरे कई सारे नये साल आज आमने-सामने खड़े थे।

मुझे कभी-कभी लगता है, ऊपर वाले को दुनिया चलाने का मुश्किल काम छोड़ के ऐसा फुल टाइम काम कर लेना चाहिए जिसमें उनको महारत हासिल है। मेरे ख़याल से दुनिया का सबसे बढ़िया सबसे धाँसू स्क्रिप्ट राइटर ऊपर वाला ही है। क्या कहानियाँ लिखता है, कैसे-कैसे पात्र, कैसे-कैसे ट्विस्ट, कैसे-कैसे

प्लॉट। मेरे सामने कमरे में ना जाने कितने न्यू ईयर ग्रीटिंग कार्ड पड़े थे और मैं उनमें अपनी ज़िन्दगी की कहानी दोबारा जी रहा था। वो कहानी जो इस महान स्क्रिप्ट राइटर ऊपर वाले ने कभी-कभी बेमन और कभी-कभी बड़े इत्मिनान से लिखी थी। हर नये साल के कार्ड का अपना अलग मिजाज था। सन् 2002 वाला न्यू ईयर कार्ड अब पीला पड़ चुका था और कम खूबसूरत दिख रहा था लेकिन उसके चेहरे पर रिश्तों के ज्ञान का, नॉलेज का वो तेज था जो किसी में नहीं था। 2001 वाले नये साल के कार्ड के चेहरे पे पहले प्यार का सुरूर था, एक ऐंठन भी थी जो सिर्फ जवानी में आती है और जवानी ढलते-ढलते अपने अर्थहीन होने का अहसास भी करा जाती है। 2005 के न्यू ईयर कार्ड में ढलते रिश्तों का आलस था। 2006 के नये साल के कार्ड में विरक्ति थी। 2008 के कार्ड में दूरियाँ थीं और 2010 के नये साल के कार्ड में खोखला तकल्लुफ था। लेकिन इन सब भावनाओं के बीच मुझको वो सबसे पहला कार्ड याद आया जो लाल कुशन के पास शरमाता हुआ, मुँह फेरे पड़ा था। उस कार्ड की एक छोटी-सी कहानी थी, जो इस दुनिया के सबसे धाँसू स्क्रिप्ट राइटर मिस्टर ऊपर वाले ने लिखी थी। 31 दिसम्बर का दिन था 1999 का साल। मैं सिगरेट शराब तो पीता नहीं, ज़िन्दगी छोटी करने के लिए इश्क में दिल तोड़ लेने का रास्ता हमेशा ज्यादा मुनासिब लगा है। लेकिन दोस्तों ने रात में एक पार्टी रखी थी, और चूँकि मैं सबसे समझदार और जिम्मेदार माना जाता था, इसलिए पार्टी की तैयारियों का काम मुझको सौंपा गया था। प्लास्टिक के गिलास लेने थे, गुब्बारे लेने थे, रंग-बिरंगे काग़ज़ के स्ट्रीमर लेने थे, खाने का सामान लेना था। मोबाइल फोन नये-नये ही हिन्दुस्तान में आये थे। एक अमीर दोस्त ने सिखा पढ़ा के अपना फोन पकड़ा दिया था और हर आते हुए फोन कॉल के साथ शॉपिंग लिस्ट लम्बी होती जा रहा था। मैं गाड़ी चलाते-चलाते झुंझलाते हुए इधर-उधर दुकानें ढूँढ़ ही रहा था कि एक लड़की मेरे बगल में लाल गाड़ी चलाते हुए गुजरी। गाड़ी चलाते हुए क्या आगे को झुक के दाहिनी तरफ गर्दन घुमा कर मुझको देखते हुए गुजरी। अच्छा मुझको कोई ऐसी खुशफहमी तो थी नहीं तब न ही आज है कि कोई लड़की मुझे पलट के दोबारा देखे। बल्कि मैं भी लड़कियों में इतनी कोई रुचि रखता था कि मैं भी पलट के देखूँ, लेकिन मैं पलट के सचमुच उसे देखने लगा। कारण वो नहीं उसकी गाड़ी का नम्बर था– यूपी 32 बी2351 यानी लखनऊ की

गाड़ी। भगवान कसम दिल में धक्क सा हुआ। घर को बहुत याद कर रहा था मैं उन दिनों। पहली बार नये साल की छुट्टियों में घर नहीं जा पाया था। तो उस गाड़ी की लाइसेंस प्लेट को देखकर ऐसा लगा जैसे अजनबी बेदिल शहर में कोई जाना-पहचाना भूला भटका दोस्त मिल गया हो। गाड़ी थोड़ा आगे पहुँची तो ट्रैफिक सिग्नल लाल हो चुका था और उस लड़की की गाड़ी से फिर मुलाक़ात हो गयी। इस बार उसने फिर मुझको देखा, मेरे मन में ना जाने क्या आया मैंने खिड़की नीचे की और उसकी ओर देखा। उसने भी खिड़की नीचे की, वो पहले बोली "सॉरी मैं पीछे आपको मोबाइल फोन पर बातें करते हुए देख रही थी, अभी तक देखा नहीं ना किसी को ये मोबाइल यूज करते हुए।" धत्त तेरे की। खैर, मैंने वो कह डाला कि जो मन में अचानक आ गया था "आप लखनऊ में कहाँ रहती हैं?" मैं जानता हूँ उसको कोई बदतमीज़ी भी समझ सकता था, लेकिन शायद मेरे चेहरे से मासूमियत टपक रही थी। क्योंकि भगवान कसम मैं असल में मासूम हूँ। वो एक सेंकेड ख़ामोश रही, मुस्कुरायी और बोली "नरही..." मैं कुछ कहता इससे पहले पीछे के सभी भलेमानुस जोर-जोर से हॉर्न बजाने लग गये थे। ट्रैफिक लाइट हरी हो गयी थी। उसने हलके से मुड़ के देखा और मैंने पहली बार उसका चेहरा ग़ौर से देखा। इतनी खूबसूरत कि मेरा... भगवान कसम मेरा फ्यूज उड़ गया...।

उस दिन मेरी किस्मत में इस अजनबी लड़की से तीन और बार मिलना लिखा था। शहर के उस हिस्से से दूसरे हिस्से में जाने के लिए एक ही बड़ा रास्ता था और उस पर दो और बड़े-बड़े ट्रैफिक सिग्नल आने थे। अगले ट्रैफिक सिग्नल तक जब मैं पहुँचा, तो देखा वो लाल कार बायीं तरफ वाली लेन में खड़ी थी। मैंने बिना कुछ सोचे उसके बगल वाली लेन में अपनी गाड़ी डाल दी, लेकिन मेरे और उसके बीच में अभी एक गाड़ी का फासला था फिर मेरे आगे वाली गाड़ी थोड़ा आगे सरकी और एक बार फिर मैं उस लाल कार वाली खूबसूरत लड़की के बगल में था। वो रेडियो पर किसी गाने को सुनते-सुनते आवाज़ बढ़ा रही थी और गाना गुनगुनाते हुए खुद को रियर व्यू मिरर टेढ़ा करके देख रही थी। उसकी खिड़की के पास एक बच्चा उसको मोगरे के फूल बेचने आया और एक गुच्छा लेने के लिए मिन्नत करने लगा। लड़की फूल लेने के लिए अपने बैग में पैसे तलाशने लगी। ट्रैफिक लाइट फिर से हरी हो रही

थी। पीछे गाड़ी वाले बेसब्री से हॉर्न बजाये जा रहे थे, लड़की जल्दी-जल्दी बैग खँगालने लगी। तभी उसकी नजर मुझ पर गयी। मैंने अपनी गाड़ी का शीशा नीचे किया और उस लड़के को पैसे दे दिये। कार में बैठी लड़की मुस्कुरायी और आँखों से शुक्रिया कहा। मुझे जैसे ही मौका मिला मैंने जोर से क़हा मैं अलीगंज में रहता हूँ पोस्ट ऑफिस के पास। वो मुस्कुरायी और उसकी गाड़ी आगे चली गयी। ट्रैफिक लाइट हरी हो गयी थी। दो किलोमीटर दूर एक और बड़ी ट्रैफिक लाइट थी, जहाँ से कई रास्ते जाते थे। एक सामने, एक बायें और एक थोड़ा पतला रास्ता दाहिनी ओर। मुझको बायें जाने था लेकिन मैंने बड़ी बेवकूफी की बात की। मैंने देखा कि वो लड़की सीधे जा रही है और मैं ही उसके पीछे-पीछे चला गया। अरे आपको तो पता होगा इश्क जब होना होता है तो दिमाग अपने आप छुट्टी पर चला जाता है। उसने गाड़ी बाजार के पार्किंग लॉट में रोकी। मैं भी वहीं बगल में गाड़ी पार्क करके उतरा। वो लड़की भी उतरी। इतनी खूबसूरत! साँवला रंग, सवाल-जवाब करती आँखें, होठों पर ठहरी हँसी और आँखों के कोनों से देखने की वो अदा जिसमें हलका अधिकार भी था और हलकी शर्म भी। उसने मुझको देखा और मेरी धड़कन यूँ रुकी कि जान चली जाने का खतरा पैदा हो गया था ''अगर आप लखनऊ के ना होते तो मेरा मेरा पीछा करने के लिए अभी पुलिस को फोन कर देती। तौबा शराफत के पर्दों के पीछे शरारत रहती थी।'' उसकी आवाज़ में एक हलकी सी खराश थी, जैसे उसके ख़याल मन का एक लम्बा सफ़र तय करके झिझक के पत्थरों पर चलते-चलते मेरे पास तक आ रहे हों। उसकी शरारत ने मुझको भी एक पल में शरारत सिखा दी। "चूँकि मैं लखनऊ का हूँ तो अब तो मुझको अपना पीछा करने की इजाजत दे दीजिए!" मैंने मासूम सी बदतमीज़ी से कहा। "मेरी नानी कहती है जो नये साल के दिन जो भी करो वो पूरे सालभर करना पड़ता है।" "नया साल अभी शुरू नहीं हुआ है!" वो बोली। "रात के नौ बज गये हैं दुनिया के किसी देश में किसी टाइम जोन में नया साल शुरू हो गया होगा ना!" मैंने बेबाकी से कहा। न जाने मुझे क़हाँ से हिम्मत आ गयी... मैंने एक लम्बी साँस ली ही और उसको अगले दिन साथ में चाय पीने का आमंत्रण दे डाला। ना जाने उसको कहाँ से बेवकूफी आ गयी। उसने 'हाँ' कह दिया। शायद नये साल के दिन शराब की जगह चाय पीने का आग्रह करने वाला लड़का उसको अच्छा और भरोसे लायक लगा था। एक जनवरी

को मैं एक अनजान लड़की से मिलने जा रहा था। नानी कभी गलत नहीं होती ना। इसलिए मुझको पता था कि मैं उस अनजान लड़की से साल के हर दिन मिलने वाला था। 1 जनवरी 2000 – पहले प्यार का पहला दिन...

"रिद्धिमा का क्या मतलब होता है?" मैंने चाय के साथ ऑर्डर किये हुए सैंडविच को खाते हुए कहा। मैं अक्सर लोगों से जब मिलता हूँ तो उनसे उनके नाम का मतलब पूछता हूँ। हिन्दुस्तान में लोगों की ये समस्या है कि न जाने कितने लोग अपने नाम का मतलब नहीं जानते। अगले दिन एक जनवरी को एक छोटे से रेस्टोरेंट में उस अनजान लड़की रिद्धिमा के सामने बैठा था। मैं भोंदू की तरह उसके लिए एक न्यू ईयर कार्ड, एक चाकलेट और जरवेरा के नारंगी रंग के फूल ले गया था। मेरी हँसी मत उड़ाइयेगा, असल में इससे पहले मैं किसी लड़की के साथ ऐसा मिला नहीं था और मुझे पता नहीं था कि लड़कियों से मिलने का क्या शिष्टाचार होता है। और वैसे भी एक मासूम कार्ड ही तो था।

आज 14 साल बाद वही मासूस सा न्यू ईयर कार्ड मेरे सामने पड़ा था ना जाने और किसने सारे कितने ग्रीटिंग कार्ड के साथ। वो लम्हा इस कार्ड की तरह पुराना पड़ गया था, मैं भी तो पुराना हो गया था। मैं बड़ी देर तक उस पुराने ग्रीटिंग कार्ड को देखता रहा। पलट-पलट के देखा, लिफाफा खोल, बन्द करके देखा। मेरी हैंड राइटिंग कितनी साफ हुआ करती थी और भी मैं अलग ढंग से बनाता था और ये मेरा साइन भी थोड़ा अलग था नीचे डैश और दो बिन्दियाँ नहीं बनाता था। 14 साल पहले जब मैं उस दिन ग्रीटिंग कार्ड की दुकान में गया। तो समझ ही नहीं पा रहा था भाई कौन-सा कार्ड लूँ। एक ऐसी लड़की को हैप्पी न्यू ईयर का, नये मिलेनियम का कार्ड देना था जिसका नाम तक मुझे नहीं पता था, कैसे सम्बोधित करना था, कुछ नहीं पता था, पेन भी नहीं मिला था कितनी देर तक कार्ड पर लिखने के लिए और जब एक बुजुर्ग अंकल जी से उधार माँगा था कितनी देर तक समझ नहीं आ रहा था कि लिखूँ क्या? फिर आखिरकार लिखा था "डियर गॉड नोज व्हाट्स योर नेम... यानी प्रिय भगवान जाने तुम्हारा नाम क्या है? शायद उसको मेरी यही बेवकूफियाँ अच्छी लगती थीं। शायद उसको पता था मैं अनाड़ी था, थोड़ा सा बुद्धू, लेकिन दिल का साफ़। सैंडविच ख़त्म होते-होते मैंने फिर उससे पूछा था रिद्धिमा का क्या मतलब होता है, उसने पलटकर कहा था "वरुण

का क्या मतलब होता था?" मैंने कहा था "पानी के देवता।" "रिद्धिमा का क्या मतलब होता है?" मेरे इस सवाल को फिर से मुस्कुराकर नजरअन्दाज़ कर गयी थी वो। मुझे लगा शायद मतलब ही नहीं जानती होगी। अपने खुद के नाम का मतलब नहीं जानती तो इसका क्या ये मतलब है ये कोई अमीर नकचढ़ी लड़की है। जो पढ़ाई में फिसड्डी है और बस पार्टी-वार्टी करती रहती है। जरूर सिगरेट पीती होगी। छी... जरूर ये शराब भी पीती होगी नहीं। मैं बेकार में इसके लिए सुबह दो घंटे तैयार होता रहा था। पैंट प्रेस की थी, कलोन उधार माँगा दोस्त से, मोटर साइकिल उधार माँगी थी और फिर ग्रीटिंग कार्ड की दुकान में कितना रिसर्च किया था। पता है मुझे क्या हो रहा था। मैं उस लड़की की ओर आकर्षित हो रहा था और मैं खुद को रोक रहा था। आखिर इन अमीरों में तो लड़कों से मिलते होंगे ना हम फ्रेंड-फ्रेंड के तौर पर। लड़का-लड़की मिले तो ये मतलब थोड़े कि प्यार हो गया, लेकिन हमारी मिडिल क्सास दुनिया में ऐसे थोड़े चलता था। लड़का-लड़की के मिलने का कोई मतलब होता था। हम इधर-उधर की बातें करते रहे। मैंने बड़ी देर बाद फिर पूछा लेकिन रिद्धिमा का क्या मतलब होता है? वो कुछ देर ख़ामोश रही फिर थोड़ा झिझकते हुए दूसरी तरफ देखते हुए बोली—फुल ऑफ लव... जो प्यार से भरा हुआ हो...

सचमुच अपने नाम के अनुसार रिद्धिमा प्यार से भरी हुई थी। हम करीब-करीब रोज़ मिलने लगे। सच कहूँ तो हर रोज़ मुझे उससे और ज़्यादा और ज़्यादा प्यार होता जा रहा था। उसे शायद जरा भी अन्दाज नहीं था कि मैं उल्लुओं की तरह रात-रात जागता था उसके बारे में सोचते हुआ। मैं जब पाँच-छह साल पुरानी फिल्म 'दिलवाले दुल्हनियाँ ले जायेंगे' सीडी पर देखता था तो हर बार खुद को शाहरुख़ ख़ान की जगह देखता, उसको काजोल की जगह, मैं रिद्धिमा को देखकर मन ही मन अपने स्कूल के दिनों की फिल्म 'मैंने प्यार किया' के सलमान खान की तरह कहता एक लड़का और लड़की कभी दोस्त नहीं हो सकते। हाँ, मैं और रिद्धिमा सिर्फ दोस्त नहीं हो सकते थे। क्या वो देख नहीं रही थी कि मैं अपनी नयी-नयी नौकरी के ट्रेनिंग प्रोग्राम को कैसे-कैसे बहाने करके छोड़ आता था उससे मिलने के लिए कि मैं कैसे दफ्तर से वापस आ के सूट-बूट वाले भेष की परवाह ना करते हुए कमीज

की बाँहें ऊपर चढ़ा के उसके साथ ठेले पर गोलगप्पे खाता था। मैं उसकी आँखें पढ़ने की कोशिश करता तो मुझको अपने लिए अपनापन तो जरूर मिलता। लेकिन ना जाने उससे ज्यादा कुछ नहीं। उन बड़ी-बड़ी लम्बी-लम्बी पलकों वाली आँखों में इन्तज़ार क्यों नहीं दिखता था? अधिकार क्यों नहीं दिखता था? जलन क्यों नहीं दिखती थी? अगर अपनी हद में रहे तो जलन बुरी चीज नहीं होती, जलन अधिकार की निशानी होती है। मैं अपनी किसी कलीग्स से किसी खूबसूरत लड़की से मिलवाता तो उससे खूब हँस के बातें करती। मैं अगर उससे तीन दिन उसको नहीं मिल पाती तो वो चौथे दिन फिर उसी गर्मजोशी से मिलती। क्यों नहीं पूछती थी कि वो, तुम तीन दिन क्यों नहीं मिली? अगर मिलने के लिए रेस्टोरेंट में देर से पहुँचता तो नाराज़ क्यों नहीं होती थी? बात करना बन्द क्यों नहीं कर देती थी वो बीस मिनट के लिए? हाँ एक दो बार उसने कहा था कि उन्होंने मुझे मिस किया था। जैसे जब वो अपनी मौसी की लड़की शादी में इन्दौर गयी थी सात दिन के लिए, या जब बाम्बे गया था अपनी एनुअल कॉन्फ्रेंस के लिए और दो-तीन दिन और रुक गया था। बाम्बे कॉन्फ्रेंस के दौरान उसका एक ई-मेल आया था जिसमें अंग्रेजी में लिखा था आई मिस यू वरुण, जल्दी आओ वापस, पागल लड़के। मैं कॉन्फ्रेंस के बीच में मीडिया रूम में जाकर बार-बार उसकी ई-मेल पढ़ता। और ये भी देखता कि ऑफिस का कोई कलीग देख ना रहा हो, लेकिन जब मैं वापस आया तो उसने आई मिस यू के आगे का सफ़र तय ही नहीं किया। क्या वो सचमुच मुझसे प्यार ही नहीं करती थी?

और फिर एक दिन वो मेरे दरवाजे पर खड़ी थी।

◈ ◈ ◈

एक साल तक हमारे रिश्ते में पहेलियाँ बुझाने के बाद रिद्धिमा मेरे दरवाजे पर खड़ी थी, मेरे बगल से चलते हुए अन्दर गयी, बैग फेंका और पाँव उठाकर सोफे पर बैठ गयी, जैसे थके हुए दिन के बाद अपने घर आयी हो! ये मन भी ना अपने रेतीले रेगिस्तान में कैसे-कैसे लम्हों की मरीचिका, कैसे-कैसे मिराज बनाये तैयार रहता है न! मैंने उसको ग़ौर से देखा, बाल खुले थे, आँखों में चंचलता नहीं, ठहराव था, जैसे नदी का पानी हजारों मील अपने सवालों के भँवर पार करता हुआ एक शान्त समुद्र में पहुँच गया हो, अपने

सारे जवाब पा गया हो! क्या वो अपने सारे जवाब पा गयी थी?

कैसे पता लगता है किसी से प्यार हो गया है? अंग्रेजी में सोचने वाली लड़की आज साफ़-सुथरी सादी हिन्दी में मुझसे एक सीधा सवाल पूछ रही थी! दिल से आया था शायद! किचन में चाय बनाते हुए मेरे हाथ रुक गये, एक हाथ काले वाले कप पर था, दूसरा ऊपर वाली दराज पर रखी छन्नी पर! मैं क्या बताऊँ उसे! मुझे तो शायद एक ट्रैफिक सिग्नल पर ही उससे प्यार हो गया था! मैं किसी को क्या ज्ञान दूँगा कि कैसे पता लगता है कि प्यार हो गया! मुझे तो बस इतना पता था कि जब ऐसा हो कि कोई भी अच्छा-बुरा अनुभव हो, कोई अच्छा गीत सुने, कुछ अच्छा खायें, कोई बढ़िया फिल्म देखें, कोई दुख हो, कभी अकेला लगे, किसी खूबसूरत सफ़र पर जाना हो तब जिसकी याद आये कि काश वो यहाँ होता, तो शायद हमें उससे प्यार है! जिसके बिना सब कुछ थोड़ा-थोड़ा अधूरा लगे, शायद हमें उससे प्यार है, जो हमारे साथ बैठा रहे, चाहे कुछ कहे बिना, चाहे लड़ाई के बाद नाराज़ होता हो लेकिन जो फिर भी हमें चाहिए। शायद हमें उससे प्यार है!

"आई लव यू वरुण!" वो मेरे ठीक पीछे खड़ी थी और ड्राइंग रूम के सोफे से किचन तक के 15 क़दमों में अपने सवालों के जवाब पा चुकी थी! मेरा खून जैसे नसों में जम गया, समझ ही नहीं आया क्या कहूँ, जैसे एक साल से किसी एग्ज़ाम की तैयारी कर रहे स्टूडेंट का मनचाहा सवाल उसके पेपर में आ गया हो, वो सवाल जिसका जवाब लिखने के लिए वो कब से बेताब हो और दिमाग काम करना बन्द कर दे! मैं पलटा और अटपटे ढंग से मुस्कुराया! "छह महीने पहले कह दिया होता तुम ही ने तो इतना टाइम न वेस्ट होता।" वो बोली। मेरी मुस्कान आराम से फैल गयी। "एक साल पहले तुमने मेरे चश्मे के पीछे से पढ़ लिया होता तो इतनी प्रॉब्लम न होती।" मैंने कहा। आपको बताया था न कि मासूम बदतमीज़ी उसी से सीखी थी। हाँ, प्यार का एनाउन्समेंट कर दिया था हम दोनों ने! पहले एक-दूसरे को फिर अपने दोस्तों को, रूममेट्स को, फिर अपने परिवारों को। मैंने पूछा "तुमने इतना टाइम क्यों लगाया?" वो बोली "मुझे शक तो हो रहा था खुद पर लेकिन मैं पक्का कर लेना चाहती थी और तुम तो हो ही बुद्धू, तुम तो कभी कहने वाले नहीं थे।" "लेकिन फिर भी इतना टाइम!" मैंने कहा "मैं नये साल के दिन कहना चाहती थी।" वो बोली "तो नये

साल से पहले क्यों कह दिया। वेट नहीं कर पायी" वो बोली। बातों में कोई जीत थोड़े सकता था इस पागल लड़की से! तो कुछ यूँ हुआ कि नये साल का दिन था, मैं और रिद्धिमा एक साथ एक रेस्टोरेंट में बैठे थे, और मैंने उससे कहा मेरी नानी कहती थी साल के पहले दिन जो करो वो साल के पूरे दिन करना पड़ता है। वो मुझे कुछ देर देखती रही, आँखों में ढेर सारा पता नहीं क्या लिए हुए और फिर फोन उठाया "मम्मा मुझे नहीं मिलना शर्मा अंकल के बेटे से और उस उदयपुर वाले से भी दादी को बता देना। मैंने लड़का ढूँढ़ लिया है।"

जिद्दी थी वो, मैं कहता हूँ ढीठ थी, प्यार और शादी सब एक साथ ही करना था उसको। जब तक 2002 का नया साल आया हमारी शादी को छह महीने हो गये थे। हम नये घर में रहने लगे थे। किराया आपस में बाँटने लगे थे। शाम को खाना खाने के लिए देर तक एक-दूसरे का इन्तज़ार करने लगे थे, रोमांटिक गाना देखते हुए हाथ बढ़ाकर एक-दूसरे का धीरे से हाथ थाम लेते थे, लम्बी ड्राइव्स पर जाते थे, बारी-बारी से अदरक की चाय बनाते थे, तो खाना बनाती थी तो मैं बर्तन धोने में मदद कर देता था। उसके पाँव में अक्सर दर्द होता था तो मैं उठकर अनायास ही उसके पाँव दबाने लगता था। मैं जानता था, उसको बेतहाशा दर्द हो रहा होता था और मेरे ऐसा करने से उसको आराम मिलता था हालाँकि वो पैर हटाती रहती जोर-जोर से कहती रहती क्या कर रहे हो प्लीज पाप लगेगा, पैर को क्यों हाथ लगा रहे हो? मैं कहता मेडिकल रीजन्स, इलाज है भाई। इसमें कोई पाप नहीं लगता, मेरे पैर तू दबा लेना जब तुमको तकलीफ हो! पहली जनवरी का दिन बहुत खास हो गया था हमारे लिए। हमारे पहले प्यार की क्या कहें सालगिरह जो थी! हर बार पहली जनवरी को वो मेरे लिए कुछ खास बनाती! हम कभी दोस्तों के घर न्यू ईयर पार्टी में नहीं गये क्यूँकि उस दिन मैं और वो किसी गली में छुपे छोटे से रेस्टोरेंट में कहीं गुपचुप-गुपचुप बातें कर रहे होते, उसकी एक बड़ी खास बात थी ये कि उसको किसी बड़े रेस्टोरेंट में जाना पसन्द ही नहीं था, शोर भरे संगीत वाली जगहों में जाना बिल्कुल नहीं पसन्द था। छोटी-छोटी खुशियाँ किसी जौहरी की तरह, किसी इनकम टैक्स अफसर की तरह ढूँढ़ ही लिया करती थी वो। पहली जनवरी के दिन वो ऐसी-ऐसी जगहें ढूँढ़ के निकाल लाती, जहाँ का खाना किसी भी

फाइव स्टार होटल से सौ गुना अच्छा होता और पच्चीस गुना सस्ता। कभी कोंकणी खाना कभी मालवानी, कभी कश्मीरी, कभी ग्रीक, कभी मलेशियन और कभी मलयाली भोजन। पता नहीं, आप में से कितने लोग लईया चना जानते होंगे, हमारे यूपी साइड में मिलता है। बहुत अच्छा लगता है मुझको! कभी वो खाते थे हम सड़क के किनारे खड़े होकर या फिर हाँ टीएनसी। जी हाँ, यही नाम था मेरी दुनिया भर में सबसे पसंदीदा डिश का, जो मुझको रिद्धिमा ने पहली बार खिलाई थी। जानते हैं कैसे बनाते हैं? उबला चावल लीजिये, उस पर कच्चा सरसों का तेल डालिए और नमक मिर्च, बस बन गया तेल नमक चावल यानी टीएनसी।

आदमी से इनसान बना दिया था मुझको उस लड़की ने। मुझे दफ्तर में सब कहते थे मैं अब कपड़े पहले से ज्यादा अच्छे पहनता हूँ। पहले जैसे बोरिंग चुटकुले नहीं सुनाता हूँ, टाई पर दाल नहीं सजाये फिरता हूँ, ज्यादा खुश रहता हूँ और हाँ ज्यादा हैंडसम दिखता हूँ। ये आखिरी वाली तारीफ मैंने ज्यादा दिल से लगा ली थी, ये मेरे साथ ज़िन्दगी में पहली बार हो रहा था कि मुझको मेरी शक्ल सूरत और परिधान के बारे में तारीफ मिल रही थी। मैं तो दुबला-पतला, पिलपिला सा हुआ करता था। स्कूल में मुझे लड़कियों का साथ कहाँ मिला था, अब दफ़्तर की लड़कियाँ मेरे साथ लंच टाइम में मेरी मेज पर बैठना चाहती थीं, एक दो लड़कियाँ ऐसी थीं, जो अचानक बहुत बातें करने लगी थीं। उनसे अचानक मैंने बहुत बातें करना शुरू कर दिया था।

दोस्तो! मेरा मानना है कि अगर आपको प्यार बचाये रखना है तो कभी शादी मत कीजिए। कॉलेज में लोग कहते थे, बेटा वरुण, ये तुम जो नयी अनोखी थ्योरी पढ़ाते रहते हो न शादी और प्रेम के बारे में अगर लोगों ने गम्भीरता से इसे लेना शुरू कर दिया तो मानवजाति का क्या होगा? लेकिन मेरा विश्वास क़ाफ़ी समय तक इसी धारणा में रहा था कि मैरिज किल्स रोमांस... शादी प्यार को मार देती है... शायद जब तक रिद्धिमा से नहीं मिला था मैं यही मानता था, जब वो मिली तो रिश्तों के सारे अनुमान, कानून, समीकरण सब एक सेकेंड में फुर्र हो गये। लेकिन जैसे-जैसे शादी की खूबसूरत राजस्थानी रजाई के नीचे सुकून में लेते रिश्ते पर चढ़ते वक्त की धूप पड़ी और गुजरती सालगिरहों के मटमैले कम्बल, मन भटकने लगा था,

उससे नहीं खुद से। रिश्ते जब बिखरने लगते हैं तो भटकाव तो हमेशा खुद से होता है न कि सामने वाले से। किसी फिल्म के सीन की तरह पात्र अपने स्पॉट से अपनी बताई गयी निर्धारित जगह से भटक जाये तो डायरेक्टर को कट बोलना पड़ता है, रीटेक लेना पड़ता है। मेरी और रिद्धिमा की ज़िन्दगी के खूबसूरत सीन में वो ऊपरवाला, जो दुनिया का सबसे अच्छा स्क्रिप्ट राइटर होने के अलावा डायरेक्टर भी है, वो ऊपरवाला कट बोल चुका था और अब रीटेक की कोई गुंजाइश नहीं थी। खुशी कब शुरू होती है, कब हमारी ज़िन्दगी में आते हैं वो लम्हे अक्सर हमें याद रहते हैं। लेकिन ग़म कब शुरू होता है, कब ज़िन्दगी में आता है, वो लम्हें हमको अक्सर कहाँ याद रह पाते हैं। ग़म तो धीमा जहर है, हौले-हौले मन की खिड़कियों से आता धुआँ है कब अपना जहर हमारे अन्दर घोल दे कहाँ पता चलता है। आज 12 साल बाद मैं अपने घर में बैठा, दाढ़ी उगाये, अकेलेपन का लबादा ओढ़े इन बरसों पुराने न्यू ईयर के ग्रीटिंग कार्ड्स को देखकर कहाँ याद कर पा रहा हूँ कि ग़म कब मेरे और रिद्धिमा की ज़िन्दगी में इतनी शिद्दत से दाखिल हो गया, जैसे एक ही घर में रहने वाले दो लोगों को अचानक एक दिन पता चले कि अरे! हमारे साथ हमारे घर में तीसरा आदमी ग़म भी रहता है और कब आया ये, कब जायेगा? कौन ज़ाने मेरे मन का शैतान पहले आया या मेरे घर का गम। मैं और रिद्धिमा धीरे-धीरे एक-दूसरे को, एक-दूसरे से दूर पाने लगे, हो सकता है कि अक्सर आज कल की शादियों में यही होता हो, हो सकता है मैं पहले सही था कि शादी सचमुच में रोमांस को मार देती है, हम एक-दूसरे के लिए सजते नहीं हैं, एक-दूसरे के लिए वक्त नहीं निकालते, हम एक-दूसरे के लिए खास नहीं बनना चाहते, अब शाम को खाना खाने के लिए हम देर तक एक-दूसरे का इन्तज़ार नहीं करते थे, अब रोमांटिक गाने देखकर धीरे से हाथ बढ़ाकर एक-दूसरे का हाथ नहीं थामते थे। अब हम लम्बी ड्राइव्स पर नहीं जाते थे, अब हम बारी-बारी से अदरक की चाय नहीं बनाते थे, अब मैं बर्तन धोने में उसकी मदद नहीं करता था, अब न वो मुझको बताती थी कि कब उसके पाँव में बेतहाशा दर्द हो रहा है और अब न मैं उसके पाँव दबाने की पेशकश करता था। हवाएँ तेज थीं, सर्द थीं, लम्हों की पत्तियाँ टूट-टूटकर गिरने लगी थीं, रिश्तों का पतझड़ शुरू हो चुका था, हमारी शादी को कई साल बीत गये थे, एक दिन रिद्धिमा ने दफ्तर

की एक और लड़की को मेरे साथ कॉफी पीते देख लिया। मैं और वो एक छोटे से रेस्टोरेंट में बैठे थे जहाँ मुझे कभी रिद्धिमा लायी थी...

मुझे याद है वो लम्हा, गर्मियों की शाम थी, बाहर पार्क में बच्चे क्रिकेट खेल रहे थे और बार-बार किसी न किसी के चीटिंग करने पर शोर मचा रहे थे, कोई बच्चा क्रिकेट और विकेट लेकर घर जाने की धमकी दे रहा था और कोई बच्चा रो रहा था। मैं और रिद्धिमा ड्राइंगरूम में बैठे थे एक-दूसरे के सामने, उसी सोफासेट पर जो हम दोनों कितने प्यार से खरीद कर लाये थे, इसी सोफे पर बैठकर उसने मेरा वो रोज वाला नाम रखा था। आज के दिन तुम्हारा नाम है, तेनजिंग शुक्ला। लेकिन आज वो ख़ामोश थी, वो भी उसी खिड़की के सामने बच्चों के मैदान की तरफ देख रही थी और मैं भी। थोड़ी देर बाद वो बोली तुम सुप्रिया के साथ थे इससे मुझे कोई प्रॉब्लम नहीं है आई स्वेर! बस अगर तुम बता देते और घर पर गलत कहकर न जाते तो, मैं कुछ नहीं बोला था। हम लोग पिछले एक घंटे में जो कहना सुनना था सब कह सुन चुके थे, चिल्ला चुके थे, वो अपने मन का सच बोल चुकी थी, मैं झूठ बोल चुका था। उसने जो देखा वो सच था। मैं सचमुच अपने ऑफिस में काम करने वाली सुप्रिया के साथ था उस दिन। सुप्रिया में एक अजीब सा तिलस्मी आकर्षण था। मैं जानता था वो फ़र्ज़ी थी, उसका सौन्दर्य फ़र्ज़ी था, उसकी बातें फ़र्ज़ी थीं, उसका मेरी तरफ देखकर गालों में गड्ढे बनाकर शर्माना फ़र्ज़ी था, मैं जानता था उन गड्ढों में मेरे ऑफिस के तीन और लोग गिरकर अपनी जान दे चुके थे लेकिन फिर भी मैं रेस्टोरेंट में उसके साथ था और मेरा हाथ मेनू उठाते रखते तीन बार उसके हाथ को छू चुका था। मैंने कैसा महसूस किया, बयाँ नहीं कर सकता। जैसे 15 साल के लड़के को पहली बार प्यार होने का एहसास होता है न बस वैसा, मुझको हुआ था। कभी जब एक छोटी-सी लाल रंग की गाड़ी मेरे बगल से गुजरी थी और एक खूबसूरत-सी लड़की मुझको दिखी थी और पहली नजर में मेरी छुट्टी कर गयी थी, लेकिन वो आकर्षण, वो तिलिस्म, दिल पर लगता बिजली का झन्नाटा वो कहाँ गुम हो गया था, रिद्धिमा और मेरे बीच का वो जादू कहाँ गायब हो गया था? नासमझ था मैं। आज इतने साल बाद जब अकेला बैठा हूँ अपने घर में, अपने जादूविहीन, भावनाविहीन, सब कुछ विहीन घर में, तो ये जान गया हूँ कि रिश्तों का जादू किसी जादूगर

के शो की तरह धीरे-धीरे रवाँ होता है। देखने वालों की हर लम्हें में साँस नहीं रुकती, हर लम्हें में हम्म नहीं निकलता मुँह से, हर बार बड़े से लकड़ी के डिब्बे में जाकर लकड़ी आरी से काटी नहीं जाती है, हर बार आग नहीं उगली जाती, कभी ताश के पत्ते बिन बताये प्रकट हो जाते हैं, कभी खाली मुट्ठियों में सिक्के मिलते हैं, कभी गलत जेब से सही चीज निकल आती है, जादू धीरे-धीरे रवाँ होता है। रिश्तों का जादू भी धीरे-धीरे रवाँ होता है, उससे उम्मीदें छोड़ देनी पड़ती हैं, जो जैसा है उसे वैसा उस लम्हें में जी लेना पड़ता है। रिद्धिमा ने उस शाम उस बात को और आगे नहीं बढ़ाया, सुप्रिया कौन थी? क्या रिश्ता था मेरा उससे? क्या अक्सर उससे ऐसे ही मिलता था? नहीं पूछा उसने। मैं गलत था, और बहुत वक्त तक गलत रहा, सुप्रिया से मिलता रहा, जब तक मैं और सुप्रिया एक-दूसरे से ऊब नहीं गये, जब तक वो क़िस्सा अपने आप एक धीमी मौत न मर गया, मैं सुप्रिया से अपनी करीबी को रिद्धिमा से बढ़ती अपनी दूरियों के सर मढ़कर अपना मन साफ करता रहा। कौन जाने सच क्या था? कौन जाने मैं पूरा गलत था या थोड़ा गलत लेकिन एक पुरानी लकड़ी की तरह चटखता जा रहा था हमारा रिश्ता, नये साल आते गये जाते रहे लेकिन अब कुछ सालों से हम दोनों ने एक दूसरे को न्यू ईयर ग्रीटिंग कार्ड्स देना बन्द कर दिया था।

रिश्तों के बारे में एक और थ्योरी बताता हूँ, जो कॉलेज के दिनों में अक्सर मैं दोस्तों के सामने बघारता रहता था। लव मैरिज कुछ सालों बाद अरेंज्ड में बदल जाती है, थक के बैठ जाती है। मैं और रिद्धिमा का रिश्ता थक गया था, थक के बैठ गया था। 2010 का नया साल आने तक हम दोनों एक ही घर में रहते हुए फ्लैटमेट्स हो गये थे। एक वक्त था जब हम हमेशा नये साल पर एक-दूसरे को नये कार्ड्स दिया करते थे। फूलों के साथ फिर एक वक्त आया कि जब कार्ड देना तो दूर अलग-अलग कमरों में सोते थे और एक-दूसरे से इतने दूर हो गये थे कि लगता था कि हम दोनों के कमरों के बीच न जाने कितने किलोमीटर का फासला आ गया है।

हम दोनों के कमरों के बीच न जाने कितने किलोमीटर का फासला आ गया है। और अब ये सफ़र हम इतना ढो चुके थे की हमारे बीच एक तकल्लुफ़, एक शिष्टाचार आ गया था। हम एक बार फिर एक दूसरे को हैप्पी न्यू

इयर कार्ड्स देने लगे थे – "डिअर रिद्धिमा। हैप्पी न्यू इयर" कहते हुए ये, उनमें से एक कार्ड, मेरे सामने पड़ा था। हारा हुआ, नाराज़ सा। मैं नहीं जानता न जाने कितने सालों तक इस तरह रहने के बाद भी रिद्धिमा और मैं क्यूँ साथ थे – कि ये रिश्ता अगर इतना बिखर गया तो उसको हम क्यूँ नहीं ख़त्म कर देते हैं? रिद्धिमा की दोस्त भी यकीनन उससे यही सवाल पूछती होंगी। जवाब लेकिन खुद ही दे दिया उसने। पिछले साल 31 दिसम्बर की रात थी। मैं दफ्तर से जल्दी आ गया था। ड्राईंग रूम में देर तक बैठा रहा। टाई एक तरफ फेंकी, जूते निकाले, और सोफे पे एक तरफ सर रख कर लेट गया। जगजीत सिंह की गायी हुयी अपनी पसंदीदा नज़्म म्यूजिक सिस्टम पर चला कर मैं साथ गुनगुना रहा था। "बात निकलेगी तो फिर दूर तलक जाएगी। लोग बेवजह..." हम जब नए नए मिले थे तो रिद्धिमा को बहुत अच्छी लगती थी मेरी आवाज़ में ये नज़्म। कई कई बार दोस्तों के सामने गाने को कहती थी। दरवाज़े पे कुछ आवाज़ हुई। रिद्धिमा ने अपनी चाभी से दरवाज़ा खोला, सामने मैं था और उसके पीछे उसके ऑफिस का दोस्त रेहान। मैं सोफे से उठ बैठा। समझ ही नहीं पाया कि मैं क्या कहूँ। रिद्धिमा एक सेकंड के लिए हैरान हुई, फिर रेहान के सामने फ़र्ज़ी मुस्कराहट चेहरे पे लाती हुई बोली, "ओए! तुम जल्दी आ गये! चलो गुड, रेहान तू पूछ रहा था वरुण को, मिल ले... अच्छा तुम लोग बैठो मैं तैयार हो कर आती हूँ। फिर निकलेंगे, हाँ? वरुण आज कृतिका के घर पार्टी है और उसका बर्थडे भी है। चलोगे?" मैंने कुछ नहीं कहा। अपनी टाई जूते मोजे उठा कर अपने कमरें में चला गया और दरवाज़ा जोर से बन्द कर दिया। फिर थोड़ी देर के बाद निकला तो रेहान अब भी वहीं बैठा था। रिद्धिमा का इन्तज़ार करता हुआ। मैं नकली शिष्टाचार नहीं कर पता हूँ। मेरी सर्द बातों के थपेड़े रेहान को क़ाफ़ी भारी पड़ रहे थे। वो थोड़ी देर बाद कुछ बहाना करके जाने लगा। रिद्धिमा ने उससे कहा कि अचानक उसकी तबियत ठीक नहीं लग रही है, तो वो पार्टी में नहीं आ पायेगी...

मैं और रिद्धिमा एक छोटी सी ख़ामोशी के बाद तकलीफ भरी बातों की एक लम्बी रात की आहुति में कूद पड़े। "हाउ डेयर यू??? तुम्हारी हिम्मत कैसे हुई, घर कैसे बुला लिया तुमने अपने बॉयफ्रेंड को??" मैंने दहाड़कर कहा। बात सारी रात ख़त्म न हो पाई। रात के तीसरे पहर न जाने कब मैं

सो गया, वैसे ही, ड्राइंग रूम के सोफे पर। कपड़े अस्त-व्यस्त, बाल बिखरे, दिल टूटा हुआ – न जाने कब रात ख़त्म हुई, ना जाने कब रौशनी एक नए सूरज पे सवार मेरी खिड़की से अन्दर झाँकने लगी। न जाने कब सुनहरी रौशनी की दरार मेरे चेहरे के आर पार बिछ गयी।

आँख खुली तो रिद्धिमा जा चुकी थी, हमेशा के लिए।

अचानक बाहर से छान के आता ट्रैफिक बहुत ज़्यादा लगने लगा था। अचानक सूरज की रौशनी पीठ पर, बाहों पर, चेहरे पर, आँखों में, ज़मीन पर, चुभने लगी थी। मैं वहीं ज़मीन पर बैठा था, न जाने कब से, दीवार की टेक लगाये हुए। सामने वही पीला बैग था जिस में रखे सारे ग्रीटिंग कार्ड मैं पढ़ चुका था।

आख़िरी कार्ड था 2012 का। उसके पहले पूरा एक साल तो नफरत भरा साल था...

पिछले साल इसी दिन तो वो मुझे बिन बताये छोड़ कर चली गई थी तब जब मैंने उसको उसके बॉयफ्रेंड के साथ पकड़ लिया था। उसको याद कर के और, थोड़ी और, थोड़ी और नफरत करके बिताया था मैंने एक एक दिन। मैंने उसकी तस्वीर भी नहीं हटाई थी घर से ताकि रोज उससे बात कर सकूँ, जहर बोल सकूँ। रेहान और उसके बारे में मैने अफवाहें सुनी थीं औरों से लेकिन ये पहली बार हुआ था कि बेशर्मी से उसको घर ले आई थी वो!

मैं किचन तक गया, जैसे एक पागलपन तारी हो गया हो मुझ पर। मैंने गैस लाईटर उठाया, फिर रख दिया उसको। फिर माचिस उठाई। अभी करता हूँ हैप्पी न्यू ईयर तेरा!!! ढो रहा हूँ कब से इनको, यादों को, रिद्धिमा को, इस अकेलेपन को... हैं??? मैंने वो सारे कार्ड उठाये, एक गड्डी में रखे, ड्राइंग रूम का दरवाज़ा खोला, बालकनी में गया और उनमें आग लगा दी। काग़ज़ चटख चटख कर जलने लगे।

मैंने पीला बैग उठाया और आग के बगल में उलट दिया, कमबख्त कोई और कार्ड हो तो वो भी बाहर निकल आये। कार्ड नहीं निकला, एक खत निकला।

मैंने खोला और पढने लगा, तारीख थी एक जनवरी 2013 – पिछले साल का नया साल, रिद्धिमा कि हैण्ड राइटिंग में।

"वरुण,

अजीब सा लग रहा है तुम्हारा नाम लिखना। न जाने कब से तुम्हारा नाम लिखा ही नहीं कहीं। न जाने कब से नए साल का कार्ड भी नहीं भेजा।

इस बार न जाने क्यों एक न्यू इयर्स कार्ड ले आई थी तुम्हारे लिए, दे रही हूँ। मैं घर छोड़ के जा रही हूँ, वरुण... मैंने तुम्हारे अलावा ज़िन्दगी में किसी से प्यार नहीं किया। एक ट्राफिक लाइट पर मिले हुए दो लोग और किसी के पास रुक ही कहाँ पाते हैं? पागल थे हम दोनों! मै थोड़ी ज्यादा, तुम थोड़े कम। कितने खूबसूरत थे हमारे पहले कुछ साल, सब कुछ था मेरे पास। फिर धीरे-धीरे मैं तुमको खोने लगी। तुम दूर जा रहे थे और मैंने शायद तुमको वापस खींच लाने की कोशिश भी नहीं की। मुझे तुम्हारे और सुप्रिया के बारे में उस दिन से पहले भी पता था और उस दिन के कई साल बाद तक भी पता था। तुम सोचते होगे कि अगर ऐसा ही था तो मैंने इतने साल ये रिश्ता क्यों बचाए रखा? क्यों डाइवोर्स नहीं दे दिया? तुम्हारे फ्रेंड्स भी यही कहते थे, मेरे फ्रेंड्स भी यही कहते थे। पता है क्यों नहीं दिया डाइवोर्स? क्योंकि तुम्हारे मम्मी पापा ये सह नहीं पाते कि ये राम सीता की जोड़ी असल में ना जाने कब टूट चुकी है, उनके कारण ये नाटक बनाये रखा मैंने। लेकिन शायद असली कारण कुछ और था। वरुण मैं जितना भी तुमको नफरत करने की कोशिश कर लूँ लेकिन कहीं कुछ था जो कभी मर नहीं पाया तुम्हारे लिए। वरुण, एक बात मैंने छुपाई तुमसे। मैं और रेहान पिछले कुछ महीनों में बेहद करीब आ गये थे। मैं टूट रही थी और वो मुझे सँभाल रहा था। लेकिन ओल्ड फैशंड हूँ – अपने मन की हदें पार नहीं कर पाई। मैंने कह दिया रेहान से कि वो मुझे बेहद पसन्द है, लेकिन मै अपने रिश्ते की मर्यादा नहीं तोड़ पाऊँगी कम से कम तब तक जब तक ये रिश्ता है। रेहान बहुत अच्छा इनसान है। उसने हमारे रिश्ते का मान रखा, एक बहुत अच्छा दोस्त बन कर। कल ये एक इत्तेफाक था कि उसकी कार खराब हो गई थी और मैं उसको साथ लेकर कृतिका के घर जा रही थी।

मुझे खुशी है वरुण, कि आज जो जहर हम दोनों के मन में था हमने निकाल दिया है। हमने चुपचाप रह कर अपने रिश्ते को मार डाला था। अब सब कह दिया। अब मेरे अन्दर कुछ कड़वा नहीं है, मन साफ है, हल्का है। अगर हमें इस रिश्ते को बचाना है – और मुझको इसे बचाना है वरुण –

अगर हमे इस रिश्ते वो बचाना है तो हमको एक नई शुरुआत करनी होगी। प्लीज़ फिर से वही पुराने वरूण बन जाओ... मैं वही पुरानी रिद्धिमा बनने जा रही हूँ...

अगर तुम इस रिश्ते को बचाना चाहो तो मैं... नानी के घर जा रही हूँ। अगर नहीं बचाना चाहो तो भी मैं समझ जाऊँगी। अगले नए साल तक, एक साल, फिर भी इन्तज़ार करुँगी।

वही पुरानी,

मैं"

मेरे आँसुओं में भीग कर पत्र पे लिखा उसका नाम मिट रहा था। अगले दस मिनट में मैं सड़क पर बदहवास भाग रहा था। ऑटो की तलाश में... मैं भाग रहा था पागलों कि तरह, भाग रहा था... मुझे शहर के दूसरे कोने में गाँधी मैदान के पास पहुँचना था। रिद्धिमा की नानी के घर। फिर नया साल – 1 जनवरी 2014... और जैसा रिद्धिमा ने चाहा था, मैं फिर वही पुराना मैं बन गया था। रिद्धिमा से अपने पहले प्यार की दूसरी शुरुआत करने जा रहा था और इस बार हर दिन पहला प्यार करना था। क्यूँकि नानी हमेशा सही कहती थी... साल के पहले दिन जो भी करो, वो पूरे साल, हर दिन करना पड़ता है।

बेनाम स्टेशन

●

आजम क़ादरी

सुनसान मैदान के सीने को चीरती हुई रेल की पटरियाँ दूर... बहुत दूर तक जाती दिखतीं। न कोई आदम न कोई आदमजात। कोई आसमान की ऊँचाई से इन रेल की पटरियों को देखे तो लगेगा कि धरती की खाल को सिलकर किसी ने टाँके लगा दिये हों। एक... दो... तीन... चार... पाँच... छः ...सुनसान से स्टेशन, पर खिंची टीन की पुरानी चादरों में हो गये अनगिनत सूराखों को भोलू गिन ही रहा था कि उसके कानों में "कूँ ..." की आवाज़ पड़ी। अपने दोनों हाथों को आराम तकिया बनाये भोलू झट से उठ बैठा। फिर उसने अपने हाथ की लुप-लुप होती डिजिटल घड़ी में टाइम देखा। पौने एक हो रहा था। दिल्ली वाली मालगाड़ी हो सकती है, कभी-कभार ये गाड़ी भी रुक जाती है। इतना सोचना था कि उसके बदन में फुर्ती आ गयी। वह झट से उठकर स्टेशन के सामने बने कमरे में चला गया जिसे कभी अंग्रेजों ने बनवाया होगा। राजस्थान के अनूपगढ़ से सात किलोमीटर दूर ये स्टेशन-सा लगने वाला ये कोई स्टेशन तो नहीं था, लेकिन था, अंग्रेजी जमाने में बना ये रेस्टिंग स्टेशन, जिसे लोग दुर्ग गढ़ी का स्टेशन भी कहते थे, कभी मालगाड़ियों की रुकने की जगह हुआ करती थी ...पर अब तो सब कुछ अनूपगढ़ में ही शिफ्ट हो गया था, माल भी वही उतरता है और

मालगाड़ियाँ भी। हफ्ते में केवल दो ही मालगाड़ियाँ थीं जो अब भी इस रेस्टिंग स्टेशन पर रुकतीं थी जिनसे, भोलू पानी ले लिया करता, ये मालगाड़ियाँ नहीं बल्कि भोलू की लाइफ लाइन थीं। भोलू बड़ी उम्मीद से प्लास्टिक की दो बड़ी-बड़ी केन लेकर खड़ा हो गया, और मालगाड़ी के रुकने की दुआ माँगने लगा, सुबह से एक बूँद भी पानी नहीं है। ट्रेन जब पास आयी तो भोलू हाथ हिलाने लगा, "पागल ट्रेन से भी कोई लिफ्ट माँगता है।" मालगाड़ी के ड्राइवर ने यही सोचा होगा, बड़े मुस्कुराते हुए ड्राइवर ट्रेन, पटरियों पर तैराकर निकल गया और भोलू हताश-सा खड़ा ट्रेन को जाते हुए देखता रहा। उसने सूखा घूँट निगलने की कोशिश की लेकिन उसका गला इतना सूखा था उसे निगलने के लिए भी पानी की दरकार थी। गुस्से में उसने प्लास्टिक की केन को लात मारी, खाली केन खनखनाती हुई, दूर तक चली गयी। उसे उस घड़ी पर गुस्सा आ रहा था जब उसने अपने बाबा के कहने पर खलासी की नौकरी ज्वाइन की थी। भोलू के बाबा लच्छा ने सारी उम्र स्टेशन पर चाय-पकौड़े बेचने में बिता दी थी, इसलिए रेलवे विभाग के सारे अफसर अच्छे से पहचानते थे। इस बार जब खलासी की नौकरियाँ निकलीं तो लच्छा ने बड़े साहब से भोलू के लिए कितने गिडगिड़ाकर नौकरी की भीख माँगी थी। सारी ज़िन्दगी लच्छा की इलायची वाली चाय फ्री में पीने वाले बाबू ने भोलू को नौकरी देकर ज़िन्दगी की हजारों प्याली चाय की कीमत एक साथ चुका दी। हाँ वह बात अलग थी कि भोलू नौकरी करना नहीं चाहता था, उसका मन था कि वह खूब पढ़े-लिखे, बड़ा बाबू बनकर, खूब घूमे। "बाबा मुझे आगे पढ़ना है..." कितने मिन्नत भरे मन से भोलू ने अपने बाबा से कहा था। "आगे पढ़कर भी तो तुझे कौन-सी लाट साहब की नौकरी मिल जायेगी, जानता है बी. ए, एम. ए. वाले भी खलासी की नौकरी को तरस रहे हैं, बड़ी मुश्किल से तो बड़े बाबू माने हैं, मैं कहाँ तक खटूँगा, अब तो हाथ-पाँव भी साथ नहीं देते।" कहकर बाबा अपने फटे हाथों को देखने लगे थे।

एक पल भोलू को बाबा के फटे हाथों का ख़याल आया तो उसे लगा कि चारों तरफ फैली ये सूखी ज़मीन में भी, बाबा के हाथों की तरह दरारें पड़ गयी हैं। इस अकेले स्टेशन में भोलू एकदम अकेला था।

दरअसल, इस रेस्टिंग स्टेशन पर महीना भर पहले पटरियों की मरम्मत

के लिए बहुत सारा सामान उतारा गया था, कहीं चोरी न हो जाये इसलिए बड़े बाबू ने भोलू की ड्यूटी यहाँ लगा दी थी। यहाँ आकर भोलू ने देखा, कि रहने के लिए सिर्फ एक टूटा-फूटा सा कमरा था, जिसकी दीवारों का पलस्तर तो कब का झड़ गया था बल्कि ईंटों से भी, कहीं-कहीं पीपल के छोटे-छोटे पौधे उग आये थे। दूसरों की प्यास बुझाने वाले नल खुद सालों से प्यासे थे, इसकी शिकायत भी की थी भोलू ने, "साहब न रहने का ठीक है और न पानी, वहाँ कैसे कोई रह सकता है?"

"यार हम तो ऐसी ऐसी जगह रहे हैं कि पूछो मत, और फिर कौन-सा तुम्हें ज़िन्दगी भर रहना है, छः-सात महीने की ही तो बात है, हाँ पानी का मसला जरूर है, डोक यार्ड से पानी की एक टंकी रखवा लो, मालगाड़ियाँ तो रुकती ही हैं, उनसे पानी लेते रहना।" बड़े बाबू ने इतना कहकर चाय का प्याला उठा लिया था। और खलासी भोलू उसी शाम, खाना बनाने का कुछ सामान और अपने कपड़ों का टीन बक्सा लेकर श्री विजयनगर स्टेशन से यहाँ आ गया था। शुक्र है कि आती-जाती ट्रेनों का शोर इस सुनसान स्टेशन की वीरानी को कुछ कम कर देता था नहीं तो यहाँ के सन्नाटे में कौन जिन्दा रह सकता था। हफ्ते में कोई दो मालगाड़ियाँ रुकतीं, जिनसे भोलू, पानी लेता, ऐसा पहली बार हो रहा था कि स्टेशन से पानी लेने वाली रेलगाड़ियाँ, इस बेनाम स्टेशन पर पानी देकर जातीं। पर इस हफ्ते न जाने क्या हुआ कि कोई मालगाड़ी आयी ही नहीं। प्यास से परेशान भोलू पत्थर की बेंच पर बैठ गया, गर्म लू के थपेड़े उसके चेहरे से टकरा रहे थे। तन्हा पड़ी प्लास्टिक की केन तेज हवा से कभी-कभी सरकती तो खुरदुरी ज़मीन पर खर्रर्रर की आवाज़ आती और भोलू के दाँत किसकिसा जाते। हवा...स्टेशन...केन...भोलू साथ होकर भी इस बियाबान में अकेले थे, और इस अकेलेपन में एक अकेली आवाज़ भी थी जो अक्सर भोलू को सुनाई देती थी। "चम् चम् चमके चूंदड़ी बंजारा रे ...थोड़ो मेरे संग आ के नाच ले बंजारा रे।" दोपहर होते ही, सामने फैले मीलों लम्बे ख़ामोश मैदान में बने एक पुराने से दुर्ग से रोज किसी लड़की के गाने की आवाज़ आती। पहली बार जब भोलू ने उस दुर्ग में से आती आवाज़ को सुना था तो वह तो डर ही गया था, इतने पुराने दुर्ग में कोई आत्मा ही भटकती होगी। इस तरह के न जाने कितने किस्से भी सुन रखे थे भोलू ने। कई बार भोलू ने सोचा कि

जाकर देखे पर कुछ धूप की तपिश और कुछ डर उसका हौसला पस्त कर देते। पर आज भोलू को, उस आवाज़ में डर की बजाय एक उम्मीद नजर आ रही थी। कोई आवाज़ है तो कोई इनसान भी होगा, इनसान है तो पानी भी होगा। प्यास से मर जाने का डर और सारे डरों से बड़ा होता है। बिना कुछ सोचे भोलू ने हवा से इधर-उधर डोलती केन को उठाया और पटरियों को पार करके आवाज़ की पगडंडी पर चल दिया। साँय-साँय चलती हवा में, धूल का कोई गुबार उठता तो भोलू अपनी आँखें बन्द करके खड़ा हो जाता, हवाएँ इतनी गर्म थीं जैसे कोयले की भट्ठी को चूम के आ रही हों।

गर्मी से बनी हवाओं की तरंगों के पार, दुर्ग भोलू को झिलमिलाता हुआ दिखता। अक्सर चीजें उतने पास नहीं होतीं जितना हम उन्हें समझ लेते हैं। भोलू जितना दुर्ग के पास जाता दुर्ग उतना ही दूर लगने लगता। प्यास से पहले ही बेहाल हो चुके भोलू के शरीर में जान ही नहीं बची थी, ऊपर से ये दरारों वाली सूखी सख्त जमीन...चलना मुश्किल हो गया था। भोलू के होंठों पर पपड़ियाँ जम आयी थीं...पानी पानी पानी एक ही आवाज़ उसके मन से बार-बार उठ रही थी, एक-एक क़दम कितने मुश्किल से उठता। दुर्ग के पास आते-आते भोलू की आँखें धुँधलाने लगीं, पैर लड़खड़ाने लगे और कानों में गाने की आवाज़ धीमी, बहुत धीमी पड़ने लगी थी। आखिरकार भोलू बेहोश होकर गिर पड़ा। शुक्र है कि कोई था जिसने भोलू को देख लिया था वरना...बीहड़ ज़िन्दगी और मौत में फर्क ही नहीं करते। पानी की छींटें चेहरे पर पड़ीं तो भोलू की आँखों में जुम्बिश हुई, पर सर पर पड़ रही सूरज की किरणों का सामना उसकी आँखें नहीं कर पायीं। होंठ के पास रुकी पानी की एक बूँद को भोलू ने अपनी जीभ से छुआ, तो मिट्टी का स्वाद मुँह में भर आया, चेहरे पर कितनी धूल जमा हो गयी थी। फिर अचानक भोलू को लगा कि सूरज कहीं छिप गया है, चेहरे पर छाँव का अहसास हुआ तो उसने आँखें खोलीं और देखा कि अपनी चुनरी को होंठों से दबाये एक लड़की खड़ी है, "इत्ती धूप में सर पर पगड़ी नहीं बाँधोगे तो यही होगा...लो।" ये कहते हुए, हाथों में पीतल की लुटिया लिए जब वह लड़की पानी देने के लिए झुकी तो उसकी पीठ पर रुकी सूरज की किरणें आजाद हो गयीं और भोलू के चेहरे से फिर टकराने लगीं। भोलू ने झट से अपना हाथ चेहरे पर रख लिया और उठ बैठा, पानी की लुटिया लड़की ने

उसे थमा दी, भोलू बिना वक्त गँवाये पानी पीने लगा, अभी उसने एक-दो घूँट ही पिए होंगे कि लड़की ने फिर टोका, "थोड़ा रुक...लू में एकदम पानी नहीं पिया जाता, तड़ावा लग जाता है, चेहरा धो ले...कुछ देर बदन ठंडा कर ले फिर देती हूँ, पानी है भीतर।" कहकर वह लड़की दुर्ग की तरफ चली गयी। चन्द पानी के घूँटों ने, भोलू को राहत तो दी थी लेकिन उसकी प्यास और भड़क गयी थी, उसका दिल कर रहा था कि पूरी की पूरी लुटिया ख़त्म कर दे पर लड़की की बात उसके मन में ताजा थी। भोलू चुल्लू में पानी भरके चेहरा धोने लगा, पानी जैसे ही दरारों वाली ज़मीन पर पड़ता, तुरन्त सूख जाता जैसे कभी था ही नहीं। मुँह धो कर भोलू को अच्छा लगा...पानी भी भगवान ने क्या चीज बनायी है, अभी जो हवा चेहरा झुलसाने को थी वही पानी से चेहरा धोने के बाद कितनी ठंडी लग रही थी। भोलू ने बचा हुआ आखिरी घूँट मुँह में डाला और दुर्ग की तरफ हो लिया। एक बड़ा सा काई लगा गुम्बद, चौड़े से बने चबूतरे पर ऊँचे-ऊँचे खम्भे, दूर से छोटे से दिखने वाले दुर्ग के पास जाकर उसे खुद अपने छोटेपन का अहसास हो आया था। आखिर सच्चाई तो पास से ही समझ आती है। उसने देखा कि मटमैले से दुर्ग के बड़े से दरवाजे पर, वही लड़की अपने एक हाथ से हवा से लहराती चुनरी थामे, खड़ी उसकी ही तरफ देख रही है, बार-बार हवा का कोई झोंका लड़की के कपड़ों में भर जाता तो वह एक हाथ से अपने घाघरे को थाम लेती।

सात-आठ सीढ़ियाँ चढ़ के भोलू आखिरी सीढ़ी पर पत्थर के खम्भे से टिककर बैठ गया, दुर्ग के चारों तरफ ऊँचे-ऊँचे खम्भे ही खम्भे थे, फिर दस फीट तक बरांडा और फिर मेहरावदार बड़ा-सा दरवाजा। आह कितनी ठंडक थी यहाँ, भोलू को लगा कि इस बियाबान में ये दुर्ग किसी ने उसी के लिए बनवाया हो। अभी भोलू सुस्ता ही रहा था कि अन्दर से दो भेड़ के बच्चे फुदकते हुए खम्भों के दूसरे छोर तक चले गये। "आ...आ...आ...हर्र..." अपने हाथों में रस्सी लिये-लिये वह लड़की उनके पीछे-पीछे पुचकारती हुई चली गयी। थोड़ी देर मशक्कत के बाद आखिरकार उसने दोनों बच्चों को काबू में कर लिया और उन्हें एक खम्भे से बाँध कर फिर अन्दर चली गयी। भोलू कभी उसे, कभी भेड़ के बच्चों को तो कभी इस ऊँची छत वाले दुर्ग को देखता रहा। "ले...अब पी ले...।" वह वापस आयी तो उसके हाथ में

पानी की एक छोटी-सी मटकी थी, जो उसने भोलू के पास रख दी और बगल में रखी पोटली में से एक स्टील का डिब्बा निकालकर बैठ गयी। मोटी-मोटी चार रोटियाँ, आलू का भरता, और हरी मिर्च सजाकर, उसने थोड़ा सा रोटी के टुकड़े पर भरता लगाया, कुछ सेकेंड आँखें बन्द कीं, फिर वह टुकड़ा ज़मीन पर रख दिया। खुद खाने से पहले उसने एक बार भोलू से भी पूछा, ''रोटी जीमले।'' भोलू ने न में सर हिलाया और मटकी से पानी पीने लगा, पानी में मिट्‌टी की खुशबू घुल जाये तो मन भी सोंधा हो जाता है। "मुझे पानी चाहिए था, मैं वह उधर सामने जो स्टेशन है वहाँ रहता हूँ..." हाथ से इशारा करके भोलू ने कहा और आगे बोला, "रेलवे में नौकर हूँ, सरकारी।" ये कहते हुए उसने अपनी खाकी वर्दी पर लगे पीतल के बैज को दिखाया और मुस्कुरा दिया। उसकी मुस्कराहट का उस लड़की पर कोई असर नहीं हुआ। ''बुरुज के पीछे वाले हिस्से में कुआँ है जा भर ले पानी...।'' हरी मिर्च का आधा हिस्सा कुतरते हुए उसने भोलू को कुएँ वाली जगह बता दी, और अपनी भेडों के रेवड़ को देखने लगी, जो दुर्ग के छाँव वाले हिस्से में सूखी घास के तिनके चबा रही थीं। कुछ देर भोलू उसे नजरें बचाकर देखता रहा। बड़ी-बड़ी काली आँखें, गहरा साँवला रंग, माथे पर लम्बी पतली बिन्दी, ठोड़ी पर काले रंग से गुदे सुन्दर गोल-गोल बिन्दु, कलाइयों और बाजुओं पर हाथी दाँत की चूड़ियाँ। पुराने पड़ चुके पीले रंग के घाघरे पर लाल रंग की चुनरी। कानों में छोटी-छोटी बालियाँ। सब कुछ कितना साधारण-सा था। सुन्दरता अच्छे कपड़ों और महँगे ज़ेवरों की मोहताज नहीं होती। ''जा'' पानी की मटकी सरकाते हुए लड़की ने फिर कहा तो भोलू उठ खड़ा हुआ, और हिचकते हुए बोला, ''तुम्हारा नाम क्या है?'' लड़की ने तीन-चार घूँट पानी के पिये, चुल्लू में पानी लेकर मुँह पर किन्छा। फिर चुनरी के कोने से मुँह साफ करके बोली, ''कजरी''। भोलू ने कजरी का सपाट जवाब सुना और अपनी प्लास्टिक की केन उठाकर दुर्ग के उस पार चला गया।

''ध्याण से पाणी खींचना, मेरी रस्सी बाल्टी कुएँ में न गिरा देना।'' जाते हुए भोलू को कजरी ने चेताया फिर हर्र-हर्र करके बगल में सूखी घास चर रही अपनी रेवड़ को देखकर कुछ गुनगुनाने लगी। ये वही आवाज़ थी जिससे भोला को डर लगता था। पर वही आवाज़ अब कितनी अच्छी लग रही थी। पुराने टूटे दरों को पार करके भोलू को कुआँ दिख गया, इस बीहड़

में कुएँ के पास हरी काई देखकर भोलू को अच्छा लगा। उसने मखमल जैसी काई को छुआ फिर बाल्टी पानी में डाल दी।

नाजुक-सी दिखने वाली ये औरतें न जाने कैसे इतने गहरे कुएँ से पानी खींच लेती हैं। भोलू ने अभी दो ही बाल्टी पानी खींचा था कि उसकी साँस फूलने लगी। जैसे-तैसे एक-एक करके भोलू ने अपनी पानी की केन भर ली। मेहनत के बाद भूख लग ही आती है, फिर भोलू ने तो सुबह से कुछ भी नहीं खाया था, पानी होता तो कुछ बना लेता। अपनी केन लेकर जब भोलू वापस खम्भे के पास पहुँचा तो कजरी भेड़ के बच्चों के पास बैठी उन्हें पुचकार रही थी। भोलू की नजर उस स्टील के डिब्बे पर पड़ी जो अभी भी पोटली के पास रखा था। ''कजरी'' भोलू ने पुकारा तो कजरी ने पलटकर देखा भोलू की साँसें अभी भी तेज थीं। ''रोटी बची है।'' बड़े हिचकते हुए भोलू ने पूछा। वापस जाकर खाना बनाने की उसकी हिम्मत नहीं थी। कजरी ने कोई जवाब नहीं दिया बस उठकर डिब्बा भोलू को पकड़ा दिया। इस बार भोलू की मुस्कराहट के जवाब में वह भी थोड़ा मुस्कुरा दी थी। ''पह्ढे पूछा था तो मणा कर दिया, एक ही रोटी बची है मारे पास, और भरता भी थोड़ा ही है।'' भोलू के चेहरे पर शुक्रिया का भाव तैर गया। डिब्बा लेकर वह खम्भे के पास बैठ गया, बिना घी मक्खन के भी रोटी और आलू के भरते का स्वाद कितना अच्छा लगा था भोलू को। फिर भूख में तो सब कुछ अच्छा लगता है। ''तुम यहाँ रोज गाना गाती थीं और मैं कितना डरता था, मुझे लगता था कि कोई चुड़ैल है।'' भोलू ने खाते-खाते कहा तो कजरी उसे घूर कर देखने लगी। खाने के मजे में भोलू ने जो बात कही थी वह किसी को बुरी भी लग सकती थी इसका ख़याल उसे आया तो घबराकर बोला ''नहीं ...मेरा मतलब वह नहीं था मतलब तुम चुड़ैल नहीं हो, पर मुझे लगता था ...इसलिए कह दिया ...सॉरी।'' भोलू के भोलेपन पर कजरी की हँसी निकल गयी। कजरी को हँसता देख भोलू भी हँसने लगा था। दोनों क़ाफ़ी देर तक हँसते रहे। भोलू ने खाने के लिए कजरी को शुक्रिया कहा और अपनी केन लेकर सीढ़ियाँ उतरने लगा। चालीस लीटर की केन भोलू ने जोश में भर तो ली थी लेकिन उसे वापस इतनी दूर स्टेशन ले जाने के लिए ताकत की ज़रूरत थी। अभी भोलू दो ही सीढ़ियाँ उतरा था कि उसका बेलेंस बिगड़ा और सरकता हुआ वह केन समेत नीचे गिर पड़ा।

कजरी फुर्ती से भोलू की तरफ लपकी। उठकर भोलू ने अपने कपड़े झाड़े, कजरी ने केन का खुल गया ढक्कन जल्दी से बन्द किया। पानी ज्यादा नहीं फैल पाया था लेकिन भोलू के पैर में मोच आ गयी थी। वह लँगड़ाता हुआ बुर्ज की पहली सीढ़ी पर बैठ गया। ''ये मरद जात कोई भी काम ठीक से नईं कर सकती ...क्या ज़रूरत थी पूरा पाणी भरने की, आधा भर लेता, पर ताकत जो दीखाणी है।'' कजरी ने थोड़ा बिगड़ते हुए कहा। इधर भोलू का दर्द से बुरा हाल था। उसने मन ही मन पहले अपने बाबा को जिसने खलासी की नौकरी लगवाई और फिर उस बाबू को दस गालियाँ दे डालीं जिसने उसकी ड्यूटी इस बीहड़ में लगा दी थी।

''अब कैसे ले जायेगा पाणी'' भोलू जब कुछ शान्त हुआ तो कजरी ने उससे कहा। भोलू के पास कोई जवाब नहीं था। वह कजरी के मुँह को किसी बच्चे की तरह ताकता रहा। ''जा किसी और को भेज दे।'' कजरी ने बोला तो भोलू ने दर्द से कराहते हुए जवाब दिया, ''कोई नहीं है मैं अकेला रहता हूँ।'' उसके जवाब से न जाने क्यों कजरी को थोड़ा गुस्सा आ गया, एक लम्बी साँस छोड़ कर वह कहती हुई अन्दर गयी, "अकेला मरने के लिए आया है, आया बड़ा सरकारी नौकर।" थोड़ी देर बाद वह अन्दर से दो खाली मटके लेकर आयी, और भोलू की पानी केन से उन्हें भरने लगी। ''क्या कर रही है...'' ये पूछने की भोलू की हिम्मत ही नहीं हुई। जब दोनों मटके भर गये तो बचा हुआ पानी, भगवान से माफी माँगते हुए कजरी ने ज़मीन पर डाल दिया और बड़े आराम से एक के ऊपर एक मटका अपने सर पर रख कर बोली, ''चल ...पाणी भी दो और छोड़ने भी जाओ।'' गुस्से में वह बुदबुदायी। भोलू के कुछ समझ नहीं आ रहा था कि वह क्या करे, उसने चुपचाप अपनी खाली केन उठाई और कजरी के पीछे-पीछे चल दिया। लाल धागे से गुँथी हुई दायें-बायें हिलती कजरी की लम्बी छोटी, उसकी बेलौस, बेबाक चाल को बयाँ कर रही थी। जिस फटी ज़मीन पर भोलू को चलना मुश्किल लग रहा था, उसी ज़मीन पर कजरी ऐसे चलती जैसे नीचे रुई के फाये बिछे हों। जमीने भी अपने जैसे कदमों को खूब पहचानती है।

पूरा रास्ता कजरी ने गुनगुनाते हुए पार किया। गुनगुनाने की आदत शायद अकेलेपन को हावी नहीं होने देती। कजरी क़ाफ़ी आगे निकल गयी थी, सिग्नल लाल था ट्रेन आने वाली थी कजरी ने जल्दी से पटरियाँ पार

कीं और दोनों मटके स्टेशन पर उतार दिये। ट्रेन अब तक आ चुकी थी... छकड़-छकड़ करके गुजरती ट्रेन के बीच से उसने देखा कि भोलू लँगड़ाता हुआ उसी की तरफ आ रहा था। ट्रेन गुजर गयी तो भोलू स्टेशन के ऊँचे प्लेटफॉर्म के पास खड़े होकर फिर से कजरी को ताकने लगा। आँखों ही आँखों में कजरी ने जैसे उसकी मुराद समझ ली। उसके पास जाकर कजरी ने चुनरी का कोना फिर अपने होंठों के एक तरफ दबाया और अपना हाथ भोलू की तरफ बढ़ा दिया। उसकी सारी हाथी दाँत की चूड़ियाँ सरक कर नीचे आ गयी थीं। कजरी का हाथ थाम कर भोलू ऊपर आ गया। उसके पैर में दर्द अभी भी था, कजरी ने उसे सामने बनी पत्थर की बेंच पर बैठाया और उससे पूछा—"पानी कहा गेर दूँ...।" भोलू ने पास रखी नीली प्लास्टिक की टंकी की तरफ इशारा किया तो कजरी ने दोनों मटके उसमें उँड़ेल दिये। भोलू को समझ नहीं आ रहा था कि उसका शुक्रिया कैसे अदा करे। "प्याज हल्दी गर्म करके बाँध लेना दर्द ठीक हो जायेगा।" कहकर कजरी चली गयी। भोलू उसे दूर जाते देखता रहा।

किसी की सीरत अच्छी हो तो सूरत और अच्छी लगने लगती है। ...कजरी खाली मटके अपने सर पर रखकर वापस पटरियों के पार चली गयी, भोलू उसे दूर तक जाते हुए देखता रहा, मीलों खाली मटमैली ज़मीन पर धूल भरी हवाओं के गुबार में लाल रंग का साया थोड़ी देर में एक बिन्दु जितना छोटा दिखने लगा। गर्म हवाओं से उठी तरंगों में कजरी उसे झिलमिलाती हुई दिखती। कजरी कौन है? क्या है? कुछ भी तो नहीं जान पाया था भोलू, पर जो भी है, है एक भगवान की खूबसूरत कल्पना। अजनबी होने के बाबजूद भी कजरी का इस तरह मदद करना अच्छा लगा था भोलू को। वरना आज के मतलबी जमाने में बिना किसी लालच के कौन इतना करता है। अपने सर पर पानी के मटके रखकर इतनी दूर तक कौन आता है? पर कजरी आयी थी। कजरी की आवाज़ को चुड़ैल की आवाज़ समझ बैठे भोलू के लिए अब वह ऐसी अजनबी लड़की थी जो भेड़ें चराती अकेले गीत गाती, उसे लूसी ग्रे की याद आ गयी जिसकी कहानी उसने दसवीं में पढ़ी थी। उस रात भोलू को अच्छे से नींद नहीं आयी, आँखें मूँदने पर उसे कजरी का चेहरा दिखता, जिसकी ठोड़ी के नीचे छोटे-छोटे चार-पाँच काले बिन्दुओं की सजावट थी। अपने स्कूल के बस्ते से जिसमें किताबों की जगह

सुपर कमांडो ध्रुव, नागराज की कुछ कॉमिक्स, मोहम्मद रफी, किशोर कुमार, मुकेश के नगमों वाली किताबें थीं जिसे उसने श्री गंगा नगर स्टेशन से खरीदा था, भोलू ने किशोर कुमार के रोमांटिक गीत वाली किताब निकाल ली।

"रिम झिम गिरे सावन, सुलग-सुलग जाये मन ...भीगे आज इस मौसम में लगी कैसी ये अगन..." फिर "मेरे सपनों की रानी कब आयेगी तू" "ये दिल न होता बेचारा क़दम न होते आवारा।" भोलू किशोर कुमार के रोमांटिक नगमे एक के बाद एक गाता रहा। रोज मुकेश के नगमे गुनगुनाने वाले भोलू ने आज "मुकेश के ग़म भरे नगमे" टाइटल वाली किताब को तो बस्ते से निकाला ही नहीं। क़ाफ़ी देर करवटें बदलते रहने के बाद भोलू को देर से ही नींद आयी। सुबह जब ट्रेन का हॉर्न कानों में शोर मचाने लगा तो भोलू की नींद टूटी। दिन क़ाफ़ी चढ़ आया था। भोलू ने लुप-लुप होती अपनी डिजिटल वाली प्लास्टिक की घड़ी में देखा तो साढ़े दस बजा रही थी। वह झट से उठकर बाहर आया, देखा तो बीकानेर से आने वाली मालगाड़ी थी जिससे वह पानी लिया करता था। "भोलू ...भोलू ...पानी नहीं चाहिए क्या?" रेल के इंजन से झाँक रहे असिस्टेंट ड्राइवर ने भोलू को देखकर चिल्लाया। "चाहिए अभी आया ड्राइवर साहब।" कहकर भोलू अपनी आँखें मलता हुआ...अन्दर से खाली केन उठा लाया और बड़ी वाली नीली टंकी भी सरकाकर इंजन के पास लगा दी। मालगाड़ी का हेल्पर मोटे काले पाइप से उसके खाली बर्तन भरने लगा। "वह क्या है? कम से कम साफ तो कर लिया कर।" नीली टंकी में पानी की धार डालने से पहले हेल्पर ने भोलू कि डाँट लगायी। भोलू ने झाँक कर देखा तो एक इंच पानी से भरी टंकी में, अठन्नी जितना गोल शीशे का टुकड़ा पड़ा हुआ था। उसे याद आया की ऐसे ही गोल कि गोल शीशे के टुकड़े तो कजरी की चुनरी में टके थे। पानी गेरते वक्त गिर गया होगा। झुक कर उसने टुकड़ा पानी से निकाला, शीशे के उस टुकड़े को अपनी गद्दी में रखकर उसमें झाँका तो भोलू को अपनी एक आँख दिखाई दी। कजरी की आँखें तो इससे भी बड़ी हैं, ये सोचते ही शीशे में झाँक रही भोलू की आँख मुस्कुरा दी। वह काँच का टुकड़ा भोलू ने जेब में रख लिया। इश्क हो जाये तो निशानियाँ तो अपने आप इकट्ठी होने लगती हैं।

पानी भरने के बाद मालगाड़ी का चार-पाँच लोगों का स्टाफ भोलू के

स्टेशन की पत्थर वाली बेंच पर बैठ गया। भोलू फट से अपने केरोसिन वाले स्टोव पर चाय बना लाया था। ड्राइवर साहब भोलू की इलाइची वाली चाय जरूर पीते। बीकानेर से खरीदी नमकीन और मट्ठियाँ सबने साथ खायीं। बची हुई नमकीन और एक पेठे का डिब्बा ड्राइवर साहब ने भोलू को दे दिया। स्टाफ-स्टाफ में इतनी तो उन्सियत होती ही है। "भोलू अगले महीने बोर्ड की मीटिंग है, मैंने भी सिफारिश की है, जल्दी ही तुम्हें यहाँ की ड्यूटी से निजात मिल जायेगी।" ड्राइवर साहब ने कहा तो यहाँ की ड्यूटी छोड़ने के लिए कई अर्जियाँ दे चुका भोलू पता नहीं क्यों खुश नहीं हुआ। थोड़ी देर बैठकर ड्राइवर ने चलने को कहा तो भोलू ने उस मालगाड़ी के हेल्पर को कुछ पैसे और एक लिस्ट थमा दी जिसमें साबुन-शेम्पू, चाय पत्ती और छोटे-मोटे रोजमर्रा के इस्तेमाल वाले सामान लिखे थे। परसों जब ये मालगाड़ी वापस आयेगी तो कोई न कोई भोलू का ये सामान ले आयेगा। अलग-थलग पड़े रेलवे के कर्मचारी एक-दूसरे की मजबूरियाँ समझते थे।

हरी झंडी हिलाती हुई मालगाड़ी चली गयी। पानी इतना था कि नहाने-धोने के बावजूद भी तीन दिन तो कट ही जायेंगे। ग्यारह बजे ही धूप कितनी तेज हो गयी थी। भोलू ने हथेलियों की दूरबीन आँखों पर लगाकर एक बार दुर्ग को देखा, थोड़ी देर देखते रहने के बाद खुद से कहा, "अभी नहीं आयी...।" भोलू ने अपने कमरे की सफाई की, बेतरतीब बिखरे सामान को एक-सा लगाया, बिस्तर पर धुली हुई चादर बिछायी। जैसे कोई मेहमान आने वाला हो। फिर मन ही मन गुदगुदाते हुए भोलू ने बगल में रखी बाल्टी उठायी और नीली टंकी में से पानी निकालकर पास की चट्टान पर नहाने लगा। आज भोलू ने रगड़ के नहाया, दो बार तो सफेद वाले महँगे साबुन से मुँह धोया। अपने टीन के बक्से में से प्रेस की हुई हलके गुलाबी रंग की शर्ट पहनी जो उसने दो महीने पहले ही सिलवाई थी, उस पर गहरी नीली जींस। दीवार में टँगे शीशे में कंघी करते वक्त वह अपने आपको बार-बार निहारता और गुनगुनाता "चमचम चमके चूंदड़ी बंजारा रे थोड़ो मेरे संग आ के नाच ले बंजारा रे।" कल तक जो गीत कजरी की जुबाँ पर था वह गीत बिना बताये आज भोलू की जबाँ पर सवार हो गया था। जब किसी के गिराये हुए अलफाज आपकी जुबाँ बटोर लायें तो समझो कि आपका दिल भी उन सुरों में कहीं बिंध गया है। एकदम फिटफाट होने के बाद भोलू ने

सफेद रंग की केप पहनी, केप पहनकर एक बार शीशा फिर से निहारा और अपनी वही चालीस लीटर वाली केन खाली करके बैठ गया, उस आवाज़ के इन्तज़ार में जिससे कभी उसे डर लगा करता था। तकरीबन एक घंटा इन्तज़ार के बाद भोलू के कानों में कजरी की मीठी सुरीली आवाज़ सुनाई दी। "लुक छिप ना जाओ जी, मने दीद कराओ जी ...रे क्यूँ तरसावे हो ...मैंने शक्ल दिखाओ जी ...थारी शरारत सब जानू मैं चौधरी...मारे से पंगा न लेओ मैं कहण लगी, मारे हिवडे में जागी धौकनी, तू चंदा मैं थारी चाँदनी, मैंने दामन में, बाँ...धी, खुशी, मन झूम झूम झूम..." भोलू को तो जैसे इसी पल का इन्तज़ार था। उसने झट अपना गानों की किताबों वाला बस्ता लटकाया, खाली केन उठाई और पटरियों के उस पार चल दिया आवाज़ की उसी पगडंडी पर।

हवाएँ कल की ही तरह गर्म थी, पर उनकी तपिश आज भोलू के अन्दर उठ रही उमंग के सामने फीकी पड़ गयी थी। कजरी की आवाज़ कैच करके, भोलू के कानों का रडार लगातार, उससे निकटतम दूरी बताता रहा। जब भोलू को लगा की दुर्ग इतने पास आ गया है, कि कजरी उसे साफ-साफ देख सकती है, तो भोलू अचानक लँगड़ा कर चलने लगा। वह बात अलग थी कि भोलू को कल आयी मोच का दर्द आज नाम मात्र को ही था। कमबख्त कल जितना दर्द मोच आ जाने के बाद नहीं हुआ था, उससे ज्यादा तो यूँ लँगडा कर चलने की ऐक्टिंग में होने लगा था, लेकिन भोलू ने हिम्मत नहीं हारी, वह चलता रहा...। दुर्ग क़ाफ़ी पास आ गया था और कजरी दिख ही नहीं रही थी, भोलू का मन और चाल दोनों उदास होने लगे। क्या उसकी मेहनत यूँ ही बेकार चली जायेगी...। उसने मन में सोचा। नहीं-नहीं वह ऐसा होने ही नहीं देगा। "कजरी...कजरी...।" भोलू ने आवाज़ में दर्द भी घोल लिया था। कजरी नाम के शब्द दुर्ग से टकराकर चारों तरफ गूँजने लगे। कुछ सेकेंड्स बाद कजरी अपने जाने पहचाने अन्दाज में, हवा से लहराती हुई चुनरी थामे निकली। उसे देख भोलू थोड़ा मुस्कुराकर बोला, "मुझे लगा कि तुम आज नहीं आयीं।" भोलू की मुस्कान भरी बात पर भी जब कजरी के भाव स्थिर ही रहे, तो भोलू "आह ...आह बड़ा दर्द है, अब तो और बढ़ गया।" कहकर लँगड़ाते हुए दुर्ग की पहली ही सीढ़ी पर बैठ गया और अपना पैर सहलाने लगा। शायद दया भाव में ही उसका हालचाल पूछ ले।

"चाहे पैर में दर्द हो या पीठ में, आज मत सोचणा कि मैं पाणी लेकर चलूँगी तेरे साथ।" कहते हुए कजरी वहीं खम्भे से टिककर बैठ गयी। पासा उलटा पड़ा था फिर भी "अरे नहीं नहीं, कल तूने जितना किया वही क्या कम है, जितना हो सके, ले जाऊँगा खुद ही..." भोलू ने बड़ी बेचारगी में कहा पर कजरी घास के तिनके से अपने नाखून साफ करती रही।

"थोड़ा, पानी मिलेगा ...बहुत प्यास लगी है।" भोलू की इस बात पर कजरी ने एक पल उसे देखा फिर अन्दर चली गयी। जब मटकी लेकर भोलू को थमाने लगी तो भोलू ने धीरे से कहा, "मेरा नाम भोलू है?" वह क्या है बचपन में मेरा चेहरा बहुत ही भोला लगता था न, बस तभी से मेरा नाम भोलू पड़ गया।" भोलू जितनी बात करने की कोशिश करता कजरी उतनी ही ख़ामोश रहती। "तुम यहीं रहती हो?" भोलू ने फिर पूछा। "...पल्ली तरफ, तीन कोस पर, म्हारा गाँव है, वहाँ के सारे कुएँ सूख गये, इसलिए मैं इधर आ जाती हूँ।" अपने नाखून साफ करते-करते कजरी ने जवाब दिया। "तो बाकी गाँव वाले पानी पीने के लिए क्या करते हैं?" भोलू ने फिर पूछा तो कजरी कुछ सेकेंड ख़ामोशी में शून्य को तकती रही फिर बिना भोलू की तरफ देखे ही जवाब दिया "गाँव में बचा ही कौन है, दो-चार घरों को छोड़ कर सारे लोग तो चले गये।" "और तेरे घर वाले..."

"क्यों इतना पूछ रहा है, के ब्याह करेगा...मारे से।" कजरी ने थोड़ा खीजते हुए हुए जवाब दिया तो भोलू सकपका गया... "नहीं ...तो ...मैं तो यूँ ही ...तुम तो जरा-जरा सी बात पर गुस्सा हो जाती हो।" भोलू सामने उठे गर्म धूल के चक्कर को देखने लगा जो खाली मैदान में अभी-अभी उठा था।

दुर्ग के खम्भों से टकराकर हवा 'साँय ...सूँ ...' की आवाज़ निकालती तो माहौल में ख़ामोशी और गहरा जाती। भोलू को यूँ गुमसुम देख कजरी को महसूस हुआ कि उसने कुछ ज्यादा ही जोर से कह दिया है, फिर उसने ही आराम से बात छेड़ी, "मेरे घर में कोई नहीं है, माँ तो बचपन में ही चल बसी थी...और बाबा को दो साल पहले के सूखे ने मार दिया।" कजरी के आँसू तो नहीं छलके थे लेकिन दर्द जरूर छलक आया था। हवा फिर साँय साँय करने लगी थी।" सुन लीजो ढोरा ...अरज ...हमारी, अबके बरस संग ले जा, इतणी सी है जे, सरत ...हमारी, चंदा पे म्हारो बसेरा।" कितना दर्द बसा था कजरी की आवाज़ में, अपनी आँखें बन्द करके भोलू कजरी का

गाना सुनता रहा। "सच में बहुत अच्छा गाती हो तुम।" कजरी का गाना ख़त्म करते ही भोलू बोल पड़ा। "मैं भी सुनाऊँ ..." कहकर भोलू कजरी का मुँह ताकने लगा। हौले से मुस्कुराकर कजरी ने हाँ में सर हिलाया। अपना किताबों वाला, बस्ता उठाकर भोलू झट से सीढ़ियाँ चढ़कर कजरी के सामने वाले खम्भे के पास बैठ गया। हाँ वह बात अलग है कि दो सीढ़ियाँ चढ़ने के बाद उसे याद आया था कि लँगड़ी चाल मेंटेन करनी है। फिलहाल कजरी के पास बैठकर भोलू दर्द मेंटेन कर रहा था। "हल्दी प्याज गर्म करके लगाया था।" कजरी ने पूछा तो, भोलू ने न में सर हिला दिया और अपने बस्ते में से 'प्यार के रोमांटिक फिल्मी गीत' वाली किताब निकाल ली, पेज उसने कल ही मोड़ दिया था सो गाना ढूँढ़ने में ज्यादा वक्त नहीं लगा, "मैंने तेरे लिए ही सात रंग के सपने चुने सपने सुरीले सपने।" कजरी को निहारता, भोलू अपने हाथ हिला-हिला कर गाता, और कजरी हँसती रहती। कजरी की ज़िन्दगी में ये पहला मौका था जब किसी ने उसके लिए कुछ गाया था। भोलू के बेसुरे गाने भी अच्छे लगे थे कजरी को। क़ाफ़ी देर तक दोनों बैठे जैसे अन्त्याक्षरी खेलते रहे। आज खाने के लिए न कजरी ने उससे पूछा और न ही भोलू ने मना किया। रोटियाँ, गुड़ पुदीने की चटनी दोनों ने मिलकर खायी। फिर कजरी ने कुएँ से पानी खींचा, जब वह अपना एक पैर कुएँ की मुँडेर पर जमा कर बाल्टी को खींचती तो उसका पेट और भी ज्यादा चुस्त और सुडौल हो जाता। कजरी के हाथ रस्सी पर इतने रिद्‌म से पड़ते कि हाथ की चूड़ियाँ और कुएँ की घिरनी मिलकर, म्युजिक बीट बजा रही हों। जब केन आधी भर गयी, तो भोलू ने कजरी को रोका, "बस रहने दो, मैं इतना ही ले जा पाऊँगा।" कजरी ने उसे एक नजर देखा, केन का ढक्कन लगाया फिर अपने दोनों खाली मटके भर कर एक के ऊपर एक उन्हें अपने सर पर रख लिये ये देख भोलू के चेहरे पर एक मुस्कान दौड़ गयी। "चल अपनी केन उठा ले दो मटके और इतनी केन, तुझे कल नहीं आना पड़ेगा।"

अपने सर पर मटके रखे कजरी आगे-आगे और कन्धे पर केन रखे भोलू उसके पीछे-पीछे, चले जा रहा था। सर पर मटके रखकर भी कितने आराम से कजरी गाती रही जबकि भोलू का तो बुरा हाल हो गया था। सच कितनी ताकत होती है लड़कियों में। आज बिना कहे ही कजरी सीधा नीली टंकी की तरफ चल दी, कल भी उसी टंकी में पानी भरा था सो

उसे पता था मटका कहाँ खाली करना है। ये देख भोलू के चेहरे पर थोड़ी घबराहट घुल आयी। पर अब कुछ नहीं हो सकता था, अब तक कजरी ने दोनों मटके सर से उतार कर नीचे रख दिये थे, और नीली टंकी का ढक्कन खोलने और उसमें लबालब पानी भरा देखने के बाद कजरी का चेहरा गुस्से से लाल पड़ गया था। धोखा! शायद यही एक बात है जो लड़कियों को बिल्कुल भी पसन्द नही।'' "इतना पानी था तो ...फिर..." कजरी ने तेज आवाज़ में भोलू को घूरा। अपनी फूलती साँसों को कंट्रोल करके भोलू ने बड़े आराम से जवाब दिया, ''गुस्सा मत हो कजरी, पानी तो था लेकिन पीने के काम का नहीं था।'' ''मतलब!" कजरी अभी भी गुस्से में थी। भोलू लँगड़ाता हुआ उसके नजदीक आया और हौले से बोला," दरअसल वह ...सुबह ढक्कन ढकना भूल गया था, तो कौए ने, गुड लक कर दिया।" कहकर भोलू चुपचाप खड़ा हो गया, कौए वाली बात सुनकर कजरी का चेहरा कुछ शान्त हुआ। ''पाणी कहाँ गेरना है?'' ''तू रहने दे मैं कर लूँगा, पानी पीने का मटका भीतर है...'' बात को सँभालते हुए भोलू ने एक मटका उठाया और लँगड़ाते हुए अन्दर चला गया। अभी भोलू कमरे के एक कोने में बनी अपनी रसोई वाली जगह पर रखे बड़े से मटके में पानी उँड़ेल ही रहा था कि पीछे से दरवाजे के पास कजरी आकर खड़ी हो गयी। "अरे तू क्यों लाई"...। ''भोलू ने झट से मटका कजरी के हाथ से ले लिया...फिर रुक कर बोला" "यहीं रहता हूँ मैं।'' कजरी ने कमरे को ग़ौर से निहारा, सामने की दीवार के झड़े हुए पलस्तर पर चिपके हुए अखबार, हाथ से ठोकी हुई बड़ी-बड़ी कीलों पर, टँगे कुछ कपड़े। दूसरी दीवार पर हनुमान जी का दिल चीरते हुए वाला पोस्टर लेई से चिपका था। एक टीन का बक्सा, नीचे बिछे बिस्तर पर साफ चादर। भोलू इतने सलीके से रहता होगा ऐसी उम्मीद नहीं की थी कजरी ने। ''बाहर क्यूँ खड़ी हो, अन्दर आओ न...'' बैठने का इशारा करते हुए भोलू ने पानी का एक गिलास भरके कजरी के हाथों में थमा दिया। थोड़ा झिझकते हुए कजरी पानी का गिलास थामें अन्दर आ गयी। ''चाय पियोगी?'' भोलू ने पूछा तो कजरी ने सर हिलाकर मना कर दिया, ''इत्ती गर्मी में कौण पिए है चाय...।'' ''अरे मैं इलायची वाली ऐसी चाय बनाऊँगा कि सारी गर्मी भाग जायेगी।'' कहकर भोलू ने अपने केरोसिन वाले स्टोव में पम्प से हवा भरना शुरू कर दिया। जोश-जोश में

हवा कुछ ज्यादा ही भर गयी थी। जैसे ही तीली जलाकर स्टोव जलाने की कोशिश की तो तेल की धार सीधे भोलू की आँख में गयी।

"हट पीछे...बच गया नहीं तो पूरा मुँह जल जाता अभी, इतनी हवा भर दी...घामड़" कहकर कजरी ने स्टोव के कोने में लगी छोटी-सी चावी घुमाकर थोड़ी हवा कम की और स्टोव जलाकर भोलू को दे दिया। लड़कियाँ लड़कियाँ ही होती हैं। भोलू ने चाय बनायी, कनस्तर में से आंटे गुड़ के बने लड्डू निकालकर कजरी को दिये। इस तरह भोलू को काम करते देखकर उसे अच्छा लगा।

एक परिवार की कमी कजरी को हमेशा खलती थी, दूर तक फैले इस बीहड़ वीराने से भी बड़ा वीराना कजरी के भीतर था जिसे अब तक किसी ने नहीं देखा। बचपन से ही अपने आस-पास के माहौल में तो उसने औरतों को दूसरी निगाह से, घूरतीं नजरें ही देखी थीं, पर भोलू की नजर वैसी नहीं थी। थोड़ी देर तक बैठने के बाद कजरी चली गयी। पटरियों तक छोड़ने भी गया था भोलू उसे। "मारे को नहीं लगता कि तुझे हल्दी प्याज चढ़ाने की ज़रूरत है।" इतना कहकर कजरी मुस्कुरायी और चली गयी। कजरी के अपने घर में आने और दोस्ती हो जाने की खुशी में वह भूल ही गया था कि उसे लँगड़ीचाल वाला ड्रामा चालू रखना है। भोलू पहले तो डर गया लेकिन जब कजरी को हँसते देखा तो मुस्कुराकर अपना सर खुजाता रहा। अब तो रोज कजरी के आते ही भोलू दुर्ग आ जाता और तब तक रहता जब तक ढलते सूरज की लाल रौशनी में कजरी अपनी रेवड़ को लेकर चली न जाती। कोंई मन का साथी मिल जाये तो बीहड़ का सफ़र भी आसान लगने लगता है। भोलू को लगता था कि वह सारी ज़िन्दगी इसी तरह काट दे, पर कहीं उसकी अर्जी कुबूल हो गयी और उसका ट्रांसफर हो गया तो क्या होगा? ये सोच कर ही वह डरने लगता था। एक दिन भोलू को गानों वाली किताब पढ़ते देख कजरी ने धीरे से कहा था, तू मुझे पढ़ना सिखायेगा, मेरा बहुत मन था स्कूल जाने का पर बापू ने जाने नईं दिया। "जैसे किसी छोटे से बच्चे के दिल से निकली हो ये बात।" मैं कल अनूपगढ़ जा रहा हूँ। बड़े बाबू ने बुलाया है। वहीं से तेरे लिए ओलम की किताबें ला दूँगा कजरी, फिर तुम ये सारे गाने खुद पढ़ कर गाना।" कजरी को किताब दिखाते हुए भोलू ने कहा तो उसने खुशी से वह किताब भोलू के हाथ से

अपने हाथ में ले ली थी। दबे हुए समाज में पढ़ने का सपना देखना भी लड़की के लिए कितनी बड़ी खुशी हो सकती है ये तो कजरी का दिल ही जानता था। अगले दिन मालगाड़ी पर बैठकर भोलू उस बेनाम स्टेशन से अनूपगढ़ को चला गया। सबसे पहले बाजार से उसने छोटा अ, बड़ा आ और ABC की ओलम वाली किताबें खरीदीं, फिर अपने घर के खाने-पीने का कुछ सामान खरीदा, सामने एक दूकान पर टँगी चुनरियों को देखकर, उसे कजरी की कई जगह से सिली पुरानी चुनरी याद हो आयी, पैसे कम ही बचे थे फिर भी सस्ती-सी गुलाबी रंग की एक चुनरी भोलू ने खरीद ली। बाजार का काम निपटाकर भोलू अनूपगढ़ स्टेशन की तरफ हो लिया। बड़े बाबू ने याद किया था। कितना डरा हुआ था वह, कहीं उसका ट्रांसफर हो गया तो। भोलू भगवान से मन की मुराद माँगता रहा। अपने और खलासी दोस्तों से मिलने के बाद भोलू साहब के कमरे में पहुँचा उस वक्त वह कुछ काग़ज़ देखने में व्यस्त थे। ''साहब जी आपने बुलाया था।'' भोलू ने डरते हुए कहा। "भोलू बैठ जाओ, मुझे पता है कि जहाँ तुम्हारी ड्यूटी लगायी गयी है वह जगह एकदम बीहड़ है, दिक्कत तो है, हमने तुम्हारी अर्जी पर ध्यान भी दिया, पर इस वक्त और कोई नहीं जिसकी बदली कर सकें, तुम कुछ महीना और रह जाओ...।'' साहब ने कहा तो भोलू के चेहरे पर जो डर था वह मुस्कान में तब्दील हो गया। ''अरे साहब कोई नहीं, अब मुझे वहाँ अच्छा लगने लगा है,'' भोलू ने कहा तो साहब उसे टकटकी बाँधे देखते रह गये। ''साहब जी मैं अर्जी लिखे देता हूँ, मेरी ड्यूटी वहीं रखी जाये।" इतना कहकर भोलू साहब के कमरे से चला गया। शायद उस एक शाम जब चिड़ियाएँ अपनों घोंसलों को लौट रही थीं, और कजरी अपनी भेड़ों की गले में पड़ी घंटियों की आवाज़ के साथ, अपने गाँव वापस लौट रही होगी उस शाम भोलू कजरी के लिए कुछ अक्षर सीने से चिपकाये लौट गया था उस बेनाम स्टेशन की ओर।

तुषार और नैना

आयुष तिवारी

उम्र के 28वें साल में चल रहा तुषार, मुम्बई की एक बड़ी एड एजेंसी में काम कर रहा था... अँधेरी की एक 10 माला बिल्डिंग में उसका आशियाँ था जिसमें चार महीने बाद उसकी होने वाली जीवन संगिनी नीतू आने वाली थी... इसी बीच एक दिन उसके बॉस ब्रह्मेश ने उसे केबिन में बुलाया...

"तुषार एक अर्जेंट एड शूट है... परम्परा अगरबत्ती वालों को एड दो हफ्ते बाद चलाना है... मतलब शूट-वूट सब कुछ... इसीलिए आय वांट कि तुम इसे लीड करो..."

"ठीक है सर..."

"गुड... तो मैं बाकी के अरेंजमेंट देखता हूँ तुम और तुम्हारी टीम याद शहर जाने की तैयारी कर लो..."

याद शहर?

याद शहर... का नाम सुन कर तुषार के पूरे बदन में एक अजीब-सी सनसनाहट दौड़ गयी थी, उसके कान गरम हो गये और एक चेहरा उसकी आँखों के सामने घूमने लगा... पूरे दिन तुषार सोचता रहा वह नैना को बताये या नहीं... लेकिन क्या वह बताने पर मिलेगी? न चाहते हुए भी तुषार दिन भर ऑनलाइन रहा... बार-बार दिल करता रहा कि वह ऑनलाइन

नहीं आयी तो एक मेसेज डाल दे... पर रात 11 बजे जब वह ऑनलाइन आयी तो उससे बात करने के बजाय तुषार ने अपना कम्प्यूटर बन्द कर दिया... फिर रात और उसके बीच सिर्फ ढेर सारी यादें पड़ी थीं... जिन्हें समेटते-समेटते तुषार फिर से वापस अपने कल में चला गया था... जब वह नैना से आखिरी बार मिलने आया था...

कानपुर स्टेशन के प्लेटफॉर्म पर खड़ी दिल्ली-लखनऊ एक्सप्रेस की हर बोगी में झाँक-झाँक कर तुषार नैना को ढूँढ़ रहा था... उसे शालिनी ने बताया था कि नैना उस दिन कोई एग्जाम देने दिल्ली जा रही थी... और तुषार जानता था कि नैना को समझाने का उसके पास ये आखिरी मौका था... बाहर से नहीं दिखने के बाद भी तुषार ट्रेन में चढ़ गया... उम्मीद... बस यही तो बची थी उसके पास... और थोड़ी देर ढूँढ़ने के बाद वह नैना के सामने खड़ा था...

तुषार को अचानक सामने देख कर नैना हड़बड़ा गयी, और आस-पास देखने लगी... वह झट से उठी और तुषार का हाथ पकड़कर उसे ट्रेन के दरवाजे पर ले आयी... और दोनों चुपचाप वहाँ आकर खड़े हो गये... जैसे कुछ कहने-सुनने को बचा ही नहीं था उनके पास... आखिरकार नैना ने ही बात शुरू की।

"तुषार मत करो ऐसा... तुम जानते हो मैं घरवालों के खिलाफ नहीं जाऊँगी..."

"तो मैंने कब कहा किसी के खिलाफ जाने को... कम से कम उनसे मेरी बात तो करो?"

"क्या बात करूँ... कि जिसे मैं चाहती हूँ वह अभी MBA फर्स्ट इयर में है..."

"नैना MBA करने के लिए तुमने मुझे कहा था, वरना मैं तो जॉब करना चाहता था... तुमसे शादी..."

नैना बीच में तुषार को काटते हुए बोली... "हाँ कहा था ताकि मैं तुम्हारी ज़िन्दगी खराब करने की वजह न बनूँ... मेरे प्यार में अब भी कोई कमी नहीं आयी है तुषार पर सिर्फ प्यार से घर चलते तो तुम्हारे मम्मी पापा की भी तो लव मैरिज है उसमें इतनी प्रोब्लम्स क्यूँ होती..."

तुषार के पास अब जवाब ख़त्म हो गये थे... नैना को अपने तीखे

लहजे पर गुस्सा आया पर वह करती भी क्या?... दोनों फिर चुप हो गये... बहुत देर के लिये... धीरे-धीरे बाहर रौशनी बढ़ती चली जा रही थी... फिर अचानक नैना तुषार के गले लग गयी... और जब अलग हुई तो बोली तुषार मेरे पीछे सब कुछ मत बिगाड़ो... जितना साथ था बहुत अच्छा था... मेरी ज़िन्दगी का सबसे खूबसूरत हिस्सा हो तुम और हमेशा रहोगे, पर अगर तुम मुझे जाने दोगे, वरना सब बिगड़ जायेगा... और नैना उसे वहाँ अकेला छोड़ कर वापस अपनी सीट पर आ गयी... कुछ ही मिनट बाद अगला स्टेशन आ गया और तुषार ट्रेन से उतर गया...

याद शहर के लिए बैग पैक करते हुए तुषार का दिमाग बार-बार यही कह रहा था कि उसे नैना से नहीं मिलना चाहिए... जबकि नैना फोन और इंटरनेट पर बात करते हुए कई बार उससे मिलने की इच्छा जता चुकी थी... पर दोनों जानते थे कि न तुषार का कभी याद शहर आना होगा न उसका मुम्बई... और दिमाग ये भी कह रहा था कि उसने कब उसकी इच्छाओं का ख़याल रखा था जो वह रखे... रिश्ता तोड़ कर भी उससे बात करती रही, उम्मीद जगाती रही, और फिर मजबूरी का नाम लेकर, एक अच्छे घर में आराम से शादी कर के चली गयी... तुषार के दिल की कभी जानने की कोई कोशिश ही नहीं की... बस जब भी बात करती पूछ लेती

"काम कैसा चल रहा है? और शादी कब कर रहे हो..."

और तुषार हर बार किसी नयी लड़की का नाम ले देता... ताकि नैना को उसके अकेलेपन का एहसास न हो... ये सब सोच कर जहाँ एक तरफ तुषार का दिल दुःख रहा था वही दिल ये भी कह रहा था कि...

"आठ साल हो गये हैं नैना को देखे हुए... आठ साल हो गये हैं तुषार..."

दिल दिमाग में मची इस हलचल को रोकने के लिए तुषार ने जो हाथ में आया बैग में भरा और घर की ख़ामोशी को पीछे छोड़कर दुनिया के शोर का हिस्सा बन गया... फ्लाइट में बाकी टीम के लोग भी साथ थे तो तुषार का वक्त कट गया...

आगे भी शिड्यूल टाइट था और वह जानता था कि उसे कुछ और सोचने-समझने का वक्त नहीं मिलेगा... पर पहले ही दिन बेमौसम बादल चले आये, सुबह तो थोड़ी बहुत लाइट में शूट का काम चल गया पर फिर

काम रोकना पड़ा... और उसी के साथ सबका याद शहर घूमने का प्लान बन गया... तुषार भी साथ हो लिया... पर अब उसके पास वक्त था और उसका वक्त तो सालों से एक ही जगह रुका हुआ था...

बाजार घूमते हुए भी वह वही था, उसकी नजरें हर गली, हर शख्स में एक ही चेहरा ढूँढ़ रही थीं... न चाहते हुए भी बार-बार वह अपना मोबाइल निकालता नैना के नम्बर तक जाता और फिर बन्द करके मोबाइल वापस जेब में रख लेता... साथ आये एक्टर्स में से एक रेणुका उसे एक कपड़ों की दुकान में ले गयी...

यहाँ-वहाँ देखते हुए तुषार की नजर सामने टँगे उस राजस्थानी कढ़ाई वाले सूट पर पड़ी और तुषार को याद आया कि ऐसा ही एक सूट उसने भी एक साल की सारी इच्छाएँ मार कर नैना को उसके जन्मदिन पर दिया था... वह समझ नहीं पा रहा था कि क्यूँ सब कुछ उसे नैना की याद दिला रहा था... वह दुकान से बाहर आया और अपना मोबाइल निकालकर उसने नैना को फोन लगा ही दिया... जब फोन उठा तो वही बच्चों वाली आवाज़ तुषार के कानों में घुल गयी...

"हैलो..."

"हाय कैसे हो?"

"एकदम बढ़िया... तुम बताओ कैसी हो?"

"हम भी अच्छे हैं, आज अचानक कैसे याद कर लिया?"

"बस तुम्हारे शहर में हूँ, सोचा बता दूँ?"

एक पल के लिए नैना को यक़ीन ही नहीं हुआ कि तुषार सच बोल रहा है... वह मजाक समझकर बोली "अच्छा, क्यूँ आये हो मेरे शहर... एक बच्चे की माँ से मिलने?"

"हाँ क्यूँ नहीं मिल सकता क्या?"

"हाय राम शादी कर लो अब तुम, बच्चों की मम्मियों को तो छोड़ दो..." और दोनों हँसने लगे...

फिर नैना बोली, "सही-सही बताओ कहाँ हो..." तुषार ने नजर घुमाकर देखा और बोला... "सामने वाली बिल्डिंग पर चौक लिखा हुआ है... उसके ऊपर एक बड़ी घड़ी लगी हुई है जिसके नीचे छोटी-छोटी बहुत सारी शॉप्स हैं..." फोन के दूसरी तरफ से जैसे आवाज़ ही गायब हो गयी...

"हैलो" तुषार बोला...

"तुम सचमुच याद शहर में हो?"

"हाँ एक एड शूट के लिए अर्जेंट में आना पड़ा..."

"कब तक हो यहाँ..."

"हूँ तो एक वीक पर बहुत बिजी... आज बादलों की वजह से शूट रुक गयी इसलिए हम सब चौक आ गये..."

"मिलोगे हमसे?" नैना के इस एक सवाल में इतनी गुजारिश, इतना दबा हुआ उतावलापन था कि तुषार पिघल गया... "हाँ और क्या..."

"तो रुको मैं वही आ रही हूँ..."

तुषार साथ वालों से होटल में मिलने की कहकर वहीं रुक गया... रास्तों पर निगाह रखकर इस कदर इन्तज़ार तुषार ने बस नैना का ही किया था... 15-20 मिनट बाद जब बैंगनी रंग की उसकी गाड़ी रोड के उस पार रुकी तो एक पल के लिए तुषार बस नैना को देखता ही रहा... कुछ नहीं बदला था नैना में, वही सीधे लम्बे बाल, वही बन्द आँखों वाली हँसी, वही पहले वाली मासूमियत... तुषार अभी उसे देख ही रहा था कि नैना ने ट्रैफिक पुलिस को देखकर कहा, "अरे जल्दी बताओ अब कहाँ जायेंगे?" और अगले ही पल सब कुछ पहले जैसा हो गया... लगा जैसे दोनों दोबारा कॉलेज में आ गये थे, जैसे दूरियाँ दो लफ़्जों के बोझ पड़ते ही कहीं दब गयी थीं... तुषार बोला, "गाड़ी लगा दो फिर यहीं रुकते हैं।"

"नहीं कोई देख लेगा... कहीं और चलो..." वह थोड़ी घबरायी हुई लग रही थी...

"तो जहाँ चलना है चलो... "नैना बिना सोचे एक गली में घुस गयी और गाड़ी लगाकर दोनों साथ चलने लगे...

तुषार ने उसकी तरफ देखकर कहा, "तुम अब भी वैसी की वैसी ही हो..."

"ऐसा क्यूँ कह रहे हो?"

"क्यूँकि तुम आज भी उतनी ही डरपोक हो जितनी पहले हुआ करती थीं... अब तो तुम्हारी शादी हो चुकी है... एक बच्ची भी है... और ये कानपुर भी नहीं है..."

"हाँ पता है, ये कानपुर नहीं है, पर शैलेन्द्र का ऑफिस पास ही है...

और उसके ऑफिस के लोग यहाँ आते रहते हैं...''

''अरे... तो कह देना एक दोस्त आया हुआ था सो बस मिलने आ गयी...''

''तुषार तुम्हारी अभी शादी नहीं हुई है न... इसीलिए तुम्हें पता नहीं है कि लड़कियों का शादी के बाद कोई दोस्त नहीं होता...''

तुषार ठिठक गया... उसे पहली बार लगा नैना की लाइफ में शायद सब ठीक नहीं है... पर उसने कुछ पूछा नहीं...

आखिरकार उन्हें एक कॉफी शॉप मिल गयी और हमेशा की तरह दीवार की आड़ वाली सबसे कोने की सीट पर दोनों बेठ गये... पहली बार नैना थोड़ी नॉर्मल हुई... ऑर्डर देते ही एकदम से बोली...

''तुम पूरे बूढ़े हो गये हो...''

तुषार ने हैरानी से पूछा... ''अरे दुबला-पतला फिट तो हूँ...''

''कोई नहीं हो... बाल देखे हैं अपने... अंकल जी हो गये हो...'' और वह हँसने लगी...

तुषार उसे एक अरसे बाद ऐसे हँसते हुए देखकर सोचने लगा उससे ये क्या हो गया... उसने उसे खुद से दूर जाने कैसे दिया...

उनकी कॉफी आयी ही थी कि तभी नैना का फोन बजने लगा... और उसने आँखें बड़ी करते हुए तुषार को चुप रहने का इशारा किया और बात करने के लिए बाहर उठकर चली गयी... जब वापस आयी तो बोली...

''मुझे जाना पड़ेगा...''

तुषार का चेहरा सफेद पड़ गया... ''इतनी जल्दी क्या है...''

''शैलेन्द्र आज जल्दी घर आ रहे हैं...''

''तो कह दो शॉपिंग कर रही हो...''

''नहीं कह सकती, मैं हमेशा घर पर ही होती हूँ तुषार...''

''पर इतनी जल्दी...''

''हाँ तो क्या हुआ... मैं तो सिर्फ तुम्हे देखना चाहती थी... देख लिया...''

फिर दोनों उठ कर गाड़ी की तरफ चल दिये कि तभी नैना ने पूछा...

''हाथ पकड़ोगे मेरा...''

तुषार रुक कर नैना को देखने लगा... उसकी आँखों में बेहद नरमी थी... उसके लिए अपनापन था... नैना ने हाथ बढ़ाया तो तुषार ने भी धीरे

से उन्हें थाम लिया... उँगलियाँ एक-दूसरे की मुट्ठियों में कैद होकर बाजार की भीड़ में एक हो गयीं...

नैना तो वहाँ से चली गयी पर तुषार नहीं जा पाया... वह 15 मिनट शायद उसके पिछले कुछ सालों में बिताये सबसे यादगार पल थे... वह कई घंटों तक वही उन्हीं रास्तों पर जिस पर कुछ देर पहले वह चले थे... चलता रहा... सोचता रहा... ये है क्या उनके बीच... क्यूँ नैना ऐसी है? क्यूँ वह उसके साथ नहीं थी... उसके बाद के तीन दिन तुषार बुरी तरह से काम में फँसा रहा... बीच-बीच में नैना के फोन आते रहे पर वही रोजमर्रा की छोटी-मोटी बातें ही हो पायीं... फिर उस रात उसका मेसेज आया... कल सुबह 9.30 बजे... शैलेन्द्र कल एक दिन के लिए दिल्ली जा रहे हैं... मैं ड्राइवर को गाड़ी धुलवाने के लिए 9 बजे भेज दूँगी... और पिया का स्कूल 12 बजे ख़त्म होता है... तुम 11.30 तक रुक सकते हो... अगर आ सको तो ये मेरे घर का एड्रेस है... नैना के घर जाना तुषार को कुछ ठीक नहीं लग रहा था... कोई नहीं भी है घर में तो भी... तुषार पूरी रात टूटी-फूटी नींद में इस कशमकश से जूझता रहा... पर ऐसा कभी हुआ था कि नैना ने उसे बुलाया हो और वह नहीं गया हो... ठीक 9.30 बजे तुषार उसके घर के गेट पर खड़ा था... घर देखकर तुषार को एहसास हुआ कि नैना की शादी सच में अच्छे घर में हुई थी... कुछ देर बेठने और यहाँ-वहाँ की बातों के बाद नैना तुषार के लिए नाश्ता बनाने किचिन में चली गयी... तुषार का भी टीवी में मन नहीं लगा और वह उसे बन्द करके किचिन की तरफ बढ़ गया... तभी किचिन से नैना की आवाज़ आयी...

"मुझे किचिन में अकेले काम करना बिल्कुल पसन्द नहीं है..."

पर तब तक तुषार उसके पीछे पहुँच चुका था... और तुषार को एकदम से पीछे देखकर नैना डर गयी और दोनों जोर-जोर से हँसने लगे...

फिर तुषार वहीं किचिन के दरवाजे से टिक कर खड़ा हो गया और नैना को पराँठे बनाते देखने लगा... पहला कौर खाने के बाद जहाँ नैना तारीफ का इन्तज़ार कर रही थी... तुषार के मुँह से निकला...

"11 साल में पहली बार तुम्हारे हाथ का बना कुछ खा रहा हूँ..." पहली बार उन्होंने साथ खड़े होकर अपने रिश्ते की उम्र गिनी थी...

"बहुत अच्छा बना है..." तुषार ने कहा और उसने एक कौर उसकी

तरफ बढ़ा दिया... नैना झिझक गयी... बोली–

"मुझे अभी भूख नहीं है... थोड़ी देर से खाऊँगी..."

तुषार खुद में सिमट गया और चुपचाप खाने लगा... फिर नैना चौथे पराँठे के लिए उसे फॉर्स करने लगी... तुषार ने रोकना चाहा...

"यार पेट भर गया है, क्यूँ जबरदस्ती कर रही हो?"

"मेरी मर्जी" नैना ने जवाब दिया... और तुषार ने तड़ से कह दिया–

"हर बार तुम्हारी मर्जी चले जरूरी तो नहीं..."

और नैना एकदम से रुक गयी और फिर हँसते हुए बोली...

"तुम मुझसे बहुत नफ़रत करते हो न तुषार? मैंने तुम्हारे साथ इतना सारा बुरा किया है..."

तुषार अचानक उठ आयी इस बात को सँभालना चाहता था, झगड़े के लिए वक्त कहाँ था उनके पास... वह बोला...

"नहीं ऐसा नहीं है... तुम्हारी अपनी वजह थी जाने की..."

नैना झल्लाकर बोली... "तो तुमने जाने ही क्यूँ दिया तुषार... झापड़ मारकर ही रोक लेते।"

नैना की बात सुनकर तुषार के चेहरे पर बेचारगी तैर गयी... वह कुछ कहना चाहता था पर नैना ने उसे रोक दिया...

"जानते हैं हमने ही तुम्हारा साथ नहीं दिया... मगर हम ऐसे ही हैं... खुद से कुछ किया नहीं गया कभी, बस सबसे उम्मीद करते रहे... कि कोई तो समझ लेगा..."

तुषार चिढ़ के बोला... "तुम कभी खुश क्यूँ नहीं रह सकतीं... प्रॉब्लम क्या है तुम्हारा?"

नैना बोली "सब यही तो कहते हैं कोई प्रॉब्लम नहीं है हमारी ज़िन्दगी में... इतना बड़ा घर है... समझदार पति है... एक बच्ची है... पैसे हैं... सब तो है... फिर भी हम दुखी ही रहते हैं... हम ही प्रॉब्लम हैं... तुम्हारे लिए भी तो थे..."

फिर झूठी हँसी हँसते हुए बोली, "और अब भी हैं... देखो कैसे झेल रहे हो हमें..."

तुषार कुछ नहीं बोला... मगर नैना बोलती रही...

"एक तुम ही हो जो झेल लेते हो वरना हमारे पति तो बस उठकर

ऑफिस और फिर ऑफिस से आते ही ऊपर अपने कमरे में बन्द हो जाते हैं... मुझसे तो जैसे कुछ लेना-देना ही नहीं... प्यार भरी दो बातें उनके मुँह से कभी निकलेंगी ही नहीं..."

तुषार बचाव में बोला, "सब अलग होते हैं... समझो उसे... उसका प्यार जताने का तरीका अलग होगा..."

"हाँ, मैं समझ गयी हूँ... पर तुषार वह नहीं समझ पायेंगे... हर मर्जी पूरी कर देना, घर भर देना ही प्यार है तो मेरे पास बहुत है... कुछ रातें साथ हो जाना प्यार है तो वह भी है... पर जब करवाचौथ पर पता हो कि हमने कुछ नहीं खाया होगा और फिर भी पिछली रात के झगड़े को भुलाया न जा सके तो वह क्या है? हफ्तों-हफ्तों अपने काम के लिए दिन-रात एक कर देना वाला जब अपनी बीवी के बच्चा मिसकेरिज होने पर उसके साथ न हो वह क्या है... और बच्ची होने के एक दिन बाद ही अपनी बीवी को दरवाज़ा खोलने के लिए छोड़ जाये... तो ये कैसा प्यार है?"

नैना की बातें सुनते-सुनते तुषार की आँखें डबडबाने लगी थीं... उसे बुरा लग रहा था उसके लिए... वह जरा उखड़ते हुए बोला... "फिर तुम साथ रह क्यूँ रही हो उसके?"

नैना बोली... "तुम्हारा मतलब है कि हम उन्हें छोड़ दें?"

"क्यूँ क्या प्रॉब्लम है इसमें, पढ़ी-लिखी हो, मॉडर्न हो, जॉब कर सकती हो... अपने मन मुताबिक ज़िन्दगी जी सकती हो..."

नैना तुषार की बात काटते हुए बोली... "तुम गलत समझ रहे हो... वह बुरे बिल्कुल नहीं हैं। एकदम सही हैं। न किसी और की तरफ देखते हैं... न कभी कुछ भी करने से रोकते हैं... हर डिमांड पूरी करते हैं और कभी चिल्लाते तक नहीं... पर उनसे सब माँगना पड़ता है... और प्यार तो उनके पास है ही नहीं... हमारी कोई चाह पूरी न भी हो तो भी चल जायेगा पर प्यार न चाहें ये कैसे करें?"

"पर ऐसे कब तक रहोगी नैना..."

"ज़िन्दगी भर..."

"ये तो बेकार की बात कर रही हो..."

"हाँ क्यूँकि तुम लड़की नहीं हो न... पिता की इज्जत, भाई की इज्जत, पति की इज्जत, माँ का फर्ज सबका बोझ हमारे ऊपर ही है... बीस साल

तक चारदीवारों के बीच तुम्हें नहीं रखा गया न? दसवीं तक तो हम लड़कों के आस-पास तक नहीं गये... ग्यारहवीं में किस्मत से तुम मिले पर तुमने कहने में चार साल ले लिए... तब तक हमारी लाइफ में सब बदल चुका था... ताऊजी की बेटी किसी के साथ भाग चुकी थी... पहले उन्होंने पीना शुरू किया और फिर सुसाइड की कोशिश कर ली... हमारा घर बुरी तरह से बिखरने लगा था... दीदी ने भी जिससे शादी की वह भी शादीशुदा निकला, उसके दो बच्चे पहले से थे... वह तो वापस भी नहीं आ सकती थी... तुम्हें लगता है उस हालत में हम तुम्हारे साथ भाग पाते, या घर पर बात करते?

"अठारह का होते ही हमें लड़के देखने वाले आने शुरू हो गये थे... वह तो हम पढ़ाई में ठीक थे इसीलिए बचे रहे इतने दिन... पर हर रिजेक्शन के साथ हमें लगता कि हमारी ही किसी वजह से हुआ होगा और हम कई-कई दिनों तक घर में किसी से बात नहीं कर पाते... एक से मिलने तो हमें दिल्ली स्टेशन जाना पड़ा था... क्यूँकि उनके पास वक्त नहीं था, राजधानी में चढ़ने से पहले हमें भरी पब्लिक दिखाया गया था... पचास बार रिजेक्ट होना समझ सकते हो तुम... इतना डर गये थे हम कि जिसने सबसे पहले हाँ की हमने उसी से शादी कर ली..."

नैना बोले जा रही थी... "शादी करते वक्त हमें तो लगा था... साथ रहते-रहते प्यार हो ही जायेगा। हमसे पहले भी तो लोगों में तभी होता था... पर तुषार हमारी किस्मत ही इतनी खराब थी कि हमको मिला भी तो हमारे घरवालों के सपनों का राजकुमार हमारे सपनों का नहीं... और हम डर के साथ इतने साल जीलिये हैं कि अब चाह कर भी हम अलग नहीं हो सकते... हमारी बेटी का क्या होगा? शैलेन्द्र के बिना जो कुछ है कहीं वह भी चला गया तो क्या होगा? मम्मी-पापा क्या मुँह दिखायेंगे दुनिया में... बाकी लोग क्या कहेंगे हमारे बारे में... इतने सारे डर हैं तो बताओ हम उनसे कैसे जीत सकते हैं?

"हमें तो लगता है तब हम तुमसे प्यार करते ही नहीं थे... तुमसे ज्यादा प्यार करने वाला कोई था ही नहीं तो तुम्हारे साथ थे... फिर प्यार से ज्यादा जरूरी कुछ मिल गया तो वहाँ चले गये...

"पर सच तो यही है सब कुछ से ज्यादा जरूरी प्यार है... क्यूँकि प्यार हो और कुछ न भी हो तो भी लड़ते-झगड़ते कोशिश करते ज़िन्दगी निकाली

जा सकती है... पर सब कुछ होते हुए भी अगर अकेलापन रह जाये तो ज़िन्दगी किस काम की...

"अब हम जानते हैं हमने तुम्हारे साथ गलत किया था... अब हम सच में तुमसे प्यार करते हैं... पर बदले में तुमसे कुछ नहीं चाहते... अब हमारी बारी है तुम्हें प्यार करने की... और हाँ कहीं आगे जाकर हम दोनों अकेले पड़ गये तो बुढ़ापे में एक बार हम तुम्हारे साथ रहना चाहेंगे... पता तो चले हमसे क्या छूट गया... वरना अगले जनम तो हम पक्का साथ ही रहेंगे..." और वह जोर-जोर से हँसने लगी...

उस हँसी में दर्द साफ था, पर उस दर्द को समझाइश की ज़रूरत नहीं थी... उसका तो बाहर आना जरूरी था... सो तुषार बस पत्थर बना सब कुछ देखता रहा... उसे अपनी इतने सालों की चिढ़ हताशा नैना की मजबूरियों के आगे बेहद छोटी लग रही थी... एक लड़की कितना सहती है फिर भी वह किसी से कुछ चाह नहीं सकती, कोई उसे समझना नहीं चाहता... तभी नैना की नज़र दीवार घड़ी पर पड़ी और वह अचानक उठ के खड़ी हो गयी... बोली—

"पिया के स्कूल का टाइम हो गया है, अब मुझे जाना पड़ेगा..."

तुषार ने हाँ में सर हिलाया तो नैना चेंज करने अन्दर चली गयी... तब तक तुषार ने अपने जूते पहन लिये... दोनों घर से बाहर निकलने ही वाले थे कि नैना ने पीछे से तुषार का हाथ पकड़ लिया, तुषार पलटा तो नैना उसके गले लग गयी... तुषार ने भी धीरे से उसे बाँहों में कस लिया... और ज़िन्दगी के इतने साल उस एक पल में आकर रुक गये...

दोनों ने कुछ नहीं कहा... बस नैना की आँखें बेहिसाब बहने लगीं... उसने अलग हो कर आँसू पोंछे और मुस्कुराते हुए कहा...

"तुम्हारी होने वाली को बताना पड़ेगा कि तुम्हें सँभाल के रखे, वरना पता नहीं अगली बार मैं क्या गलती करके फिर तुम्हारे पास आ जाऊँ... और तुम्हें चुरा लूँ..."

तुषार मुस्कुरा दिया और दोनों बाहर आ गये... उनके क़दम बहुत धीरे-धीरे आगे बढ़ रहे थे... अब उन्हें अलग जो होना था...पता नहीं कितने और सालों के लिए... पिया के स्कूल से पहले नैना एक गुजरते रिक्शे को रोक कर तुषार से बोली...

“ये तुम्हे आईटी चौराहे पर उतार देगा... वहाँ से तुम्हें ऑटो मिल जायेगा...” उसने नजर भर के तुषार को देखा और बोली, “हम अब जा रहे हैं...” और वह मुड़ कर चली गयी...

तुषार देखता रहा पर वह फिर नहीं पलटी... रिक्शे में बैठा तुषार बड़ी देर तक नैना के बारे में सोचता रहा... शायद वह नैना को कभी समझा ही नहीं, फिर भी उससे प्यार का दम भरता रहा... प्यार तो उसने किया था... सबसे... खुद का बुरा करके भी... थोड़ी ही दूर पर तुषार का मोबाइल बजा, नैना का ही मैसेज था...

“अच्छा लगा तुमसे मिलके, पता नहीं क्यूँ तुम्हे जाने देने का मन ही नहीं कर रहा था... लगा इस बार तो बस सँभाल के अपने पास रख लें, अजीब है न ये हमारे बीच, न पाते बनता है न छोड़ते... पर तुम हमारे लिए परेशान मत होना और न हम पर कभी तरस खाना... दिल करे तो ही हमसे कभी-कभी बात कर लेना।”– यौर्ज नैना...

पीछे एक चाय की दुकान पर गाना बज रहा था–

बेपनाह प्यार है आजा...

तुषार का कब का भर चुका गला खुले आसमान के नीचे बेलाग बह उठा... रूमाल से अपनी आवाज़ दबाते हुए वह मुड़-मुड़ कर उससे दूर जा रहे ग्यारह सालों को देख रहा था...

इश्क़ की ज़ियारत

•

अकबर क़ादरी

अभी रेत के दो टीले ही पार किये होंगे कि शाहनवाज़ का पूरा जिस्म पसीने से लबरेज हो गया, प्यास से गला सूख रहा था। उसने पानी की बोतल को मुँह में लगाया पर पानी तो क़ाफ़ी पहले ही ख़त्म हो गया था। बचीखुची कुछ एक बूँदें उसके मुँह में ऐसी हो गयीं जैसे किसी ने जलते हुए कोयलों पर पानी छिटक दिया हो। वह तो बस चलता ही जा रहा था। उसे एक झोपंड़ा दिखने लगा। रेत के समन्दर में किसी कश्ती-सा तैरता हुआ वह छोटा-सा झोंपड़ा कितनी राहत दे गया था शाहनवाज़ को। कच्ची दीवारें, लकड़ी की शहतीरों से ढकी छत और आगे छोटा-सा सहन। सहन के बाहर एक बूढ़ा आदमी लेटे-लेटे पंखा झल रहा था। शाहनवाज़ को देखकर वह उठ बैठा, "जी कहिये...?"

"मैं सहरा पीर की दरगाह पर हाज़िरी के लिए आया हूँ।"

शाहनवाज की फूली हुई साँस को देखकर उस बूढ़े ने उसे पलँग पर बैठने का इशारा किया और अन्दर आवाज़ लगायी।

"शकीला...ओ बिटिया...दूध गुड़ ले आ, मेहमान है।"

शाहनवाज ने बूढ़े की बात काट दी, "जी पानी मिल जाता तो...।"

"ये सहरा है, रेगिस्तान, बेटा खाली पानी नहीं पीना चाहिए। पहले

दूध गुड़ ले लो फिर पानी भी पी लेना।"

बूढ़ा बात ख़त्म कर पाता कि शकीला हाथों में मिट्टी का कटोरा लिये हाजिर हुई। लाल रंग की घेरदार शलवार और छोटी काली कुर्ती उसके साँवले रंग पर बहुत खूबसूरत लग रही थी। शाहनवाज़ ने बिना कुछ कहे वह दूध गुड़ का कटोरा ले लिया। पर उसकी निगाहें ठहर गयी थीं शकीला पर। बड़ी-बड़ी आँखें, सियाह काले बाल, पतली नाक पर चाँदी की फूलदार कील। कुछ अलग-सा था ये रूप। शाहनवाज़ को अपनी तरफ घूरते हुए देख शकीला ने कहा, "पानी थोड़ी देर बाद पीजियेगा नहीं तो तड़ावा लग जायेगा।"

शाहनवाज का ध्यान हाथों में थामे अपने कटोरे पर गया। शहर में तो वह कभी दूध नहीं पीता था, उसे उबकाई आती थी, पर ना जाने इस दूध गुड़ में ऐसा क्या था कि पूरा कटोरा एक ही साँस में ख़त्म कर दिया उसने। मिट्टी के बर्तन की सोंधी खुशबू और ठंडक ने दूध गुड़ का जायका बढ़ा दिया था।

शाहनवाज दिल्ली के एक अंग्रेजी अखबार में फोटो जर्नलिस्ट की हैसियत से काम करता था। और रेगिस्तान के इस इलाके में अपनी माँ की एक मन्नत पूरी करने आया था। माँ के अलावा ऐसा किसी और ने कहा होता तो उसने यह कहकर मज़ाक उड़ाया होता 'मैं इन बातों में यक़ीन नहीं रखता', पर माँ को दिये कौल को इनकार नहीं कर पाया था। अपने आपको मॉडर्न सोच और तरक्कीयाफ़्ता लोगों में शुमार करने वाले शाहनवाज़ का जोर कभी माँ पर नहीं चला। कई बार उसका दिल होता कि कह दे माँ से क्या दिया है तुम्हारी इबादत ने तुम्हें। बेशुमार तकलीफ़ें, अब्बा का इन्तकाल और अकेली ज़िन्दगी। पर माँ का एक जवाब उसे ख़ामोश कर देता, "तुम तो मिले हो ना शानू।" माँ प्यार से शाहनवाज़ को शानू कहकर पुकारती थीं। अपने इन्तकाल से दो दिन पहले माँ ने शानू से कहा था, "सुनो मैं ना रही तो मेरा एक काम करोगे।"

"हाँ अम्मी।"

"जब भी टाइम मिले तो सहरा पीर की दरगाह में ये फूल चढ़ा देना।"

साथ में माँ ने चादर दी थी, पर वह तो अम्मीजान का ही दुपट्टा था जिसे वह अब्बा की निशानी समझकर हमेशा अपने साथ रखती थीं। आज

शाहनवाज़ इस भरे रेगिस्तान में अपनी अम्मी की मुराद पूरी करने आया था।

शाहनवाज यानी शानू ने कभी अब्बा का प्यार नहीं देखा। वह शानू के पैदा होने के दो साल बाद गुज़र गये थे। जिक्र करने पर अम्मा बताती थी कि वह उन्हें वहीं मिले थे ...सहरा पीर की दरगाह में। उनके जाने के बाद अम्मी ने ज़िन्दगी की बहुत मुश्किल जंग हँसते-हँसते लड़ी। बल्लीमारान के अपने एक कमरे के घर में बच्चों को उर्दू और अरबी की तालीम देकर उन्होंने शानू को सेंट मोंटेसरी में पढ़ाया। मशक़्क़त भरे दिनों को शानू ने भी करीब से देखा और झेला था। बिना खिलौनों के बचपन और कॉलेज दो-पैंट शर्टों में गुजरा। स्कॉलरशिप लेकर बोस्टन यूनिवर्सिटी से जर्नलिस्म का डिप्लोमा लेकर लौटने तक के सफ़र ने शानू को बहुत प्रेक्टिकल बना दिया था। अच्छी नौकरी मिली और ज़िन्दगी बल्लीमारान से उठकर ग्रेटर कैलाश में आ गयी। पर अम्मीजान ने अब भी बच्चों को पढ़ाना नहीं छोड़ा था। शानू का दिन भर बस काम में निकल जाता और अम्मी का घर में। इस बीच उन्होंने कई बार कहा, "शानू मैं एक बार सहरा पीर की दरगाह हो आऊँ।"

"अम्मीजान अभी टाइम नहीं है, बस कुछ दिनों में छुट्टी लेकर चलूँगा।"

शानू ने कभी छुट्टी नहीं ली और अम्मी जान कहती रहीं? पर देखो ना आज आना ही पड़ा, इनसान के गुज़र जाने के बाद उसकी हर बात कितनी अच्छी लगती है ना। शानू ने अम्मी की उर्दू-अरबी की सारी किताबें कितनी सँभाल कर रख दी थीं, उनकी तस्बीह को अपने बैग में रख लिया। एकदम तो वह हिम्मत नहीं कर पाया था, पर एक साल बाद सहरावालाँ पहुँच गया, अम्मी की मन्नत पूरी करने। ट्रेन, फिर बस, फिर ऊँट गाड़ी का ये सफ़र बहुत थका देने वाला था। पर अभी-अभी पिये दूध गुड़ ने उसमें ताजा दम भर दिया। उसने कहा– "तो कब चल पायेंगे हम सहरा पीर की दरगाह।"

बूढ़ा बोल पाता कि शकीला ने जवाब दे दिया, "सालाना उर्स के टाइम आना हज़रत अभी तो जाना बहुत मुश्किल है, सरहद के तार उर्स के वक्त ही खुलते हैं।"

पाकिस्तानी सरहद से लगा ये इलाका देश से एकदम अलग-थलग था। और सहरा पीर की दरगाह नो मैंस लैंड में आ गयी थी, वह हिस्सा जो दोनों मुल्क हिन्दोस्तान और पाकिस्तान में से किसी का नहीं था। बँटवारे के वक्त दोनों मुल्कों के रहबरों में सहरा पीर की दरगाह को अपने हिस्से में

लेने की पुरजोर कोशिश रही। पर वह तो सहरा पीर थे भला किसी मुल्क के बँटवारे में कैसे बँट जाते? सभी धर्मों, जातियों और तबकों के सहरा पीर बँट ना सके। और उनकी दरग़ाह नो मैंस लैंड में आ गयी। हर साल यहाँ फागुन के महीने में उर्स होता हैं। प्यार और अकीदत में डूबे लोग यहाँ चले आते हैं अपनी सरहदें तोड़ते हुए।

इस सहारा में शकीला के अब्बा और उनसे पहले उसके पुरखे लोगों को सहरा पीर की ज़ियारत करवाने का फ़र्ज़ अदा करते आये थे। यही उनकी कमाई का जरिया भी था। अब इस ज़ियारत बन्दी का जिम्मा शकीला का था। उसे इस सहारा का चप्पा-चप्पा मालूम था। कोई अकेला, अनजान पार नहीं कर सकता था इसे। पर दिक्कत एक थी कि उर्स चार महीने बाद था और सरहद के तार शानू का रास्ता रोके खड़े थे।

उसे अम्मी जान की याद आ गयी। शानू के लिए अम्मी ही तो सब कुछ थी, उन्हीं के इर्दगिर्द गुजरी ज़िन्दगी के लम्हे उसकी आँखों में जब तब आ जाते। जब वह छोटा था तो अम्मी ने उसे दुआ माँगना सिखाई थी। नमाज़ के बाद वह अम्मीजान के पास बैठ जाता और अपनी नन्ही हथेलियों को फैलाकर दुआ माँगा करता। "या अल्लाह मेरे अब्बा को जल्दी से मेरे पास भेज दो, अम्मी की तबियत को ठीक कर दो, अम्मीजान को ढेर सारे पैसे दे दो, मुझे ढेर सारे खिलौने दे दो, बिल्कुल वैसे जैसे बिलाल और संजय के पास हैं। शानू के नन्हें हाथ उठते गये ज़िन्दगी चलती गयी। दुआओं से ना तो उसके अब्बा आये और ना गरीबी मिटी। उसने कॉलेज के समय दुआएँ माँगना ही छोड़ दिया। पर अम्मी की नमाज़ और दुआएँ बदस्तूर जारी रहीं। जब कभी अम्मी उससे कहती– "शानू बेटा दुआ तो माँग लिया करो।"

"माँगने से क्या फायदा जब कुछ मिलाता ही नहीं।"

"मुझे तो मिला है।"

"तो आप ही माँगिये।"

शानू के इस तल्ख़ जवाब का अम्मी हँस कर जवाब देती, "बेटे जरूरी नहीं अल्लाह हमें वह दे जो हम माँगते हैं, वह हमें हमेशा वही चीज़ देता है जिसकी हमें ज़रूरत होती है और उसे हम नहीं समझते।"

शानू चुप हो जाता, अम्मी ने कभी उसकी ज़िन्दगी में दखल नहीं दी। शानू की ज़िन्दगी में अम्मी के अलावा किसी और रिश्ते की जगह नहीं

बची थी। पैसा कमाने की होड़ और काम की ज़द ने उसे ऐसे गिरफ्तार किया था कि प्यार की जगह ही नहीं रही। कभी कोई लड़की उसके करीब भी आयी पर शानू के सूखे दिल को ना भिगो पायी। अम्मी ने कई बार उसे समझाया, "बेटा ज़िन्दगी की मुश्किलों से कोई इतना रूखा थोड़े ही हो जाता है। देखो तो इन्हीं मुश्किलों से तुमने अच्छा मुक़ाम हासिल किया। हो सकता कि आराम में रहकर तुम कुछ ना कर पाते।"

शानू कुछ ऐसे रिएक्ट करता जैसे उसने कुछ सुना ही ना हो। पर वह सब सुनता था और आज वही सुने हुए अलफ़ाज़ उसे यहाँ तक ले आये थे। शानू की दास्तान सुनकर शकीला और उसके अब्बा संजीदा हो गये। शानू ने शकीला की तरफ देखते हुए कहा, "चार महीने बाद तो शायद ही में आ पाऊँ क्या किसी सूरत में भी दरगाह पर हाज़िरी नहीं हो सकती, अम्मीजान को दिया कौल अब और नहीं रखा जाता। एक बार यहाँ आने की हिम्मत जुटा ली शायद आगे ना जुटा पाऊँ।"

एक लम्बी ख़ामोशी छा गयी। शानू के हाथ से मिट्टी का कटोरा वापस लेते हुए शकीला ने कहा, "एक रास्ता है वहाँ जाने का।"

"पर वह रास्ता बहुत लम्बा है, दो-तीन दिन लगते हैं और तुम्हारे अलावा कोई दूसरा जियारीन नहीं है। मेरी तबियत ठीक नहीं है वरना मैं ले जाता। शकीला के साथ दो-तीन दिन...।"

एक शंका से बूढ़े के होंठ बन्द हो गये। शकीला ने एक नजर शानू पर डाली और अब्बा से कहा, "सहरा पीर की ज़ियारत को आये जियारीन को इनकार नहीं कर सकते अब्बा। मैं जाऊँगी ज़ियारत करवाने।"

वह बूढ़ा ख़ामोशी से शकीला को देखता रहा। सहरा पीर की ज़ियारत को ना नहीं कह सकता था और अकेली जवान बेटी को किसी अनजान के साथ नहीं भेज सकता था।

आख़िरकार सहरा पीर की अक़ीदत की जीत हुई और शकीला तैयार हो गयी इस सफ़र के लिए। ये जानकर कि सहरावालाँ आना बेकार नहीं हुआ, शानू की जान में जान आयी। शकीला सफ़र की तैयारी में लग गयी। तपते रेगिस्तान में दो-तीन दिन का सफ़र आसान नहीं होता। शाम होने लगी थी। शानू ने पहली बार सहरा की शाम देखी थी और देखा था रेत में डूबते सूरज को जैसे किसी ने बड़ा-सा लाल सिक्का धीरे-धीरे मिट्टी की

गुल्लक में डाल दिया हो। शकीला ने शानू का बिस्तर बाहर ही लगा दिया, अब्बा के पास।

"बेटा प्यार का पैगाम हैं सहरा पीर, वहाँ जाकर तुम खुद महसूस करोगे।"

बूढ़े ने हुक्का गुड़गुड़ाते हुए कहा। पर शानू के लिए तो ये महज माँ को दिये वादे को पूरा करने जैसा था। उसमें अकीदत कहीं नहीं थी। रात हो गयी तो शकीला ने शानू को कम्बल देते हुए कहा, "सुबह सूरज निकलने से पहले ही चल देंगे।"

जब शकीला ने कम्बल रखा तो शानू के दिल में सवाल उठा था कि इतनी गर्मी में ये कम्बल, पर रात होते-होते कम्बल उसने बदन पर सरका लिया। अच्छी-खासी ठण्ड हो गयी थी। सुबह घंटियों की खनखनाहट से शानू की आँख खुल गयी। कम्बल से मुँह बाहर निकालकर उसने देखा, शकीला ऊँटों को तैयार कर रही थी। नीले रंग की लटकन पर लाल रंग की डिज़ाइन का शाल ओढ़े ऊँट कितने ख़ूबसूरत लग रहे थे। और ये घंटियों की आवाज़ उनके गले मैं लटक रहे घुँघरू से आ रही थी।

शानू ने जल्दी से हाथ-मुँह धोये और तैयार होने लगा। शकीला ने कुछ जरूरी सामान एक ऊँट पर चढ़ा दिया और दूसरे पर बैठने वाली काठ। नाश्ते में खजूरे और गुड़ की प्लेट शानू को देकर शकीला सामने रेत के टीले की तरफ निकल गयी। शानू को ये सब बहुत अलग-सा लग रहा था। इससे पहले भी वह सुबह आधी नींद उठकर कितने ही बार रिपोर्टिंग करने के लिए जा चुका था। गाँव में कस्बों में, ना जाने कहाँ-कहाँ पर ऐसी सुबह पहली बार देख रहा था। दूर-दूर तक कोई आबादी नहीं। ख़ामोशी और सूरज की शफक यानी लालिमा यहाँ एक-दूसरे से आ मिले हो। शानू ने देखा कि शकीला रेत के टीले पर नमाज़ अदा कर रही है। थोड़ी ही देर में शकीला ने सामान वाले ऊँट की लगाम बैठने वाले के ऊँट की काठ में बाँध दी और पलँग पर बैठे अपने अब्बा के पास चली गयी।

"इजाजत दीजिए अब्बा हुजूर, मैं सफ़र शुरू करती हूँ।"

"खुदा हाफ़िज बेटी दरूद पाक पढ़ती जाना रास्ता आसान हो जायेगा।"

शकीला ने शानू को ऊँट पर बिठा दिया और उसकी लगाम अपने हाथ

में लेकर आगे बढ़ गयी। शानू को ये अच्छा नहीं लगा, उसने आवाज़ लगायी।

"आप क्या पैदल चलेंगी?"

"हाँ... ।"

"तो फिर मैं भी पैदल ही चलता हूँ, मुझे इस तरह अच्छा नहीं लग रहा।"

"किस तरह।"

"आप पैदल और मैं ऊँट पर... ।"

"मेरा तो ये काम है।"

बात कुछ और भी थी, आज से पहले शानू कभी ऊँट पर नहीं बैठा था। हिचकोले खाता ऊँट जितने क़दम आगे बढ़ाता उतनी लहरें शानू के जिस्म में दौड़ जातीं। ऊँट पर बैठ कर शानू एक अजीब-सी दुनिया में आ गया था। सूफियों के किस्से उसके ज़हन में उभरने लगे, उनकी कहावतें उस पर तारी होने लगीं।

मैंडा इश्क भी तू
मैंडा प्यार भी तू
मेरा क़ाया किवला, मज़ार भी तू
एक सूरत नूर ख़ुदाया सी
मेरी ख़ुशियों दा असबाब भी तू
मेरा इश्क भी तू
मेरा प्यार भी तू।

शकीला के मुँह से फूटते ये बोल ऐसे लग रहे थे जैसे वह कोई मलंग हो और शानू उसका मुरीद। सफ़र अभी शुरू ही हुआ था और शकीला, ऊँट की रस्सी हाथ में पकड़े हुए गुनगुनाते हुए आगे बढ़ रही थी। शानू से रहा नहीं गया उसने ऊँट रुकवाया।

"क्या हुआ?" शकीला ने पूछा।

"कुछ नहीं मैं भी पैदल चलूँगा।"

इस बार शकीला ने कुछ नहीं कहा, शानू नीचे उतर आया।

"तुम लोग यहाँ बस्ती से इतनी दूर क्यों रहते हो?" शानू के अन्दर का पत्रकार जाग गया था।

"हम हमेशा से यहीं रहते हैं...बस्ती हमसे दूर हो गयी?"

"मतलब।"

शानू को कुछ समझ नहीं आया। शकीला ने अपने लाल दुपट्टे से माथे से पसीने की बूँदें पोंछीं। और मुस्कुराते हुए बोली, "मैंने तो यहाँ बस्ती देखी नहीं, पर अब्बा बताते हैं कि पहले सारी बस्ती यहीं थी जहाँ हमारा घर है। जब देश का बँटवारा हुआ तो खूब खून-खराबा हुआ। यहाँ रहने वाले लोग दूर-दराज़ भाग गये। फसाद ख़त्म होने के बाद कोई वापस नहीं आया पर हमारे दादाजान आ गये थे। तब से हम लोग यहीं हैं।"

"तुम्हारे दादाजान अकेले क्यों रह गये शकीला?"

इतने में एक तेज हवा के झोंके से शकीला का डुपट्टा सर से सरक गया। चोटी बाँधी होने के बावजूद बालों की एक-दो लटें उड़कर उसके चेहरे पर लहराने लगीं। शानू को अपनी तरफ टकटकी लगाकर देखते हुए शकीला ने अपना चेहरा दूसरी तरफ घुमाते हुए जवाब दिया, "सहरा पीर की खिदमत के लिए, हमारे पुरखे हर साल लोगों को ज़ियारत करवाया करते थे। बस यों समझ लो कि दादाजान ने सबको छोड़ दिया पर ये रवायत नहीं छोड़ पाये। और आज हम उसे निभा रहे हैं।"

अभी थोड़ी सी ही दूरी तय की होगी लेकिन शानू बुरी तरह से हाँफ रहा था। उसने हाँफते-हाँफते कहा, "कभी इस अकेलेपन से डर नहीं लगता।"

"यहाँ ख़ामोशी है हज़रत अकेलापन नहीं, पूरा का पूरा सहरा तो है यहाँ हमारे साथ, कभी अकेला नहीं होने देता।"

शानू सोच में पड़ गया कि तभी शकीला बोली, "वह देखिये हिरन।"

शानू ने देखा एक हिरन कुलाँचें भरता हुआ दूर निकल गया। दूर तक फैलीं छोटी छोटी पहाड़ियों पर वह छिपता और उभरता। कितने ही हिरन देखे थे उसने पर सब लोहे की सलाखों में कैद। आज़ाद हिरन पहली बार देखा था। अपनी धुन में मस्त, बिना किसी फ़िक्र के। शकीला को देखो कैसे आज़ाद हिरन सी चली जा रही है। शानू को बहुत हाँफता देख शकीला ने कहा, "आप बैठ जाइए, मुझे तो पैदल चलने की आदत है।" पर शानू अकेले ऊँट पर बैठने को तैयार नहीं था। आख़िरकार शकीला को भी उसके साथ बैठना पड़ा। ऊँट की लगाम थामे शकीला अब भी वही अल्फाज गुनगुना रही थी। ...

मैंडा इश्क भी तू मेरा प्यार भी तू
मेरा कावा किबला मजार भी तू।

"शकीला दरगाह बहुत दूर है क्या जो दो-तीन दिन लग जाते है?" शानू ने पूछा।

"नहीं... हमारे घर से बहुत पास है। आधे दिन का ही रास्ता है, लेकिन जब बोर्डर का रास्ता खुला हो तब और वह सिर्फ उर्स के वक़्त खुलता है।"

शकीला ने ऊँट की लगाम थामे हुए जवाब दिया। उसने पलटकर पीछे चल रहे ऊँट को देखा तो उसकी नजरें एक बार शानू से फिर टकरा गयीं। शर्म की एक परत उतर आयी थी उसकी आँखों में। शानू भी झिझक गया। दोनों एक अनजानी कशिश से रूबरू हुए थे। शानू को ये सब किसी रहस्ययी दुनिया-सा लग रहा था और शकीला उस दुनिया की परी जिसके इशारे पर पूरे सहरा के चरिन्द परिन्द फ़रमाबरदार थे। कुछ फ़रमाबरदारी तो मन में, शानू ने भी कुबूल कर ली थी। शकीला की बातें उसे अच्छी लग रही थीं, उसने बात आगे बढ़ाते हुए कहा, "बोर्डर के तार जब उर्स पर ही खुलते हैं तो हम किस रस्ते से पहुँचेंगे? क्या वहाँ तार नहीं होंगे?"

"अगर होते तो आप सफ़र नहीं कर रहे होते?"

"मतलब।"

"मतलब कि जहाँ से हम जा रहे हैं वहाँ कई-कई जगह रास्ता खुला हुआ है। कभी-कभी हम अपने रिश्तेदारों से मिलने चले जाते हैं, इसी रास्ते से, काठ को कस कर पकड़ लीजिए क़ाफ़ी तीखी ढलान है।"

शकीला के कहते ही शानू के हाथ ऊँट की काठ पर कस गये। ऊँट ढलान से नीचे उतरने लगे। शानू ने आँखें मींच लीं डर लगने पर वह ऐसा ही करता आया है। अक्सर नुमाइश में लगने वाले ऊँचे झूले पर बैठते हुए उसकी आँखें बन्द हो जाती थीं। जब ऊँट ने पूरी ढलान पार कर ली तब शानू ने आँखें खोलीं। जैसा मंजर उसके सामने था वह तस्सबुर भी नहीं कर सकता था। रेगिस्तान के बीच हरियाली का टुकड़ा। नखलिस्तान, जहाँ पानी के तालाब होते हैं। उन्हीं के आस-पास उगी खजूर और जंगली झाड़ियाँ कितनी अच्छी लग रही थीं।

"हज़रात ये सहरा पीर की दरगाह का पहला पड़ाव है, इसे नीला तालाब कहते है।"

"आप मुझे हज़रत क्यों कहती हैं?"

"तो और क्या कहूँ?"

"शाहनवाज़ नाम है मेरा...आप चाहें तो नाम लेकर भी पुकार सकती हैं।"

शकीला ने ऊँट को रोकने के लिए लगाम कसी, जब वह रुक गये तो वह शानू की तरफ मुँह करके बोली, "हमारे यहाँ बड़ों का नाम लेकर नहीं पुकारते।"

"अच्छा...कुछ और कह लीजिए पर हज़रत मत कहिये।"

"अच्छा कोई मुनासिब अल्फ़ाज़ आप ही बता दें।"

शानू ख़ामोश हो गया। उसे कोई अल्फ़ाज़ ही समझ नहीं आया। आता भी कैसे शकीला से पनप रहे इस रिश्ते को समझ नहीं पाया था वह। पर एक कशिश जरूर महसूस कर रहा था। शकीला के अब्बा की कही बात उसके ज़हन में उबरने लगी। "बेटा प्यार का पैगाम हैं सहरा पीर, वहाँ जाकर तुम खुद महसूस करोगे।"

अभी तो सहरा पीर कोसों दूर थे और प्यार का पैगाम शानू के दिल मैं दस्तक दे चुका था। हरियाली से भरा वह नख़लिस्तान सूखे हुए दिल में प्यार के पैगाम जैसा ही तो लग रहा था। शानू का गला प्यास से सूख रहा था, मुँह तेज धूप से लाल था। उसका मन कर रहा था कि अपने घर के बाथरूम के सभी नल व फव्वारे खोलकर उनके नीचे बैठ जाये, पर हैरान था शकीला पर जो बड़े मजे से उसके साथ बैठी थी। अभी अभी रेत की तेज ढलान उतरकर, हरियाली से भरा नखलिस्तान दिखाई दिया। उसका सूखा हुआ गला कितना बेचैन हो गया था प्यास बुझाने के लिये।

"सुनिए पानी जरा रुककर पीजियेगा, एकदम से पीने पर बीमार पड़ सकते हैं। क्योंकि पानी ठंडा है और मौसम गर्म।" शकीला ने ऊँट को रोककर कहा। अपनी एड़ियों को उसने ऊँट के पेट पर रगड़ दिया ऊँट जैसे समझ गया था कि बैठ जाना है। वह वहीं बैठ गया। मना करने के बावजूद भी शानू उतरकर सीधे उन झीलों की तरफ तेजी से बढ़ गया। शकीला ने फिर आवाज़ दी, "सुनिए टोबों का पानी बहुत ठंडा होता है...थोड़ा रुककर पीजियेगा।"

"टोबा।" शानू ने पूछा।

"हाँ इन पानी के तालाबों को हम टोबा कहते हैं।"

शानू ने अपने आपको सँभाला और अपनी चाल धीमी कर ली। पानी

से भरे ये टोबे उसे ऐसे लग रहे थे जैसे ज़मीन ने अपनी दोनों हथेलियाँ दुआ माँगने के लिए आसमान की तरफ उठा ली हों और आसमान ने अपना ही रंग उँड़ेल दिया हो ज़मीन के ख़ोबों में। शानू इन ख़यालों में डूबा ही था कि उसे शकीला अपने साथ चलती हुई दिखी।

"अरे तुम कब साथ चलने लगीं। तुम तो ऊँट बाँध रही थीं ना ...।"

"हम ऊँट को नहीं बाँधते, और मैं तो पिछले बीस कदमों से आपके साथ चल रही हूँ।"

"... अच्छा पता ही नहीं चला।"

"हाँ यहाँ रेत पर आहटों का पता नहीं चलता।"

शानू को भी उस आहट का पता नहीं चला जो शकीला ने उसके मन में चुपके से दे दी थी। टोबों के नजदीक आकर एक ठंडक महसूस हुई। शानू ने आगे बढ़कर पानी अपने ख़ोबों में भरकर सूखे होंठों तक लगा लिया। फिर ना जाने कितने ख़ोबे पिये उसने, कब की सूखी प्यास बुझाई। इतना मीठा पानी...इतना ठंडा। शकीला ने रोका "बस अब और ना पीजिए...।"

शानू ने पलटकर देखा तो शकीला मशकें भर रही थी। कुछ देर पहले सँभाल कर बाँधे हुए बालों की कुछ लटें नाफ़रमानी करते हुए फिर से लटक आयी थीं और शकीला की बड़ी-बड़ी आँखें लटों के पीछे से उस देख रही थीं। शकीला के हाथों में झूल रही मशक का पेट भी फूलता जा रहा था, शानू ने कहा, "आप पानी पी लीजिए मैं मशक भर देता हूँ।"

शकीला ने मुस्कुराकर इशारे से मना कर दिया। शानू ने एक नज़र थोड़ी दूर बैठे ऊँटों पर डाली, वह ख़ामोशी से बैठे थे। शानू ने कहा, "आपने तो ऊँटों को बाँधा नहीं फिर वह...टोबे से पानी पीने नहीं दौड़े...।"

शानू आगे कुछ कह पाता शकीला ने बीच में ही टोक दिया, "जानवर को बार-बार समझाने की ज़रूरत नहीं पड़ती, इनसान को हमेशा टोकना पड़ता है।"

शानू थोड़ा-सा शर्मिंदा हो गया। शकीला ने मशक का ढक्कन बन्द करते हुए कहा, "आप आराम करना चाहें तो कर लें अभी तो पहला पड़ाव है आगे भी चलना है।"

"पहला पड़ाव।"

"हाँ सहरा पीर तक पहुँचने में दो पड़ाव मिलते हैं एक ये नीला टोबा

और एक निशाने लैला। कहते हैं कि सहरा पीर की ज़ियारत से पहले यहाँ आना अकीदत को बढ़ा देता है।" शानू उसे हैरानी से देखता रहा, कितना यक़ीन है इसे अपने पीर पर अपने ख़ुदा पर। ख़ूब पानी पीने के बाद शानू पास पड़े पत्थर पर बैठ गया। अचानक से उसे घबराहट होने लगी, सर चकराने लगा।

"क्या हुआ...आप ठीक तो हैं।"

"हाँ बस...जरा चक्कर आ गया।"

ठंडा पानी तपती धूप में ज्यादा पी लो तो रेगिस्तान में चक्कर आ जाते हैं। शकीला मशक वहीं छोड़ कर तेजी से शानू की तरफ लपकी। जल्दबाजी में उसने दूसरी मशक का ढक्कन नहीं लगाया, पानी मशक से घुड़क घुड़क करता हुआ वापस टोबे में चला गया। शकीला ने उसके पैरों से जूते उतारकर अलग कर दिये और तेजी से उसके पंजे मलने लगी। शानू ने मना करना चाहा पर उसे सुकून मिल रहा था...उसने मना नहीं किया, उलटा अपने पैर सीधे कर दिये। थोड़ी देर में शानू उठकर सीधा हुआ।

"बहुत बहुत शुक्रिया अब ठीक लग रहा है।"

शकीला ने पानी से अपना दामन गीला किया और शानू के चेहरे और गरदन को मलने लगी...बोली,

"इसलिए तो मना किया था... पानी थोड़ा रुककर पीना।"

शकीला की उँगलियाँ ऊँटों की लगाम पकड़े रहने के बावजूद भी नरम थीं। एक भीनी-भीनी खुशबू जो शकीला से आ रही थी अब उसके क़रीब आने से और तेज़ हो गयी। शानू ने पूछा, "शकीला कौन-सी खुशबू लगायी है।"

"ये तो मुश्क़ है... सुबह नमाज़ से पहले लगाया था, इसकी महक से दिमाग़ तर रहता है।"

शकीला ने शानू के सिर पर हाथ फेरते हुए जवाब दिया। दोनों की नजरें मिलीं तो शकीला थोड़ी-सी झिझक गयी। अपना दामन हटाते हुए उसने कहा,

"आप थोड़ी देर छाँव में आराम कर लीजिए, मैं खाना लगाती हूँ।"

शानू सामने लगे खजूर के पेड़ के नीचे चला गया। रेत साफ थी ...उसे ठंडी रेत पर लेटकर बहुत सुकून महसूस हुआ। उसकी आँखें अपने आप बन्द होने लगीं फिर भी उसने पलटकर देखा ऊँट अपने आप पास की

झाड़ियों से पत्ते चबा रहे थे और शकीला, ज़मीन पर पड़े सामान से कुछ निकाल रही थी। उसे तो सो जाना चाहिए था... आँखें बन्द हो रही थीं, फिर उन्हें जोर देकर किसे देख रहा था वह। शकीला को अपनी तरफ आते देखा तो उसने आँखें बन्द कर लीं। कितना कमज़ोर होता है आदमी सहारा मिल जाये तो उसे छोड़ने से डरता है। पर शहर में तो उसे किसी सहारे की ज़रूरत महसूस नहीं होती थी, उलटा किसी के इतने नजदीक आने पर उसे घुटन लगती थी फिर क्या कुछ पिघल रहा था उसके मन में, हाँ पिघल रहा था तमाम सालों का सूखा और उसके मन से निकलकर रेत में मिल रहा था बिल्कुल उस पानी की तरह जो मशक से निकल कर टोबे में जा मिला था। उनींदी आँखों में जलते बुझते ख़यालों को शकीला की आवाज़ ने रोक दिया।

"आप खाना खा लीजिए...।"

कहते हुए शकीला ने पीतल के कटोरे में कुछ दिया। सत्तू था, शानू को अम्मीजान की याद आ गयी। बचपन में अक्सर अम्मीजान उसे ऐसी ही सत्तू खिलाती थी कभी-कभी। शानू ने कटोरे में पड़े चम्मच को यहीं रहने दिया और उँगलियों से सत्तू खाने लगा। शकीला ने अपने कटोरे का सत्तू होंठो से लगाकर पी लिया, उसके होंठों पर सत्तू की एक लकीर बन गयी। सत्तू की हलकी पीली लकीर बन जाने पर कितनी भोली लग रही थी शकीला। शानू उसे देखकर हँस पड़ा।

"क्यों हँस रहे हैं आप?" शकीला ने पूछा।

"बचपन की याद आ गयी, मेरे भी ऐसी लकीर बन जाती थी होंठों पर जब सत्तू पी लेता था। और अम्मीजान उसे ऐसी पोंछ दिया करती थीं।"

शानू के हाथ शकीला के होंठ तक सत्तू पोंछने के लिए बढ़े फिर रुक गये। उसने नजरें हटाते हुए बात का मौजूँ बदला।

"क्या ख़ासियत है इस जगह की और ज़ियारत से इसका क्या ताल्लुक है?"

"ये मुर्शिद अहराम की इबादतगाह है, जनाब वह सहरा पीर के मुर्शिद थे, नफ़्स और रूहानियत का क़िस्सा यहीं वाके हुआ, यहीं घटा।"

"कैसा क़िस्सा शकीला?"

"आप आराम कर लीजिए... मैं बाद में सुना दूँगी।"

"नहीं अभी सुनाओ...।"

शानू की इस हलकी सी ज़िद पर मुस्कुरायी थी शकीला। उसने पीतल का कटोरा अपने हाथों में लिया और मशक से उसमें पानी भर दिया। उस सत्तू लगे पानी को शानू ने बेहिचक पी लिया। कितनी मामूली-सी ये खुराक ताज़ा दम कर गयी थी– उसे। शकीला ने बर्तन लेते हुए बात शुरू की–

"दरवेश अहराम बहुत छोटे थे तब आपने सहरा पीर की सोहबत पायी, कहते हैं कि 12 साल की ख़िदमत के बाद एक दिन सहरा पीर ने अपने सर की पगड़ी उतार कर इनके सर पर रख दी थी और इल्म का नूर उनके ज़हन में उतर आया...सहरा पीर ने दरवेश को यहाँ इस नीले टोबे में इबादत करने का हुक्म दिया। तब यहाँ इतनी हरियाली नहीं थी और ना ही इन टोबों में इतना पानी। उन्होंने यहाँ चालीस साल इबादत की। जहाँ सच्ची इबादत होती है वहाँ खुदा की रहमत भी बरसती है ...वह इबादत करते साथ-साथ बिनौलों और खजूरों के बीज रेत में बो देते। इबादत के साथ-साथ यहाँ हरियाली भी पनप गयी। वह चट्टान देख रहे हैं आप।"

शकीला ने नखलिस्तान के छोर पर उभरी दो चट्टानों की तरफ इशारा करके कहा।

"हाँ ..।"

"वहाँ बीज बोते हुए अहराम दरवेश को एक ख़जाना मिला...आपने ग़ौर किया तो सोने के जेवरात से भरी डहरें यानी बड़े मटके रखे हुए थे। आपने तवज्जो नहीं दी और अपनी इबादत जारी रखी।"

"मतलब उन्होंने उस ख़जाने का कुछ नहीं क़िया।" शानू ने पूछा, वह लगभग उठ बैठा था।

"वह तो फ़कीर थे उन्हें दौलत से क्या लेना-देना।" शकीला ने जवाब दिया।

"अरे खुद ना रखते तो ग़रीब ज़रूरत मन्दों में तकसीम कर देते उनका भला हो जाता।"

शकीला एक लकड़ी से रेत पर कुछ बनाते हुए शानू की बात सुनती रही बोली, "क्या दौलत बाँटने से लोगों की ग़रीबी दूर हो सकती है।"

"क्यों नहीं?"

"अगर ऐसा होता तो इल्म का कोई मक़ाम नहीं रह जाता जनाब।"

शकीला के इस जवाब से शानू सकते में आ गया, उसने इतने मँझें

हुए जवाब की उम्मीद भी नहीं की थी।

"अच्छा आप क्या करते अगर ये ख़जाना आपको मिलता?"

"मैं मैं... जितना हो सकता ले जाता और अच्छे कामों में ख़र्च करता।" शानू ने जल्दी में जवाब दे दिया। शकीला मुस्कुरायी, उस सौदागर ने भी यही किया था।"

"किसने?"

"उसी सौदागर ने जिससे नफ़्स और रूहानियत का क़िस्सा मशहूर हुआ।"

"क्या क़िस्सा?"

"बहुत साल पहले एक सौदागर का बड़ा क़ाफिला यहाँ से गुजरा, इन टोबों में पानी देखकर उसने यहीं कयाम कर लिया, अहराम दरवेश और उनके मुरीदों से जब उसका सामना हुआ तो उसने पूछा, क्या ये टोबे आपके हैं। दरवेश ने कहा, "ख़ुदाई चीजें कभी किसी इनसान की मिल्कियत नहीं होतीं सौदागर तुम आराम से अपना कयाम करो।"

"फिर।"

"फिर क्या, सौदागर का क़ाफिला दो-तीन दिन तक वहीं रुका। उस सौदागर को बहुत गुमान था कि वह पूरी दुनिया में अपनी तिजारत कर चुका है और उसके पास बेशकीमती सामान और पैसा है जिससे वह दुनिया की हर ख़्वाहिश पूरी कर सकता है। दरवेश ने उससे इतना ही कहा कि 'ख़्वाहिशों का ही तो दूसरा नाम नफ़्स है और जब तक नफ़्स है इनसान गरीब ही रहता है।"

"मतलब?" शानू ने बीच में पूछा।

शकीला ने जवाब दिया, "आपने पूरा क़िस्सा तो सुना ही नहीं फिर समझ कैसे आयेगा...जब क़िस्सा पूरा हो और समझ ना आये तो बताइयेगा।"

शानू ख़ामोश हो गया, वह जल्दी से पूरा क़िस्सा सुनना चाह रहा था।

"सौदागर बुरा आदमी नहीं था बस दुनिया का सबसे अमीर आदमी बनने की ज़िद थी उसे। बहुत दिनों के सफ़र के बाद उसे इस जगह बड़ा सुकून महसूस हुआ। वह और रुकना चाह रहा था, पर क़ाफिले को नहीं रोक सकता था उसने अपने गुलाम से क़ाफिला ले जाने को कहा ताकि तिजारत में नुकसान ना हो और कुछ ऊँट और दो गुलाम अपने पास रोक

लिये। दो-तीन दिन बाद जब वह एकदम अच्छा महसूस करने लगा तो उसने दरवेश को कुछ बेशक़ीमती मनके और मोती पेशे नजर किया। दरवेश ने लेने से मना कर दिया तो सौदागर ने उन मोतियों की कीमत बताते हुए कहा–

"जानते हैं दरवेश इन मोतियों और मनकों की क्या कीमत है...पूरी दुनिया की सारी ख़ूबसूरत कालीनें इस एक मोती के बदले आ जायेंगी। इस एक मनके से हज़ार गुलाम खरीदे जा सकते हैं।"

दरवेश ने बस इतना ही कहा कि इन सबकी क़ीमत पानी की एक बूँद के बराबर नहीं। तुम्हें इल्म नहीं है सौदागर। सौदागर कुछ ना बोला पर मन में दरवेश की नासमझी पर हँसा था। शाम को वह सौदागर उन चट्टानों की तरफ निकल गया जहाँ ख़जाना छिपा था। ख़जाना देखकर वह दौड़ते हुए दरवेश के पा़स पहुँचा।

"दरवेश अहराम जानते हैं मैंने क्या देखा...?"

"क्या देख लिया ...सौदागर।"

"वह जो चट्टानें हैं ना वहाँ।" सौदागर कुछ भी कह पाने में कासिर था। दरवेश मुस्कुराये और बोले–

"अच्छा तुमने वह ख़जाना देख लिया।"

"आपको पता है उसके बारे में...।"

सौदागर सकते में था। दरवेश ने कहा, "हाँ रोज देखता हूँ उसे।"

"फिर क्यों मारे-मारे फिरते हैं जंगलों में, उठाइए इसे और आराम की ज़िन्दगी बसर कीजिए।"

सौदागर की ये बात सुनकर वह हँसने लगे और बोले, "मुझे इसकी ज़रूरत नहीं तुम्हें चाहिए तो तुम ले जाओ। बस मुझे अपना एक ऊँट दे देना ताकि मैं एक मुरीद तुम्हारे साथ भेज सकूँ खुदा का पैगाम लोगों तक पहुँचाने के लिए, उसकी तब्लीक के लिए।"

सौदागर मान गया। अगली सुबह उसने खुशी-खुशी अपने सारे ऊँटों पर जितना हो सका ख़जाना भर लिया, उसका दिल नहीं माना उसने अपने ग़ुलामों को हुक्म दिया कि वे अपने कपड़े व और भी सारा सामान नीचे उतार दें खुद भी ऊँट पर सवारी ना करें, इसके एवज में जितना हो सोना सिला भर लें। सौदागर खुद भी ऊँट पर नहीं बैठा और अपने वज़न का सोना लाद लिया। पर वादे के मुताबिक उसने एक ऊँट दरवेश के मुरीद

को दे दिया। मुरीद ने उस ऊँट पर कुछ चन्द बस्ता सामान और पानी की मशकें लाद लीं। सौदागर ने उस ऊँट पर कम सामान देखकर उस मुरीद से कहा–"क्या तुम थोड़ा सा ख़जाना लाद सकते हो?" मुरीद ने जवाब दिया, "नहीं मेरे पीर अहराम का हुक्म है कि मैं अपने साथ सिर्फ ख़ुदा का पैगाम ले जा सकता हूँ। ये सोना आप अपने ही पास रखिये, मैं आपकी ये ख़्वाहिश पूरी नहीं कर सकता।"

सौदागर ने मन में इस मुरीद को बेवकूफ कहा था और सोचा था कि इसे अभी इल्म नहीं कि शहर ए शाम में इस दौलत से वह कुछ हासिल नहीं कर सकता। हो सकता है कि लोग उसे वहाँ का शाह ही बना दें।"

ख़ैर सफ़र शुरू हो चुका था। एक तरफ कुछ ऊँटों पर नफ्स यानी ख़्वाहिशें थीं तो दूसरी तरफ सिर्फ एक ऊँट पर रूहानियत...आज दोनों एक-दूसरे से मुकाबिल होने जा रही थीं।

शकीला क़िस्सा सुनाते-सुनाते उसमें खो गयी थी, और उसकी आँखों ने अभी-अभी सौदागर और अहराम दरवेश के मुरीद के क़ाफ़िले को बिदा किया था। शानू ने कहा, "आगे क्या हुआ शकीला?" शकीला ने क़िस्सा जारी रखा क़ाफिला क़ाफ़ी दूर निकल आया। ऊँटों पर सोना लादे सौदागर खुशी से चला जा रहा था। जैसे-जैसे दिन चढ़ा सूरज की तपिश बढ़ने लगी। पैदल चलने की वजह से सौदागर और उसके गुलाम बुरी तरह से थक गये। उनकी मशकों का पानी भी ख़त्म हो गया था क्योंकि उसने ज्यादतर मशकों में सोना भर लिया था। सबके गले सूख रहे थे। सौदागर ने पलटकर देखा तो अहराम दरवेश का मुरीद ऊँट पर बैठा मशक से पानी पी रहा था। सौदागर ने क़ाफिले को रुकने का हुक्म दिया तो मुरीद ने अपने ऊँट से उतरकर एक बर्तन में पानी डाल कर अपने ऊँट को दे दिया। सौदागर ने कहा "ए मुरीद मुझे भी पानी दे दे।"

"क्यों तेरी मशकें कहाँ हैं।"

"ऊँटों पर... पर उनमें तो सोना भरा है।"

"तो फिर प्यास बुझा ले सोने से।"

ये सुनकर सौदागर बौखला गया। उसने गुस्से से कहा, "सोने से कहीं प्यास बुझती है।"

"तो आपने पानी क्यों नहीं रखा?"

जिनके ज़हन में लालच हो भला वह मशकों में पानी कैसे भरता। सौदागर तड़पने लगा। उसने मुरीद से पानी की गुहार लगायी। मुरीद ने कहा, "सुनो सौदागर ये पानी मैं अपने खुद के और अपने ऊँट के मुताबिक लाया था...तुम्हें दूँगा तो मुझे और मेरे ऊँट को तकलीफ होगी। मैं पानी तुम्हें दे दूँगा पर हमारी तकलीफों के मुताबिक तुम्हें हदिया यानी एक रकम देनी होगी...दे पाओगे।"

सौदागर के पास तो ख़जाना था वह मन में हँसा और बोला, "मंजूर है, बोलो क्या हदिया है तुम्हारी इस पानी की मशक का।"

मुरीद बोला, "एक पानी की मशक के बदले 10 सोने की मशकें... बोलो मंजूर है।"

सौदागर सुनकर हक्का बक्का रह गया पर कोई चारा नहीं था, उसकी रूह प्यास से निकली जा रही थी। उसने 10 मशकें सोने की उतारकर मुरीद को दे दीं और पानी की मशक अपने मुँह में खोल ली। उसे ऐसा लगा जैसे रूह वापस उसके जिस्म में आ रही हो। बचा हुआ पानी उसने अपने खिदमतग़ारों को दे दिया। पर उसके ऊँट अब भी प्यासे थे। मशक का पानी ख़त्म हो गया था। तो क्या हुआ वह तो सहारा का ही जानवर है बिना पानी पिये भी रह सकता है। आदमी कितना खुदग़र्ज़ हो जाता है जिस चीज से फ़ैज़ पाता है उसे फ़ैज़ नहीं पहुँचता, ऊँट प्यासे ही रहे... काफिला आगे बढ़ गया।

पर शानू का क़ाफिला तो यहीं रुका गया था, शकीला के साथ नीले टोबे में। उसने सौदागर के क़ाफिले की कहानी आगे बढ़ाने को कहा। शकीला ने जवाब दिया, "आप रुकिए जौहर यानी दिन की दूसरी नमाज़ का वक्त हो गया है। मैं नमाज़ अदा करके क़िस्सा आगे सुनाऊँगी, शकीला ने टोबे के पानी से बजू बनायीं...यानी तरतीब से हाथ, पैर, मुँह धोये और नमाज़ पढ़ने लगी। उसके जिस्म से आती मुश्क-ए-फिरदौस की खुशबू पूरे सहरा में फैल रही थी। ऐसा लग रहा था जैसे अहराम दरवेश अब भी कहीं इस जगह इबादत में मशगूल हों।

इन कहानियों और किस्सों में कितनी ताकत है, जैसे पूरा का पूरा क़िस्सा आपकी आँखों के सामने घटा हो और आप कहीं कोने में खड़े उसके चश्मदीद हों। शकीला ने नमाज़ अदा की और आकर शानू के पास उसके

ऊपर तीन फूँकें डाल दी। अम्मीजान अक्सर नमाज़ के बाद शानू पर फूँकें डालती थी। उसकी आँखें भर आयीं।

"क्या हुआ...?" शकीला ने पूछा।

"कुछ नहीं बस अम्मीजान की याद आ गयी।"

थोड़ी-सी ख़ामोशी के बाद शानू ने क़िस्सा पूरा करने को कहा। वह जानना चाह रहा था कि उस सौदागर का क्या हुआ? शकीला ने बोलना शुरू किया— सौदागर ने देखा कि अहराम दरवेश के मुरीद ने जिनसे उसने सोने की 10 मशकों के बदले में एक मशक पानी की ली थी, वह सोने की मशकें रेत के एक गड्ढे में डाल दीं और कहा जिसका नसीब हो उसे मिले...चलिए सौदागर क़ाफिला आगे बढ़ाइये। सौदागर ये देखकर हैरान था, लेकिन कुछ कर भी तो नहीं सकता था। उन 10 सोने की मशकों पर उसका कोई अख्तियार नहीं था। क़ाफिला आगे बढ़ने लगा, थोड़ी देर में रेत का एक बड़ा-सा गुबार उठा और उठता ही चला गया। रेत के तेज थपेड़े सबके जिस्मों पर पड़ने लगे। सौदागर ने आवाज़ लगायी ...जल्दी से ऊँटों को ढलान के नीचे उतारो तूफान है। किसी को कुछ नजर नहीं आया थोड़ी देर में जब तूफान थमा तो सौदागर ने देखा कि उसके क़ाफिले के ऊँटों का सारा सोना सिला बिखरा पड़ा है। थके हारे अपने गुलामों को सौदागर ने आवाज़ दी— 'जल्दी से सारा सामान बटोरो और वापस ऊँटों पर चढ़वाओ। गुलाम सामान बटोरने लगे। तूफान के बाद बचीखुची दम सामान चढ़ाने की इस कसरत ने पूरी कर दी। गुलाम प्यासे थे, ऊँट प्यासे थे और सौदागर भी प्यासा था। एक बार फिर से उसने दरवेश के मुरीद के दरबार में पानी की इल्तिजा पेश की। मुरीद हँसा, बोला—

"ऐ सौदागर मैं पानी देने से इनकार नहीं कर सकता, पर सफ़र अभी लम्बा है पानी कम। तुझे पानी दिया तो मुझे और मेरे ऊँट को ज्यादा तकलीफें उठानी होंगी ...हदिया देना होगा।"

"हाँ ले लो 20 मशकें सोना और दो मशक पानी दे दो...।"

मुरीद हँसा, बोला, "जब किसी इनसान को दी जाने वाली तकलीफें बढ़ जाती है तो उसकी माफ़ी के लिए कुफ़्फ़ारे की कीमत भी कभी बढ़ जाती है अब एक मशक पानी के मुकाबले 40 मशकें सोना अदा करना होगा, बोलो मंजूर है।"

पानी की शिद्दत से परेशान सौदागर ने हाँ कर दिया। दो मशक पानी के लिए सौदागर ने 80 मशकें सोना अदा किया। मुरीद ने फिर से सारा सोना वहीं रेत के एक गड्ढे में दफन कर दिया। पानी कतरा-कतरा रूह बनकर सौदागर और उसके गुलामों के जिस्म में उतर रहा था और नफ़्स यानी ख्वाहिशें वहीं रेत में दफन होती जा रही थीं।

किस्सा सुनाते-सुनाते शकीला का चेहरा एकदम शान्त हो गया, शानू की निगाहें उसे टकटकी लगाकर देखे जा रही थीं। मानो उसने अपनी ख्वाहिशों को सोने की जगह दफना दिया हो।

तेज धूप में छाँव का एक टुकड़ा भी कितनी राहत दे देता है। और यहाँ नीले टोबे में छाँव भी थी, पानी और खाना भी। सौदागर और दरवेश की कहानी अभी पूरी नहीं की थी शकीला ने। शानू ने पूछा, "तुम चुप क्यों हो गयीं ...क्या हुआ?"

"कुछ नहीं, दुआ माँग रही थी।"

"क्या माँगा?"

"दुआएँ किसी को बताया नहीं करते ...मैं जल्दी से क़िस्सा ख़त्म करती हूँ अभी हमें बहुत चलना है।"

शानू ने उठकर खजूर के तने से अपनी पीठ लगा ली। शकीला बोली—सौदागर को ये समझ तो आ गया था कि इस नाज़ुक वक्त में उसे पानी की इतनी बड़ी कीमत अदा करनी पड़ रही है। पर ख़जाना अभी बहुत था और वह सोचा रहा था कि अगर एक मशक सोना भी बचा पाया तो वह भी क़ाफ़ी होगा। उसने ख़जाने को बचाने की एक तरकीब सोची, उसने अहराम पीर के मुरीद से कहा, "हजरत आप ये सोना ज़मीन में क्यों दफना रहे हैं...मतलब इससे आपको क्या हासिल होगा?"

मुरीद ने कहा, "हा़सिल करने को मुझे क्या चाहिए, मैं तो बस अपने मुर्शिद, अपने पीर का हुक्म मान रहा हूँ।"

सौदागर आगे बोला, "आप कभी इस सहारा से बाहर गये हैं, क्या आपने मिस्र शहर की शाम देखी है।"

"नहीं मैं यहीं पास के एक छोटे से इलाके में पला—बढ़ा, और जब से अहराम दरवेश का मुरीद हुआ हूँ तब से इस नीले टोबे से बाहर नहीं निकला, मैंने कुछ नहीं देखा।"

सौदागर मुस्कुराया और अपना ऊँट उसने मुरीद के पास रोक दिया, बोला, "फिर आपने ज़िन्दगी का लुत्फ नहीं लिया, आपने अल्लाह और उसके पैगाम के लिए इतनी तकलीफें उठायी हैं, मेरा फर्ज बनता है कि मैं आपको आराम और अशायश से रूबरू कराऊँ, शहर पहुँचकर मैं आपके इस्तकबाल में एक बहुत बड़ी दावत पेश करूँगा। शहर की खूबसूरत रक्कासाओं को बुलाऊँगा। दस्तरखान पर रकम-रकम के लजीज खाने रख दूँगा।"

"शुक्रिया सौदागर ...क्या तुम वाकई ऐसा करोगे।"

"बिल्कुल हुजूर...आप अल्लाह के नेक बन्दे हैं, मैं आपका एक आस्ताना बनवा दूँगा आप आराम से पूरी ज़िन्दगी इबादत कीजिए... यों जंगल में भटकने की ज़रूरत नहीं। लोग तो आपके दस्त मुबारक यानी हाथों को चूमेंगे, आपके मुरीद हो जायेंगे।"

मुरीद ख़ामोश रहे। सफ़र जारी रहा। आखिर वह मकाम भी आ गया जब एक बार प्यास ने अपना जोर पकड़ा। सौदागर के ऊँट भी बहुत प्यासे थे और उसके गुलाम भी। गुलाम ने सौदागर से कहा, "आका पानी।" सौदागर ने मुरीद की तरफ देखा, मुरीद ने फिर से हदिये की बात की। सौदागर ने कहा। "हुजूर मैं बिल्कुल हदिया देने को तैयार हूँ लेकिन अगर इसी तरह आप सोना ज़मीन में दफन करते गये तो आपका आस्ताना कैसे बनेगा, कैसे हो पायेगी आलीशान दावत और वैसे भी इस सोने पर मेरा अख्तियार है, ये आपके पीर ने मुझे दिया था।"

मुरीद ने अपनी आँखें बन्द कर लीं और पानी की मशक का ढक्कन खोल दिया पानी रेत पर गिराने लगा। सूफी मुरीद ने सौदागर से कहा, "लो मैं सोना दफ़न नहीं करता...पानी दफन किये देता हूँ, इस पर तो मेरा अख्तियार है।" सौदागर घबरा गया। एक तस्वीर उसके सामने उभर आयी। उसका और उसके गुलामों का सूख हुआ हड्डियों का माँजर ऊँटों के माँजर के पास पड़ा है और उस पर सोने के जेवरात बिखरे हैं। सारी मशकें खाली हो रही थीं सौदागर घबरा रहा था उसने घुटने टेकते हुए मुरीद से कहा, "माफ कीजिए आप जो हदिया चाहें ले लें पर पानी दे दें।" लेकिन मुरीद ने अपना ऊँट आगे बढ़ा दिया, सौदागर दौड़ता हुआ पीछा करने लगा उसे देख मुरीद ने कहा–"बोलो सौदागर क्या कीमत है इस एक बूँद पानी की।" सौदागर की जबान प्यास से बाहर आ रही थी वह गिर पड़ा, बोला, "ये

सारा ख़जाना ले लो पर पानी की वह बूँद दे दो।"

मुरीद ने सारा ख़जाना मिट्टी में दफन कर दिया और पानी की मशक सौदागर और उसके गुलामों के मुँह में खोल दी। कतरा-कतरा पानी उतरता रहा था और कतरा कतरा रूह उनके जिस्मों में वापस आ रही थी। वह नफ्स था जो दफन था और रूहानियत थी जो जीत गयी थी।

कहानी ख़त्म हुई तो दिन की रौशनी भी ख़त्म होने लगी ...सूरज वापस रेत की पहाड़ियों में छिप गया। एक ख़ामोशी थी। शानू ने ख़ामोशी तोड़ते हुए कहा, "वाकई एक बूँद पानी उस ख़जाने से कीमती था। पर शकीला पानी ने उनकी ज़िन्दगी बचायी इसमें रूहानियत कहाँ थी।"

"आप रूहानियत से क्या समझते हैं।" इतना कहकर शकीला शानू को निहारने लगी। तमाम किताबें और दुनिया पढ़ने के बावजूद शानू ने कभी रूहानियत के बारे में नहीं पढ़ा था। उसने यही बात शकीला से कह दी, उसने मुस्कुराते हुए जवाब दिया "जो चीजें दिल में होती हैं वह किताबों में नहीं मिला करतीं जनाब, जब दिल को बेहद सुकून महसूस हो और उस लम्हे में कोई और ख्वाहिश ना रहे। मन के अन्दर तक ख़ामोशी रौनक बनकर धड़कने लगे। ऐसा लगे कि कुदरत से पाक कुछ भी नहीं इनसान की बनायी हुई कोई भी चीज नहीं। जब इनसानी ताकत से भी ऊपर कोई कहकशाँ दिख जाये, वहाँ रूहानियत महसूस होती है। वहाँ वक्त रुक सा जाता है। उस सौदागर ने जब पानी को मुँह में डाला तो उससे अफजल कोई चीज नहीं लगी थी उसे। पानी का वह एक कतरा ख़ुदा की रहमत का नजारा था वही रूहानियत भी था।"

शानू को कुछ तो महसूस हुआ था शकीला की ये बात सुनकर। किस्से में डूबे दोनों लोगों को अचानक बढ़ते अँधेरे का ख़याल आया। शकीला बोली,

"अब आज तो आगे सफ़र नहीं कर सकते ...रात जो होने वाली है।"

"किस्सा सुनते-सुनते वक्त का पता ही नहीं चला।" शानू ने कहा।

शकीला उठकर सामान में से रावटी यानी देसी टेंट निकालने लगी। उसे अकेला काम करते देख शानू ने भी उसका हाथ बँटाना शुरू कर दिया। पहले दोनों ने रावटी लगवाई, फिर बिछौना बिछा दिया। शकीला ने प्लास्टिक की केन से मिट्टी का तेल एक लालटेन में भरा और जला दिया। रेगिस्तान

में अभी-अभी बना उनका छोटा-सा घर रोशन हो गया। बाहर बर्तनों को शकीला ने ऐसे रख दिया जैसे रसोई हो। कितनी कमाल की होती है ये औरत जात जरा से तिनकों में पूरी दुनिया बना देती है। शानू को भूख लगी थी उसने शकीला से कहा, “शकीला खाना बना दो भूख लगी है।”

अपनी अम्मीजान के अलावा उसने पहली बार शायद ही किसी से कभी खाने की फरमाइश की हो, अम्मीजान के साथ कभी कहीं जाता था तो भी खाना अम्मीजान से ही माँगता और अम्मीजान नहीं दिखतीं तो भूखा रहता पर किसी और से कभी नहीं कह पाता था। पर यहाँ कोई दूसरा नहीं था और उसे शकीला से कहने में कोई हिचकिचाहट नहीं हुई। शकीला ने जवाब दिया, “ऊँटों को खिला दूँ फिर चूल्हा सुलगाती हूँ।”

“ऊँटों को मैं खाना डाल देता हूँ बताओ क्या डालना है?”

शकीला ने मना किया पर शानू नहीं माना आखिरकार शकीला ने भूसे की बोरी की तरफ इशारा करते हुये कहा, “एक-एक डलिया दोनों ऊँटों को रख दो और बाल्टी में पानी भी रख देना।”

शानू खुशी-खुशी चला गया। अनजाने में ही वह सब एक परिवार बन गये थे। ऊँटों को पानी डालते हुए शानू शकीला को देख रहा था। उसका चेहरा चूल्हे की आग की रौशनी में जलता और बुझता। बहुत खूबसूरत लग रही थी वह। शानू को लगा जैसे वह कब से उसके साथ ऐसे ही घूम रहा है इस सहरा में।

ऊँटों को पानी पिलाकर शानू वापस चूल्हे के पास आ गया। शकीला कड़ाही में कुछ पका रही थी। शानू के बैठने के लिए उसने अपने सामने एक बोरी बिछा दी, शानू उस पर बैठ गया। शकीला जब कड़ाही में करछी चलाती तब उसकी चूड़ियाँ खनक उठतीं। चूड़ियों की इस खनक से शानू को अम्मीजान की एक बात याद आ गयी। वह अक्सर कहा करती थी कि ‘मैं तो अपनी बहू को पूरे हाथ भर चूड़ियाँ पहनाऊँगी, चूड़ियों की खनक से घर में बरकत रहती है।’ वह बैठे-बैठे मुस्कुराता रहा। सुनसान रेगिस्तान में एक जलता हुआ चूल्हा, खाना पकाती एक खूबसूरत लड़की और इन सबके बीच में वह खुद। शानू ने कभी तसव्वुर नहीं किया था। उसके मन में ना जाने क्या आया उसने शकीला से पूछा,

“तुम्हारे घर में कौन-कौन है।”

इससे पहले शायद ही शकीला से ये सवाल किसी ने पूछा हो। उसने कड़ाही में पक रहे सालन को चलाया और करछी नीचे रखी प्लेट पर रखते हुए कहा, "घर में अब्बा हैं बस।"

"मतलब...।"

शकीला ने बीच में ही कहा, "अम्मी तो बचपन में ही गुजर गयी थीं। अब्बा ने ही मुझे पाला। घर में कोई बेटा नहीं था तो अब्बा को बहुत अफसोस रहता था।"

"किस बात का।" शानू ने पूछा।

"इसी बात का उनका ज़ियारत करवाने का काम अब कौन करवायेगा, पीढ़ी दर पीढ़ी चली आ रही रवायत ख़त्म होने का खतरा था।"

इतना कहकर शकीला ने चूल्हे से कुछ अंगारे चिमटे से बाहर निकाले और कड़ाही उन अंगारों पर रख दी, चूल्हे पर उसने रोटी बेलने वाला तवा रख दिया। शानू के आगे उसने एक प्लेट रखते हुए कहा, "अब्बा से लोगों ने दूसरी शादी करने को कहा पर अब्बा अम्मीजान के गुजरने के बाद इतने टूट गये कि दूसरा घर बसाने की सोच ही नहीं पाये। अब्बा जब लोगों को ज़ियारत पर ले जाते तो मुझे भी साथ ही रखते, बस यहीं से ऊँटों की ये डोर मेरे हाथों में आ गयी।"

पहली रोटी तवे पर फूली तो शकीला ने उसे उतार कर शानू की प्लेट में रख दिया और प्लेट के एक तरफ सब्जी निकाल दी और बोली–

"बैठे क्यों हैं? आप शुरू कीजिए।"

"अरे तुम भी तो आओ।"

"फिर रोटियाँ कौन बनायेगा?" शकीला ने तवे पर दूसरी रोटी डालते हुए कहा।

छोटी ही सही ये कुर्बानी क्या औरत के दिल की मोहब्बत नहीं है? ऐसे ही ना जाने कितनी छोटी-छोटी कुर्बानियाँ दिन में कितनी ही बार देती है ये औरतें। अम्मीजान भी तो पहले उसे खाना खिलाती थीं फिर खाती थीं, कोई अच्छी चीज कहीं से आ जाती तो शानू के लिए बचा के रख देतीं। शकीला के लिए इज्जत उमड़ आयी शानू के दिल में। उसने कहा, "मुझे रोटियाँ बनानी आती होतीं तो मैं 'पहले तुम्हें बना कर खिलाता, सुनो तुम सारीं रोटियाँ बना लो हम साथ में खायेंगे।"

ये कहकर शानू ने रोटियों की थाली आगे खिसका दी। शकीला को बहुत अच्छा लगा। अगर आदमी प्यार में थोड़ी इज्जत मिला दे तो एक औरत को इससे ज्यादा कुछ नहीं चाहिए उससे। दूसरी रोटी भी प्लेट में आ चुकी थी और शकीला के हाथ तेजी से चल रहे थे आखिर वह उसका इन्तज़ार करते शानू को और इन्तज़ार नहीं कराना चाहती थी।

दो लोगों के लिए रोटियाँ जल्दी ही बन गयीं। शकीला ने अपने लिए भी एक प्लेट में खाना निकाल लिया। पहला निवाला मुँह में रखते ही शानू ने कहा, "वाह, यहाँ बियाबान में कौनसी सब्जी बना डाली तुमने।"

"सब्जी नहीं बड़ियाँ हैं मूँग के दाल की आपको अच्छी लगी।"

"हाँ बहुत टेस्टी है।"

"और दूँ...।" कहते हुए शकीला ने कड़ाही की बची हुई सब्जी शानू की प्लेट में डाल दी। शानू ने शकीला को देखा और बोला, "तुम बस एक मिनट रुको मैं अभी आया।" ये कहकर शानू अभी-अभी बनाये अपने घर यानी टेंट में चला गया। उसने अपना बैग खोला कैमरा निकाला। और बाहर निकल आया। शकीला कुछ कह पाती कि शानू ने उसकी तस्वीर खींच ली। शकीला ने कहा, "आपने खाना खाते हुए तस्वीर क्यों खींची?"

"ये मैं नहीं बताऊँगा।"

शकीला ने अपनी जूठी प्लेट ज़मीन पर रख दी और शानू की तरफ लपकी।

"दिखाइए ना...।"

शकीला को अपने पास आता देख शानू कैमरा छिपाते हुए भागा... शकीला भी उसके पीछे दौड़ने लगी।

"रुकिए ना ...बिना पूछे किसी की तस्वीर नहीं खींचते।"

शानू ने दौड़ते-दौड़ते ही आवाज़ लगायी, "मैंने 'किसी' की नहीं अपनी गाइड की तस्वीर खींची है।"

दोनों टेंट से थोड़े आगे निकल आये। रेत में तेज नहीं दौड़ पा रहा था शानू। उसका अगला क़दम रेत में क़ाफ़ी धँस गया और वह गिर पड़ा। उसके पीछे आती शकीला भी अपने आपको सँभाल नहीं पायी, शानू से उसका पैर टकराया और वह उसके ऊपर गिर गयी। लालटेन की रौशनी इतनी तेज नहीं थी कि उन दोनों तक पहुँचती, पर चाँद की रौशनी शकीला का चेहरा

देखने के लिए क़ाफ़ी थी। शर्म की एक पर्त उतर आयी थी उसकी आँखों में। शकीला ने अपने आपको सँभाला और उठ कर बैठ गयी।

"आई एम सॉरी...।" शानू ने कहा।

शकीला ने अपना हाथ बढ़ा दिया, वह कैमरा माँग रही थी। शानू उठा और उसके बगल में आकर बैठ गया। कैमरे को शकीला के चेहरे के सामने ले जा कर उसने एक बटन दबा दिया। एक तस्वीर सामने आ गयी। गहरे नीले रंग का घाघरा और लाल रंग की चोली कितनी अच्छी लगती है उस पर ये तो उसे तस्वीर देखकर अहसास हो गया। उसके गले, कानों, नाक और पैर की उँगलियों पर चाँदी के जेवर अलग से चमक रहे थे। बस एक ही चीज उसे बुरी लगी हाथ में पकड़े हुए वह खाने की थाली। उसने शिकायत भरे लहजे में कहा–

"क्या...दूसरी तस्वीर खींचो...नहीं तो...।"

"नहीं तो क्या?"

उसने रूठ कर जवाब दिया और उठकर वहाँ से चली गयी। दोनों ने साथ में खाना खाया। खाने के बाद शकीला ने बर्तन समेटे और उन्हें धोने के लिए बैठ गयी शानू भी पीछे से आ गया। वह पानी डालता जाता और शकीला बर्तन साफ करती। इस बार शकीला ने उसे काम करने से नहीं रोका। जब बर्तन साफ हो गये तो शकीला ने अपने हाथ धो कर गीली उँगलियों की बूँदें शानू पर छिड़क दीं। शानू और शकीला के बीच का रिश्ता अब दोस्तों जैसा हो रहा था। शानू ने उसकी कई तस्वीरें निकालीं और उसे दिखाता रहा। दोनों बहुत सहज हो गये थे एक-दूसरे के लिए। लग ही नहीं रहा था कि अभी एक-दो दिन पहले दोनों अजनबी थे।

शानू ने लेटने के लिए अपनी दरी रेत पर खुले आसमान के नीचे बिछा ली, उसे अच्छा लग रहा था खुले आसमान के नीचे लेटना। बचपन में जब कभी-कभी गर्मियों में लाइट चली जाती थी तो वह ऐसे ही लेटता था और आसमान में चमकते सितारे देख अम्मी उसे उनके बारे में बताया करती थी। आज वह अम्मीजान की वही बातें शकीला को बता रहा था।

"ये जो सबसे चमकदार सितारा देख रही हो शकीला ये ध्रुव तारा है, और ये इस तरफ चार सीधे और तीन तारे दायीं तरफ की लाइन में जो हैं ना ये सप्तऋषि हैं।"

शकीला ने बताया, "आपको पता है कि हर तारा एक अलग दुनिया है, वहाँ अलग-अलग मखलूकें हैं।"

दोनों ना जाने कितनी देर तक बातें करते रहे। हँसते रहे। शकीला ने रेत पर अपनी उँगलियाँ घुमाते हुए कहा, "आप बहुत अच्छे हैं?"

"क्यों?"

इस क्यों का कोई जवाब नहीं था शकीला के पास। इससे पहले भी वह लोगों को ...ना जाने कितने लोगों को ज़ियारत करवा चुकी थी, पर ऐसा कभी नहीं हुआ था कि कोई उससे इतनी हमदर्दी से बात करे, उसके बारे में पूछे। उसे अहमियत दे। और वही शानू को शकीला की सादगी, उसका आत्मविश्वास भा गया था। कितनी पाक थी शकीला दुनियावी चीजों से, बिल्कुल दरवेशों की तरह। हर चीज को लेकर उसका अपना अलग ही नजरिया है। कितनी जिम्मेदार है अपने काम को लेकर, क्या ज़रूरत थी उसे अकेला आने की, यहाँ तपते रेगिस्तान में थकने की, एक अनजान आदमी के लिए तकलीफें उठाने की। ये सिर्फ उसका अपना अकीदा था सहरा पीर के लिए। एक इनसान का इतना मजबूत होना क़ाफ़ी था शानू का दिल जीतने के लिए। और यहाँ शकीला के साथ वह तो जैसे सबकुछ भूल गया था, अपना काम, शहर की हलचल, पार्टियों के दौर,...यहाँ तो वह ज़िन्दगी जी रहा था।

"मैं कभी शहर आयी तो क्या आप मुझे शहर घुमाएँगे।" शकीला ने कहा।

"हाँ हाँ क्यों नहीं, बोलो कब आ रही हो?"

शकीला चुप हो गयी। पर खुश हुई थी। शकीला ने उठते हुए शानू से कहा, "अन्दर आकर सो जाइए, नहीं तो रजाई ले लीजिए रात में ठंड बहुत बढ़ जाती है।" और वह अन्दर चली गयी। शानू वहीं पड़ा रहा। वह कैमरे में अभी-अभी खींची शकीला की तस्वीर देखने लगा। ना जाने कब उसकी आँख लग गयी। पर शकीला अब भी नहीं सोयी थी। खिदमत करने की ताकत ख़ुदा ने औरतों में ज्यादा दी है। जब तक घर में सब सुकून से सो ना जायें और वह ये इत्मीनान ना कर ले कि सब ठीक है, कहीं कोई दरवाज़ा तो नहीं खुला। बच्चों ने चादर तो ओढ़ी है ना, तब तक उसे नींद नहीं आती। यहाँ ना तो घर था और ना बन्द करने को कोई दरवाजा, हाँ

एक मेहमान जरूर था जो समझाने के बावजूद बिना रजाई के सो गया था। वह रजाई लेकर बाहर निकल गयी। उसने बेसुध सोये शानू को देखा ...मुस्कुरायी और वह रजायी उसके ऊपर डाल दी। शानू अब भी सो रहा था और शकीला उसे देखते हुए अन्दर चली गयी थी। सुबह उठकर सफ़र भी तो शुरू करना था उसे।

सुबह जल्दी उठकर सफ़र शुरू कर दिया था दोनों ने। शकीला फिर से पीरों के कलाम गुनगुनाने लगी थी। ऊँटों की तयशुदा चाल बता रही थी कि वह भी इस कलाम को सुन रहे थे। कलाम ख़त्म हुआ तो ऊँटों की चाल भी बढ़ गयी। अपने पंजों के निशान बनाते हुए ऊँट तेजी से कतार में खड़े रेत के टीलों को पार करने लगे। सफ़र तेजी से तय हो रहा था। जैसे-जैसे सूरज चढ़ा ऊँट भी मीलों निकल आये। सूरज अब भी ऊँटों के पीछे ही था क्योंकि उनकी परछाईं आगे पड़ रही थी। थोड़ी देर बाद रेगिस्तान के बीच में कुछ गुम्बदनुमा दिखने लगा। शानू ने पूछा–

"शकीला ये क्या है?"

"ये सहरा पीर की ज़ियारत का दूसरा पड़ाव है...निशान-ए-लैला।"

"अच्छा।"

"कहते हैं कि लैला की शादी का क़ाफिला इस जगह से होकर गुजरा था और ये जो गुम्बदनुमा बुर्ज देख रहे हो ये वही जगह है जहाँ कैस यानी मजनूं पागलों की हालत में पैदल अपनी लैला के पीछे-पीछे आ गया था। लैला को देख उसकी सूखी आँखों से जो आँसू गिरे वह रेत में जाकर मोती बन गये। फिर किसी सौदागर ने उठाकर वही मोती लैला के शौहर को दे दिये। जब वह मोती लैला के हाथों में पहुँचे तो पिघल कर फिर से पानी हो गये और उनसे आवाज़ आयी 'लैला हम कैस-ए-आमरी के आँसू है, बस इस बात की गवाही के लिए खुदा ने हमें यहाँ तक आने और बोलने की तौफीक दी ताकि हम बता सके कि कैस तुमसे बेइन्तिहा प्यार करता है। ये सुनकर लैला बेहोश हो गयी और तब तक बेहोश रही जब तक कैस उसके पास ना पहुँच गया। ...बस तभी से इस जगह पर हर साल लोग उनकी याद में इस गुम्बद पर दिये रोशन करने आते हैं।"

शानू को ऐसा लगा जैसे उसने ये पूरा का पूरा मंजर अपनी आँखों से होते हुए देखा हो और कैस-ए-आमरी की जगह वह ही था जो यहीं रेत

पर गिर गया था। अगर सच में ऊँट एक क़दम भी आगे बढ़ाते तो शानू का सारा बदन रेत बनकर भुरभुराते हुए रेत में ही मिल जाता। दोनों ने उतरकर वहाँ एक-एक दिया जला दिया और वापस सफ़र पर निकल पड़े।

"जानते हो सहरा पीर तक पहुँचने से पहले इन दो पड़ावों की ज़ियारत क्यों बतायी गयी है।" शकीला ने कहा।

"क्यों?"

"क्योंकि इश्क़ खुदा की इबादत का सबसे अहम हिस्सा है, फिर चाहे वह ख़ुदा से हो या अपने महबूब से, और इन जगहों पर आकर आप सच्चे इश्क़ से रूबरू होते हैं। तब जाकर सहरा पीर की ज़ियारत पूरी होती है।"

शानू को रूहानियत का अभी-अभी हुआ अहसास ताजा था। उसने कुछ जवाब नहीं दिया। दोपहर से लेकर शाम तक वह ख़ामोश बैठा रहा। ऊँटों ने ना जाने कितनी रेत की पहाड़ियाँ चढ़ीं उतरीं, सूरज ने कितनी गर्मी दिखाई, पर शानू के ख़ामोश हो चुके दिल में हलचल नहीं थी। सूरज बस डूबने वाला था कि शानू को वह दिखाई दिया जिसके लिए उसने इतना सफ़र तय किया था। पत्थर की बाउंड्री से घिरी एक गुम्बदनुमा इमारत दिखाई देने लगी थी। शाम की लाली भी उस सफेद दरगाह पर अपना रंग नहीं छोड़ पायी। वह एकदम सफेद था नूर जैसा। शानू और शकीला अन्दर की तरफ बढ़ने लगे। जैसे-जैसे शानू के क़दम सहरा पीर की मजार की तरफ बढ़ते वैसे-वैसे उसके आँसू निकलने लगे। उसने बड़ी अकीदत से माँ के दुपट्टे और फूल को मजार पर डाल दिया। मगरिब की अज़ान होने लगी। शकीला नमाज़ पढ़ने के लिए सहरा पीर के अहाते में आ गयी, नमाज़ पढ़ते वक्त उसका दुपट्टा हवा में उड़ गया, शानू ने उसे लपक लिया, पास की बावली से पानी निकाला। पानी से वजू बनायी और शकीला के दामन पर यानी दुपट्टे को बिछाकर उस पर नमाज़ अदा करने लगा। उससे पाक और कोई चीज नहीं थी वहाँ। उसका यहाँ आना बेकार नहीं गया, इश्क़ रोशन हो गया था उसके दिल में। आज उसकी इश्क़ की ज़ियारत पूरी हो गयी थी, वह अपनी लैला के दामन पर नमाज़ अदा कर रहा था।

वो आठ शब्द

●

नीलेश मिसरा

जैसे किसी बड़े से आडिटोरियम में नाटक ख़त्म होने के बाद परदा धीरे-धीरे नीचे आता है, ऐसे ही मसूरी की उस शाम कोहरे की एक परत धीरे-धीरे पेड़ों और दीवारों के सहारे नीचे उतर रही थी।

खामोश था शहर। अगस्त के महीने की ख़ामोशी लपेटे था अपने चारों ओर। आज बस सात-आठ गाड़ियाँ आयी थीं। दोस्तों को लेकर शाम की शताब्दी एक्सप्रेस में दिल्ली से आये मुसाफिर थे। टूरिस्ट सीजन कब का ख़त्म हो चुका था। कोहरे के गिरते हुए परदे पर निकलती हुई गाड़ियों में से एक में अनिरुद्ध बैठा था। पैंतीस साल के अनिरुद्ध मुखर्जी की ज़िन्दगी का आडिटोरियम भी ना जाने कब से ख़ामोश था। अकेला खड़ा था वो स्टेज पे। ना जाने कब वो अपनी लाइनें भूल चुका था, ना जाने कब रोशनियाँ बन्द हो चुकी थीं, ना जाने कब नाटक ख़त्म हो चुका था।

तलाक को तीन साल हो चुके थे। एक वक्त था जब अनिरुद्ध की ज़िन्दगी के आडिटोरियम में वो और रागिनी एक साथ स्टेज पे खड़े होते थे, खूबसूरती और मुस्कुराहट की पोशाक पहने, नये इश्क का इत्र लगाये। अब तो कितने साल बीत गये, शायद दस साल पहले मिले थे हम पहली बार याद शहर में एक ही दफ्तर में। वो नयी-नयी आयी थी। उसे एचआर सेक्शन का

रास्ता नहीं मालूम था। वो भी नया-नया आया था। ऐसे बन रहा था जैसे उसे सारे रास्ते मालूम हों। लेकिन एचआर की जगह ट्रेवल सेक्शन पहुँचा दिया। ऑफिस के ट्रेवल एजेंट जगदीश से परिचय करा दिया जैसे दफ्तर में सबको जानता हो। रागिनी को जरूर भटका दिया था उसने, पर अनिरुद्ध की आँखों को पढ़ के वो ये जान गयी थी कि इस लड़के के साथ भटकने के दिन आने वाले थे। कॉमर्स में नम्बर चाहे ही थोड़े कम आये हों लेकिन आँखें खूब पढ़ लेती थी रागिनी। खुराफ़ाती था ये लड़का लेकिन दिल का साफ था।

"सर कौन सी जगह पूछनी है?" ड्राइवर ने मसूरी के लैंडोर कैन्टोमेंट के अन्दर दाखिल होते ही पलट के पूछा। सामने घना कोहरा था। "अरे बॉस तुम सामने देख के चलाओ ना गाड़ी!" अनिरुद्ध झल्लाया। "आईवी बैंक का रास्ता पूछो!"

रागिनी हमेशा कहती थी "मुझे मसूरी ले चलना, वहाँ आईवी बैंक नाम की जगह पे कॉटेज हैं। बाहर लकड़ी की बालकनी के साथ खड़े होके सनसेट देखेंगे, सामने देहरादून की वैली दिखती है। दूर गाँव के घरों में रोशनियाँ जलने लगेंगी कमरे के अन्दर आते हुए बादल और अदरक की चाय की खुशबू" शब्दों से तस्वीरें कितनी अच्छी खींचती थी रागिनी।

देर से सही अनिरुद्ध आ गया था, मसूरी के आईवी बैंक – लेकिन अकेला आया था। रिसेप्शन पे चेकइन किया और अपने कमरे की और चल दिया, पर उसकी आँखें जैसे रागिनी को ही ढूँढ़ रही थीं।

अनिरुद्ध का कॉटेज ठीक वैसा ही था जैसा रागिनी ने अपने शब्दों के चित्रों में वादा किया था। एक तरफ पुरानी लकड़ी की दीवार और बाकी तीन तरफ पत्थरों की दीवारें, बिस्तर के सामने टीवी के नीचे एक फायर प्लेस जिसके बगल में बैठ के जाड़ों की शामें गुजारने का वादा किया था उसने कैसे जानती थी इस कॉटेज के बारे में इतना कुछ? इंटरनेट की घुमावदार गलियों में अक्सर ढूँढ़ा करती थी ऐसी जगहें, ऐसे शहर, ऐसे होटल, ऐसे पहाड़, ऐसे समुन्दर, ऐसे सनसेट, ऐसे तारों से पटे हुए आकाश जहाँ वो कहती थी वो दोनों कभी एक साथ जायेंगे, ट्रेवल डिपार्टमेंट वाला जगदीश परेशान हो गया था उसके प्लान सुनकर कभी वो अनिरुद्ध के साथ यूरोप में किसी छोटे से शहर जाना चाहती, कभी श्रीनगर या केरल के बैक क्वार्टर में हाउस बोट में अलसाई

दुपहरें बिताना चाहती, और अक्सर मसूरी के आईवी बैंक।

वो शायद उम्मीद करती थी कि उसके इन सारे छोटे-छोटे सपनों को ट्रेवल एजेंट जगदीश नहीं बल्कि उसका बॉयफ्रेंड पूरा करे। वो शायद चाहती थी कि अनिरुद्ध भी ऐसे छोटे-छोटे सपने देखे, कि वो भी कभी अचानक चाय पीते वक्त या रागिनी को अपनी नयी कार मैं ड्राप करते वक्त बोल पड़े कि "सुनो! शादी के बाद हम तुम वहाँ जायेंगे!" कि वो भी तारों के नीचे बैठ के बातें करना चाहे कि वो भी किसी पहाड़ से निकलती खुरदुरी चट्टान पर बैठ के दूर डूबता सूरज रागिनी के साथ ख़ामोशी में देखना चाहे।

लड़कियाँ चाहती हैं कि दोनों के हिस्सों के वो जो ख्वाब देखती हैं, उन्हें लड़के पूरा करें। लड़के मासूम होते हैं, लड़के बेवकूफ होते हैं, लड़के जिद्दी होते हैं, लड़के ढीठ होते हैं। अकसर या तो उन ख्वाबों को वो समझ नहीं पाते या इन्हें पूरा करने की जहमत नहीं उठाते। रिश्ता निभाने की जहमत नहीं उठाना चाहते। अनिरुद्ध फायर प्लेस के पास गया और लकड़ी की कुर्सी पे बैठ गया। पिछले तीन सालों में उसने तन्हाई बिताने के कई तरीके सीख लिए थे। किताबें ज्यादा पढ़ने लग गया था। पिछले साल जब तनख्वाह बढ़ी थी, तब एक कैमरा भी खरीद लिया था। देर तक चिड़ियों और फूलों के सामने कैमरा लेके बैठना सीख गया था।

असल में ये सब वही चीजें थीं जो रागिनी कहते-कहते थक गयी थी। वो कहे "जब देखो तब कम्प्यूटर और टीवी के सामने बैठे रहते हो! इनसान बनो! तुम तो फर्नीचर का हिस्सा लगने लगे हो!" रागिनी को टीवी से नफ़रत थी। वो किताबें पढ़ना पसन्द करती थी। खाना बनाना नहीं आता था, पर खाना बनाना सीखना चाहती थी। ये विडम्बना थी कि अब रागिनी से रिश्ता टूटने के बाद अनिरुद्ध रागिनी की तरह बनना चाहता था।

एक घंटा बीत गया रात के करीब 9 बजे थे। अनिरुद्ध तैयार होकर डिनर के लिए डाइनिंग रूम चला गया। अचानक उसके पाँव ठिठक गये। डाइनिंग रूम के आधे खुले दरवाजे से उसने देखा, सामने दीवार से सटी एक मेज पे रागिनी बैठी थी।

तीन साल बाद वो उसे देख रहा था। अनिरुद्ध वहीं मद्धम रौशनी वाले बरामदे में खड़ा रहा, अपने मोबाइल फोन में कुछ छेड़छाड़ करने का नाटक

करता रहा। रोज़ रात जो उससे बायीं ओर सोने के लिए झगड़ती थी, यही तो थी वो लड़की कॉमर्स में कम नम्बर लाने वाली पर आँखें बखूबी पढ़ने वाली, यही तो थी वो लड़की उसके चहेरे पे खुशी की चमक थी, आँखों में इत्मिनान का काजल। चिकन का सफेद शलवार कमीज पहने थी और लाल सिल्क का प्रिंटेड दुपट्टा सादी लेकिन फिर भी ख़ूबसूरत। हर एक बरस के साथ शायद थोड़ी खूबसूरती और बढ़ती जाती थी इस लड़की में। वो हमेशा अनिरुद्ध से अपने पापा की कही बात दोहराया करती थी "उम्र तो एक ख़याल का नाम है उम्र चहेरे से थोड़ी झलकती है!" अनिरुद्ध ने दूर से उसके हाथों को देखने की कोशिश की। लाल नेल पेंट लगा था उसके नाखून पर जहाँ तक वो ग़ौर कर पाया दिल तक नसें ले जाने वाली उसकी ऊंगली पर किसी पराये की मोहब्बत के नाम की अँगूठी नहीं थी।

"सर डिनर लगायें?" पास से गुज़रते एक वेटर ने पूछा। अनिरुद्ध हड़बड़ा गया। "नही, मैं एक जरूरी कॉल का वेट कर रहा हूँ। एक्चुअली मैं डिनर कमरे में ही करूँगा।" करीब 20 मिनट बाद वो अपने कमरे में उसी फायर प्लेस के सामने बैठा था और वेटर एक नॉन वेजीटेरियन थाली मेज पे रख रहा था। रागिनी के जाने के तीन साल बाद भी खाने का आर्डर देना खुद को सिखा नहीं पाया था। हमेशा रागिनी ही खाने की मेज़ पे आर्डर जो दिया करती थी। रागिनी जानती थी उसे चिकन कैसे पसन्द है, कौन सा रायता अच्छा लगता है, उसे रोटियों पे घी पसन्द है पर मिलेगा नहीं कि वो रेस्टोरेंट में भी चावल हाथ से खाना चाहता था पर तमीज़ दिखाने के कारण चम्मच उठानी पड़ती थी अगर इतनी अच्छी तरह से वो जानती थी अनिरुद्ध को तो उसे छोड़ के क्यूँ चली गयी? अक्सर पूछता था वो अपने आप से, अगर सारी गलती उसकी थी भी तब भी रागिनी उसको छोड़ के क्यूँ चली गयी? पिछले तीन साल अनिरुद्ध ने खुद को इलज़ाम देकर ही गुजारे थे। दिल्ली के पटियाला हाउस काम्प्लेक्स के फॅमिली कोर्ट में पसीने भरी दोपहर तलाक के कागजों पर दस्तखत करने के बाद वो हर रोज अपने मन की अदालत में खुद के खिलाफ जिरह करता था। रोज़ अपने ख़िलाफ़ एक नया सबूत पेश करता था नये हिन्दुस्तान की शादियाँ अक्सर ऐसे बेकारण टूट जाती हैं, कि बिखरते रिश्तों के ताने-बाने में क़ैद पति और पत्नी जान ही नहीं पाते

कि ये हुआ क्या और कैसे?

अगली सुबह हुई। डाइनिंग रूम में एक चीनी मिट्टी की कटोरी में कॉर्नफ्लेक्स लेती रागिनी के बगल में उसका एक्स-हस्बैंड खड़ा था। अनिरुद्ध ने कहा, ''हाय रागिनी!''

रागिनी ने चौंक के अनिरुद्ध की ओर देखा! उसके सर्विंग स्पून से गिरकर कॉर्न-फ्लेक्स कटोरी की जगह मेज पर गिर गये। "अनिरुद्ध!" तीन साल से तलाक शुदा रागिनी का एंडी अब वापस अनिरुद्ध बन गया। ''अनिरुद्ध तुम यहाँ क्या कर रहे हो?'' वो बोली। अनिरुद्ध मुस्कुरा के बोला ''मसूरी के आईवी बैंक की बहुत तारीफ की थी किसी ने'' कन्धे उचका के रागिनी बोली ''ओके'' और एक ओर चली गयी। असहज थी, जानती थी अनिरुद्ध की नजरें उसकी पीठ में गड़ रही हैं। नाश्ता जल्दी-जल्दी ख़त्म किया और डाइनिंग रूम से बाहर निकल गयी। कब बन गये वो लोग इतने अजनबी? आखिर अपने सबसे बुरे दिनों में भी वो ऐसे नहीं थे। तलाक के कोर्ट रूम में वो अपनी सुनवाई के आखिर दिन भी अगल बगल बैठे थे। अनिरुद्ध ने पहले उसे पानी और फिर कॉफी दी थी और फिर चलते समय आल द बेस्ट कह कर विदा किया था। पर रिश्तों की पेचीदगी को कहाँ समझ पाता था अनिरुद्ध? कहाँ जान पाया था कि मियाँ बीवी का ओहदा कोई गोल्ड मैडल का तमगा या फिर ट्रोफी नहीं है कि जिसे मंडप से लाये और शोकेस पर सजा दिया। ये तो ज़िन्दगी के बगीचे का वो फूल है जिसे रोज लम्हों से सींचना पड़ता है, जिसमें रोज मुस्कराहट की, प्यार की, अपनेपन की खाद डालनी होती है, वरना पता कहाँ लगता है कि कब ये फूल मुरझा गया। अगले चार घंटों में रागिनी तीन बार रिसेप्शन पर अनिरुद्ध के सामने से गुजरी। उसने अनिरुद्ध की ओर मुड़कर भी नहीं देखा। शाम हो गयी। अनिरुद्ध भी जैकेट पहन कर वहीं पहुँच गया जहाँ मसूरी में आने वाले सब लोग शाम को जाते हैं। "चार दुकान" नाम का वो पहाड़ी गलियारा जहाँ असल में अब नाश्ते की पाँच दुकानें हैं और आगे पहाड़ से लगा एक लम्बा रास्ता लाल टिब्बा नाम के एक टूरिस्ट स्पॉट तक जाता है। शाम ढल रही थी। पहाड़ी सड़क पर इक्का-दुक्का लोग थे। दूर मोड़ पर लम्बी लाल जैकेट पहने जाना पहचाना कोई चला जा रहा था। रागिनी की चाल पहचानता

था अनिरुद्ध। लाल टिप्पा के सड़क के एक मोड़ पर एक औरत ने अपने मकान की छत पर दूरबीन लगा रखी थी। छत पर जाने और दूरबीन से झाँकने के बीस रुपये ले रही थी। अनिरुद्ध वहाँ पहुँचा तो देखा कि रागिनी उस औरत से लड़ रही थी। "मगर जब मैं छत पर गयी ही नहीं तो पैसे किस बात के दूँ? मेरे पास अपने" और फिर बोली "यू आर अ मैड वीमेन पागल, बेईमान औरत और ये रहे तुम्हारे गन्दी चाय के पैसे!" पलट के न जाने क्या चीखती रागिनी ने उस औरत को सौ का नोट पकड़ा दिया। "नहीं हैं मेरे पास सौ के खुल्ले!" वो औरत चिल्लाई। कुछ देर ये चलता रहा। अनिरुद्ध आगे बढ़ा और बोला "रागिनी तुम जाओ मैं पैसे दे दूँगा।'' ''यू कीप आउट ऑफ दिस'' रागिनी आग बबूला हो गयी। ''मुझसे बात करने की कोशिश मत करो, मैं होटल बदल दूँगी! क्यों आये हो मेरी ज़िन्दगी में वापस?'' और सौ का नोट उस औरत की मेज पर फेंक कर पलट कर चली गयी। अनिरुद्ध उसे जाता देखता रहा।

सूरज डूब चुका था। हलका-हलका अँधेरा छा रहा था। लाल टिब्बा से वापस चार दुकान और आईवी बैंक की ओर जाती पहाड़ी सड़क एकदम सुनसान थी। झींगुरों की आवाज़ आ रही थी। पेड़ों में कभी-कभी सरसराहट होती थी। अनिरुद्ध को ठंडा पसीना छूट रहा था। पर खुद से फिक्रमन्द था वो रागिनी के लिए, वो तेज कदमों से आगे चली गयी थी गुस्से में। इतनी तेज क्यों चलती है ये लड़की! मैं टॉर्च क्यों नहीं लाया? डर लग रहा होगा रागिनी को मगर ईगो में मुझे साथ चलने को थोड़ी कहेगी! अनिरुद्ध ने सोचा। कोहरे में अब कोई नहीं दिख रहा था। अचानक एक टॉर्च उसकी आँखों की ओर चमकी। वो घबराहट के मारे वही रुक गया। ''मैं टॉर्च लायी थी'' रागिनी की आवाज़ आयी। ''जानती थी तुम नहीं लाये होंगे इसलिए तुम्हारे लिए रुकी थी।'' अनिरुद्ध देखता रह गया उसे। बोला "कहता था न कि हम दोनों में तुम ज्यादा समझदार हो।'' रागिनी पलटी और बिना जवाब दिये चल पड़ी। अनिरुद्ध भी उसके साथ-साथ चल दिया। टॉर्च की हलकी-सी रौशनी छिटक के रागिनी के चेहरे पर जा रही थी। और भी खूबसूरत लग रही थी वो। चलते-चलते आखिर बोली ''कैसे हो अनिरुद्ध?'' कुरेदना चाहता था वो रागिनी के मन को, जानना चाहता था क्या चल रहा

है। लेकिन रागिनी हमेशा कहती थी अपनी पसन्द और नापसन्द उसे छुपाना नहीं आता था। झींगुरों की आवाज़ से ज्यादा शोर कर रहा था दिमाग। जब तक आईवी बैंक पहुँचते अँधेरा हो चुका था। इससे पहले कि रागिनी अपने कमरे की ओर बढ़ती, अनिरुद्ध बोला "कॉफी पियोगी?" थक गयी थी वो। यही कारण रहा होगा, बिना कुछ बोले कॉफी शॉप के अन्दर वो एक कुर्सी पर बैठ गयी। कुछ देर दोनों ख़ामोश रहे। फिर वो बोली "क्यों आये हो मेरी लाइफ में वापस, मैं तुम्हारे बिना रहना सीख गयी हूँ, टाइम लगा पर आदत हो गयी है, मैं खुश हूँ, देखो मेरे डार्क सर्कल भी चले गये हैं।" अनिरुद्ध चुपचाप सुनता रहा। चाहता था रागिनी जो मन में है सब कह डाले। दो कप कॉफी आयी और ठंडी भी हो गयी। कभी रागिनी बोल रही थी, कभी खामोश। अनिरुद्ध ने कहा "शादी की?" रागिनी हँस के बोली "तुम लड़के इतने प्रीडिक्टेबल क्यों होते हो!" धीरे-से कॉफी का कप उठाया और धीरे-से ठंडी कॉफी को चखकर नीचे रख दिया। कुछ देर बाद बोला "रागिनी आय एम सॉरी!, रियली सॉरी फॉर एवेरीथिंग!" रागिनी ने कहा "तुम्हारा सॉरी एक्सेप्ट किया, हाँ, एक फाइन पड़ेगा!" और वेटर को इशारा करके बोली "ये कॉफी का बिल इनके रूम में डाल देना प्लीज!" रागिनी उठी और अनिरुद्ध भी उसके पीछे-पीछे चला। उम्मीदें बढ़ रही थीं। सामने से एक महिला एक डेढ़ साल के बच्चे को गोद में लिए दिखाई दे रही थी। उसने रागिनी को देखा और बोली "मेम साहब अच्छा हुआ कि आप आ गयीं, ये रो रहा था।" रागिनी ने बच्चे को गोद में लिया और बोली "अनिरुद्ध, इन भाईसाहब से मिलो, मेरा बेटा हर्ष!"

उस रात अनिरुद्ध सो नहीं पाया। लग रहा था कि आठ घंटो में आठ हजार बार रागिनी वही सूचना अनिरुद्ध को दे चुकी थी। 'अनिरुद्ध इन भाईसाहब से मिलो, मेरा बेटा हर्ष' करीब 12 बजे फोन की घंटी बजी। उसके पुराने दफ्तर का ट्रेवल एजेंट जगदीश था। "सर आपने रागिनी मैडम को ये क्यों बताया कि मैंने आपको उनके मसूरी प्रोग्राम के डिटेल दिये थे? उनका फोन आया था बहुत नाराज़ हो रही थी।" जगदीश ने बिना दुआ सलाम किये अपनी शिकायत कह डाली। अनिरुद्ध ने कहा "नहीं मैंने कहा तो नहीं, लेकिन मैं बेवकूफ था कि वो नहीं जान पायेगी। अच्छा ये बता जगदीश

रागिनी के हसबैंड की बुकिंग नहीं की थी तूने?'' ''सर मुझे बख्शो मैं कुछ नहीं बता पाऊँगा। मैडम ने सख्त वार्निंग दी है। मैं तो बस आपको हेल्प करना चाहता था पुराने वक्त के खातिर।'' सुबह हो गयी। नाश्ते के टेबल पर रागिनी अनिरुद्ध का इन्तज़ार कर रही थी। बच्चे का एक प्रैम था और एक बड़ा सा सूटकेश। वो बोली ''मैंने चेक आउट कर लिया है।'' अनिरुद्ध अगल बगल देखने लगा। वो बोली "मेरे हसबैंड को ढूँढ़ रहे हो?'' इससे पहले अनिरुद्ध कुछ जवाब दे पाता, वो बोली ''नहीं है, हर्ष के एडॉपशन का पेपर वर्क छह महीने ही पूरा हुआ है। एंडी, मैं और तुम अच्छे दोस्त हैं। सबसे अच्छे दोस्त, अच्छे हसबैंड वाइफ बन जायेंगे, ये मानना हमारी सबसे बड़ी गलती थी। हमने ये गलती नहीं की होती तो आज जो हमारा रिश्ता बचा है, इससे कहीं खूबसूरत रिश्ता होता हमारे बीच। लेकिन मुझे कोई तकलीफ नहीं है, जो होता है अच्छे के लिए होता है, पर मुझे किसी आदमी का नाम अपने या अपने बेटे के साथ जोड़ने की कोई मजबूरी भी नहीं है, अगर कोई टकरा गया तो ठीक है वर्ना हम दोनों ऐसे ही भले हैं।'' अनिरुद्ध कुछ देर तक हर्ष को देखता रहा और बोला "बिल्कुल अपनी माँ की तरह अकड़ू दिखता है।'' रागिनी हँस दी और बोली "शुक्र है अपनी माँ के एक्स हसबैंड पर नहीं गया है। अनिरुद्ध जहाँ तक तुम्हारा सवाल है, चाहे मैं तुमसे कितनी भी नाराज़ हो जाऊँ, वो नाराज़गी एक अधिकार के कारण ही आती है। मैं और तुम चाहे अपनी-अपनी दुनिया में जैसे भी रिश्ते में हों। हमारा एक-दूसरे पर अधिकार हमेशा रहेगा। हम एक-दूसरे के लिए हमेशा खास रहेंगे, अरे सुनिए भइया!'' रागिनी पलटी और मेज पर आलू के पराँठे रखते वेटर से बोली ''ये माँगेंगे जरूर मगर इन्हें पराठों के साथ घी मत देना। पुदीने की चटनी है आपके पास? वो इनको बहुत पसन्द है, मुझे पता है।''

◈ ◈ ◈

देहरादून रेलवे स्टेशन तक जाने वाली टैक्सी आ चुकी थी और ड्राईवर दो बार हॉर्न बजा चुका था। उसका हैंड ब्रेक ढीला था और वो ज्यादा देर तक खड़ी चढ़ाई पर गाड़ी नहीं रख सकता था। विदाई की रस्म भी ठीक से पूरी नहीं हो पायी। एक बार गले लगा लेना चाहता था वो रागिनी को। एक

बार वो कह देना चाहता था कि तुम चाहे मेरे साथ ज़िन्दगी नहीं बिताना चाहतीं पर तुम्हें खोने के बाद मैं ये जान गया हूँ कि मैं अब किसी और के साथ ज़िन्दगी नहीं बिताना चाहता। कह देना चाहता था कि प्लीज एक बार और सोच लो मैं बदल गया हूँ, बदलने की कोशिश कर रहा हूँ। लेकिन टैक्सी का हैंड ब्रेक खराब था न... रुख्सती जल्दी में हुई। रागिनी बाय कह के टैक्सी में बैठी और एक पराये ख्वाब की तरह अनिरुद्ध की आँखों से दूर होती गयी। अच्छा हुआ टैक्सी का हैंड ब्रेक खराब था। कुछ अनकहा रह तो गया था उनके बीच। अधूरेपन में पूरापन ढूँढ़ते हैं ना अक्सर हम! अगर अनिरुद्ध वहाँ आईवी बैंक के पत्थर के गेट के पास खड़ा रागिनी को सब कुछ कह देता, तो फिर कहने को बचता ही क्या? क्योंकि वो जानता था कि उनके रिश्ते का कुछ अभी बचा था तो दोनों के दिलों के अन्दर अनिरुद्ध ने उस अधूरे कुछ को अपनी आँखों में सजा के रख दिया था। रागिनी उसे दिल के किसी दराज में छुपा के चली आयी थी।

अनिरुद्ध की ज़िन्दगी का चक्र एक बार फिर वहीं रुक गया जहाँ आईवी बैंक की चढ़ाई चढ़ते वक्त रास्ते के अँधेरे में था। अपने ज़िन्दगी के ख़ामोश आडिटोरियम में अकेला खड़ा था वो स्टेज पर। न जाने कब वो अपनी लाइनें भूल चुका था, न जाने कब रौशनी बन्द हो चुकी थी, न जाने कब नाटक ख़त्म हो चुका था। रागिनी एक बार फिर स्टेज छोड़ के जा चुकी थी। सब कहते हैं कि बिछड़ना कठिन होता है, पर असल में बिछड़ने के लिए मिलना, दुनिया का सबसे कठिन एहसास है। आईवी बैंक से जाती सड़क जिस पर वो इत्तेफाक का स्वाँग रच के वो दो दिन पहले अपनी भूतपूर्व पत्नी से मिलने आया था, वो सड़क अब खाली थी। अनिरुद्ध को लगा कि उसके शरीर से अभी-अभी किसी ने प्राण खींच लिए हों। बेजान खड़ा रहा। शून्य में देखता रहा, जैसे सामने कोई अदृश्य जिन्न हो, जो अनिरुद्ध की जरा-सी ख्वाहिश भी नहीं पूरी कर सकता था। अनिरुद्ध पलटा और रिसेप्शन पर खड़ी मैनेजर बिष्ट से बोला "यार, मैं शाम को नहीं अभी ही चेक आउट करूँगा, मेरे लिए टैक्सी मँगा लेना प्लीज!" "राइट अवेट सर।" बिष्ट बोला।

अनिरुद्ध वापस अपने खूबसूरत कमरे में पहुँच गया। डीलक्स रूम बुक कराते वक्त सोचा था, खिड़की के पास बैठ कर वो और रागिनी कोहरा

देखेंगे और चाय पियेंगे। वहाँ बाथरूम के सामने बनी लकड़ी की अलमारी के सामने से रागिनी शिकायत करेगी, तुमने गीला तौलिया सूखने को क्यों नहीं डाला? यहाँ डबल बेड के बायीं तरफ बैठेगी और टीवी रिमोट पर कब्जा कर लेगी। अनिरुद्ध ने पैकिंग शुरू कर दी। काली अटैची के नीचे कपड़ों के तहों के नीचे महफूज सुनहरे रंग का एक डिब्बा था, उसमें थी एक खूबसूरत अँगूठी, हीरे जड़ी। नयी ज़िन्दगी साथ शुरू करने का एक तोहफा झिझकते हुए लाया था अनिरुद्ध। उसने डब्बा खोला, आँखों में कैद कर लिया और फिर फैसला किया कि यह तोहफा रागिनी की उस खूबसूरत सूनी उँगली का इन्तज़ार करेगा, जिसकी नसें दिल तक जाती हैं। हाँ, अकेलेपन की आदत पड़ गयी थी उसको पर अकेलेपन की आदत बुरी थी। अनिरुद्ध ने फैसला कर लिया कि जब जैसे भी हो वो रागिनी का दिल दोबारा जीतेगा।

घुमावदार पहाड़ी रास्तों पर अनिरुद्ध की टैक्सी किसी अकेले मुसाफिर की तरह चली जा रही थी। ड्राइवर ने कोई पहाड़ी गीत लगा रखा था। अनिरुद्ध की माँ कलकत्ते में एक इंग्लिश टीचर रही थी। माँ बेटे दोनों को संगीत से बेहद प्यार था और खास करके लोक संगीत से। लेकिन आज अनिरुद्ध को सुरों की सुध कहाँ थी, उसके जीवन का संगीत, खनखनाती हँसीं वाली उसकी रागिनी, उससे दूर जा चुकी थी। कभी-कभी उसे लगता पैंतीस का होते-होते बदमिजाज और झक्की हो गया था वो, ज़रूर इसीलिए रागिनी ने छोड़ दिया होगा उसे। उसे लगता रिपोर्ट कार्ड में 'फेल्ड' देखने वाले पिता जी की तरह गुस्सैल, किसी गर्भवती महिला की तरह मूडी, घंटों तन्हाई में माला पढ़ते नाना जी की तरह खामोश, और पुराने दिनों की तरह हिस्ट्री टीचर आकाश सर की तरह बोरिंग हो गया था वो, जैसे कोई अनाड़ी तैराक पानी के अन्दर सर डाल रहा हो और निकाल रहा हो। ऐसे अनिरुद्ध सारे रास्ते नींद, ख़याल, याद की लहरों में डूबता रहा और ऊपर आता रहा। स्टेशन पर उतरा। याद शहर की ट्रेन प्लेटफॉर्म में लगने में अभी देर थी। चाय पी, समोसा खाया और टहलता हुआ उस नोटिस बोर्ड तक चला गया जहाँ रिजर्वेशन चार्ट लगता था। जेब से टिकट निकाला। टिकट पर दो मुसाफिरों का नाम लिखा था "अनिरुद्ध और रागिनी।" न जाने किस खुशफहमी में उसने वापसी में उन दोनों का रिजर्वेशन करवा लिया था। सोचा था इतनी

प्लानिंग करके इतनी योजना बना के जा रहा है, कुछ तो ठीक होना ही था, लेकिन प्यार करने वालों का सोचा अक्सर होता कहाँ है और अनिरुद्ध तो अभी ताजा-ताजा दोबारा प्यार करना शुरू किया था उस लड़की से जो कभी उसकी दोस्त हुआ करती थी, फिर प्रेमिका, फिर पत्नी, फिर भूतपूर्व पत्नी एक्स वाइफ। उनके रिश्ते के ऊबड़खाबड़ सड़क पर कितने सारे मील के पत्थर आये थे, पर न जाने कहाँ गुम थे वो मुसाफिर। मील का पत्थर कोई खतरे का निशान नहीं देख पाये थे। अगली दोपहर अनिरुद्ध अपने दफ्तर में था और साढ़े तीन बजे कॉफी मशीन से एक कप कैपिचिनो लेता हुआ कोई और बात करने के बहाने ट्रेवल सेक्शन में पहुँच गया। ट्रेवल एजेंट जगदीश के पास। जगदीश जानता था कि अनिरुद्ध क्यों वहाँ आया था। जगदीश ही तो एक कड़ी था रागिनी और अनिरुद्ध के बीच। "सर! आपने तो मुझे बहुत प्रॉब्लम में डाल दिया, रागिनी मैडम फिर कह रही थीं मैंने आपको उनका मसूरी जाने का प्लान क्यों बताया!" जगदीश रसीद बुक में एक रोबोट की तरह मोहर लगाते हुआ बोला "सर रागिनी मैडम ने अपने नये ऑफिस का सारा काम मुझको दिलवा दिया है, लेकिन अब वो मुझसे नाराज़ हो गयी तो" अनिरुद्ध ओहदे में जगदीश से क़ाफ़ी सीनियर था लेकिन सामने मेज पे बैठ के, उसको ऐसा लग रहा था कि जैसे कॉलेज के दिन वापस आ गये हों। जैसे अनिरुद्ध उस लड़की के सामने बैठा हो जो एक मात्र जरिया हो, अपनी गर्लफ्रेंड तक लव लेटर पहुँचाने का। "जगदीश सॉरी यार! तू जानता है मेरी और रागिनी की हिस्ट्री, लाइफ में क़ाफ़ी देखा है मैंने। अब उसको सही करना चाहता हूँ, अब वो मुझसे नहीं मिलना चाहती, क्यूँकि वो सोचती है इससे उसकी लाइफ कम्पलीकेट हो जायेगी। मैं बस एक बार और उससे मिलना चाहता हूँ।" जगदीश ने कुछ नहीं कहा। अनिरुद्ध अपनी सीट पर वापस आ गया। आखिर ये उम्मीद भी आईवी बैंक से रागिनी की जाती हुई टैक्सी की तरह दूर जा रही थी। कुछ घंटे बीत गये इंटरकॉम बजा, जगदीश था "अनिरुद्ध सर ये इनफार्मेशन मैंने आपको नहीं दी है। रागिनी मैडम अगले महीने एक कॉन्फ्रेंस में जा रही हैं नैनीताल और अपने ऑफिस से भी जाना है किसी को वहाँ, आप देख लो!"

जैसे अँधेरी रात के बाद सूरज का एक कोना आसमान को बिना दिखे भी

रौशनी में धुलने लग जाता है, जैसे फूलों के बाजार का पता दूर उनकी महक से ही लग जाता है, जैसे दूर महबूब के मोहल्ले की इमारतें दिखते ही धड़कनें तेज हो जाती हैं – ये वो लम्हा था जो अनिरुद्ध को रागिनी के सामने आने के लम्हे की महक लाया था। मसूरी के आईवी बैंक के ब्रेकफास्ट रूम में इत्तेफाक से मिलने की साजिश के बाद और एक इत्तेफाक का इन्तजाम करने का वक्त आ गया था। अनिरुद्ध अपने बॉस के पास पहुँचा और कहा "प्रदीप प्लीज मुझको किसी भी हालत में उस कॉन्फ्रेंस में भेज दीजिये, रागिनी आ रही है वहाँ।" प्रदीप मुस्कुराया। चमड़े की पीठ वाली कुर्सी पीछे की ओर झुलाते हुए बोला ''यार कम्पनी कितना पैसा खर्च करेगी तेरी लव स्टोरी की रिपरिंग में! रिद्धिमा आलरेडी जा रही है उसका रजिस्ट्रेशन हो गया है। चल आ जा मैं ट्रेवल को बोल देता हूँ। रिद्धिमा से कह दे कि तेरा रजिस्ट्रेशन करवा देगी।" अनिरुद्ध को तो ऐसा महसूस हुआ कि जैसे उसकी शादी तय हो गयी हो और वो दर्जी के पास शेरवानी सिलाने जा रहा हो। दफ्तर के बाद सीधे नए कपड़े खरीदने पहुँच गया। रागिनी हमेशा कहती थी कि वो टाई में अच्छा लगता है, लेकिन अनिरुद्ध को टाई में नफ़रत थी और उसने कभी टाई बनाना सीखा ही नहीं था, पर आज शोपिंग मॉल में घुसते ही सीधे टाई सेक्शन की ओर गया। वो जान गया था कि रिश्तों को नया रखने, उन्हें प्यार के ईंधन से सींचने के लिए खुद को थोड़ा बदलना पड़ता है। अपने साथी की छोटी-छोटी ख्वाहिशों की कद्र करनी पड़ती है। क्या चला जाता है अगर उसने तनु दीदी की शादी में टाई पहन ली होती? शायद गलती अनिरुद्ध की नहीं है, शायद गलती हममें से किसी की नहीं है, बड़े शहर में रह कर पेट के अलावा भावनाओं पर भी चर्बी बढ़ जाती है और बेदिल रहने की ज़ंग लग जाती है। उस मन के ऊपर धूल जम जाती है जो मन छोटे शहर से हम ले के आये थे। कमबख्त बड़ा शहर तो हमारे पुश्तैनी गाँव के बड़ी-बड़ी मूँछों वाले, चौबीस टका सालाना सूद पर उधार देने वाले महाजन से भी ज्यादा बेदिल है। देखिये तो, कैसा व्यापार किया था इसने अनिरुद्ध के साथ! सत्तर हजार रुपये की नौकरी के बदले में क्या-क्या गिरवी रख लिया था, घर की दहलीज़ छूट गयी थी, माँ की जबरदस्ती एक और रोटी खिलाने की जिद छूट गयी थी। छुटकी से तकिये-तकिये की लड़ाइयाँ छूट गयी थी, गुस्सैल पिता की रोज की डाँट छूट गयी थी। चार नयी कमीजें,

दो ट्राऊजेर, दो टाई लेकर वापस घर पहुँचा। उस घर जहाँ वो और रागिनी रहते थे। रूठते, मनाते, लड़ते, झगड़ते। उस घर में अब अनिरुद्ध नहीं रहता था, बस अनिरुद्ध का वेश धरे उसका अकेलापन रहता था। रागिनी की तरह ही ये अकेलापन भी बड़ा पसेसिव था। कभी अनिरुद्ध को अपनी आँखों से दूर ही नहीं होने देता था। कॉन्फ्रेंस में अभी कई दिन थे लेकिन अनिरुद्ध ने तैयारी शुरू कर दी। उसने कम्प्यूटर खोला, इंटरनेट पे कुछ शब्द टाइप किये और कम्प्यूटर से देख-देखकर वो करने लगा, जो रागिनी उसके लिए करती थी—टाई बनाना। नयी मोहब्बत हुई हो जैसे, जैसे अभी-अभी पन्द्रह मिनट में। जैसे गुजरे दिनों की तरह कॉफी हाउस में कोने की मेज पर जा के रागिनी से चुपचाप मिलना हो।

यात्रा के लिए पैकिंग करना भी एक कला होती है। इस कला में महिलाएँ माहिर मानी जाती हैं। ऐसा नहीं कि मर्द ये कला जानते नहीं। असल में मर्द काहिल होते हैं, अनजान बनके सीखना नहीं चाहते हैं। अच्छा लगता है जब पत्नियाँ यात्रा के लिए जाते हुए हमारे लिए पैक करती हैं और फिर बाहर से फोन करके ये कहने का हक भी हम अपना ही समझते हैं, 'यार फिर वही ब्लू कमीज रख दी, तुम्हें पता है न ये मुझे पसन्द नहीं।' जब रागिनी थी तो अनिरुद्ध न पैक कर पाता था और न घर साफ रख पाता था। इस घर में दर्जनों-दर्जनों ऐसी चीजें थीं जो हर वक्त उसका चेहरा सामने लाकर खड़ा कर देती थीं। आज पैकिंग करते वक्त वही चेहरा बार-बार उसके सामने आ रहा था। कभी हँसता चेहरा, कभी नाराज़, कभी रुठा रुठअी करता चेहरा, कभी बच्चों की तरह मुँह बनाता चेहरा। रागिनी चली गयी थी लेकिन इस घर में हर जगह ही तो रहती थी वो। सामने सोफे पे रखे कुशन की ओर देखता तो रागिनी उससे कह रही होती 'कुशन का कवर बदलना है कब से मार्केट नहीं जा पा रही हूँ!' ड्राइंग रूम में अखबार फैला के बैठ्ता तो अचानक मन के किसी कोने से वो कहती, अखबार फैला तो रहे हो सम्हालेगा कौन? तीन साल से अनिरुद्ध को नहीं पता था कि रागिनी ने क्या ज़िन्दगी से कोई नयी साँठगाँठ कर ली थी? क्या उसने भी कोई नया साथी ढूँढ़ लिया था? आखिर एक रिश्ता टूटने से ज़िन्दगी कहाँ टूट जाती है? रागिनी के बिना न होने की आदत डाल ली थी अनिरुद्ध ने, उस दिन

के बाद से जिस दिन उसकी बेतरतीब ज़िन्दगी को सँवारने वाली लड़की, एक दिन आँसुओं से नम आँखें लिए, बिना सजे-सँवरे बेतरतीब अनिरुद्ध की दहलीज़ से चली गयी थी। आज पैकिंग करते वक्त मफलर निकालने के लिए महीनों से नहीं खुली अलमारी में हाथ डाला तो याद के कई टुकड़े भी बाहर छिटकते चले आये। कुछ पुरानी चिट्ठियाँ थीं, 1993 की कॉलेज ईयर बुक में रखी। सबसे नीचे वो नीला अन्तरदेशीय पत्र, जिसमें रागिनी ने अनिरुद्ध को पहली चिट्ठी लिखी थी। हॉस्टल से लिखी उसकी दर्जनों चिट्ठियों के बाद पहला खत, खत में सिर्फ आठ शब्द लिखे थे 'ऐंडी, हाँ मैं भी तुमसे प्यार करती हूँ' और खतों के ढेर नीचे वो फाइव स्टार होटल के लेटर पैड पर काले बॉल पॉइंट पेन से लिखा वो खत 'अनिरुद्ध इट्स ओवर, लेट्स नॉट लिव दिस लाइफ'। आठ शब्दों से आठ शब्दों तक का सफर। अनिरुद्ध ने सर उठा कर खुद को आईने में देखा, शायद कयास लगा रहा था कि इस बार के कौन से आठ शब्द उसकी ज़िन्दगी का रुख मोड़ देंगे। सुबह के सात बजे रेलवे स्टेशन पे अनिरुद्ध से पहले उसके दफ्तर की कलीग रिद्धिमा पहुँच चुकी थी। रिद्धिमा से अनिरुद्ध की अच्छी पहचान थी लेकिन दोस्ती नहीं थी। रिद्धिमा हँसमुख थी, अपने काम में माहिर थी, खूबसूरत थी, दफ्तर के कुछ निकम्मे और जलने वाले लोग ये बात फैलाते थे कि खूबसूरती की वजह से ही वो इतनी तेज तरक्की कर पायी थी दफ्तर में। जब रागिनी अनिरुद्ध के ही दफ्तर में काम करती थी तब से कुछ लोगों के साथ रिद्धिमा के अफेयर की चर्चा अक्सर रहती थी। जहाँ तक मुझे पता है इनमें कोई सच्चाई नहीं थी और हो भी तो इससे मेरा कोई लेना देना नहीं है। रिद्धिमा के तथाकथित प्रेमियों में अनिरुद्ध भी शामिल था। रागिनी और उसका कई बार इन अफवाहों को लेकर झगड़ा भी हो चुका था। आठ घंटे बाद शाम के तीन बजे अनिरुद्ध और रिद्धिमा कॉन्फ्रेंस वाले होटल में दाखिल हुए। चेक इन किया और अपने-अपने कमरों की ओर साथ में बढ़े। दूर कॉफी शॉप में बड़ी-सी शीशे वाली खिड़की के पास से रागिनी भौचक्की इन दोनों को देख रही थी।

शाम गुजर गयी। अनिरुद्ध अपने कमरे से बाहर निकला। किसी न किसी बहाने से होटल में जगह-जगह टहल आया। लॉबी में देखा, बिजनेस सेंटर

में, कॉफी शॉप में देखा, जिम में भी झाँक आया, रागिनी कहीं नहीं दिखी। उसकी बेचैनी बढ़ रही थी। उसे इतना बड़ा काम करना था, अपनी ज़िन्दगी को, अपने रिश्ते को, सुधारना था। सिर्फ तीन दिन थे उसके पास। वक्त कम था, तीन साल पहले टूटे रिश्ते को तीन दिन में ठीक करना था। रिद्धिमा का फोन आया "अनिरुद्ध आप फ्री हो तो कल की प्रेजेंटेशन डिस्कस कर लें" वो बोली। "हाँ ऑफकोर्स, मैं रेस्टोरेंट में सीधे मिलता हूँ करीब दो घंटे में..."

अनिरुद्ध का मन जैसे प्रेजेंटेशन से हजारों मील दूर रागिनी के ख़यालों में था। कहाँ थी वो? क्या इस बार जगदीश की बात तो गलत नहीं थी? क्या रागिनी को इस बार पता लग गया था कि वो भी वहाँ आ रहा है और आना कैंसल कर दिया हो! अनिरुद्ध के मन में तरह-तरह के ख़याल आ रहे थे। क्या ज़िन्दगी दोबारा उसको मौका देना ही नहीं चाहती थी? वो रिसेप्शन पर गया और रागिनी के कमरे का नम्बर पूछा, डिप्टी मैनेजर ने कहा "सॉरी सर गेस्ट के बारे में बताना हमारी पॉलिसी के खिलाफ है।" अनिरुद्ध पलटा और उसे अचानक याद आया कि रागिनी अक्सर उससे कहा करती थी, किसी दिन नैनी झील के पास माल रोड पर पत्थर की बेंच पर बैठना है। वो होटल से निकला और तेजी से चलता हुआ झील की ओर जाने लगा। टैक्सी वाले बार-बार पूछ रहे थे कि अगले दिन क्या उसे लेक टूर पर जाना है? टिफिन टॉप चलेंगे सर? हनुमान गढ़ी का दर्शन करा आयेंगे सर? बड़ा ही प्रसिद्ध है सर! कम में ले चलेंगे! मोर्निंग में हॉर्स राइडिंग करेंगे सर? सन राइज दिखायेंगे सर! पर्यटकों, ट्रेवल एजेंट और ईवनिंग वाक पर आये लोगों की भीड़ को चीरता हुआ अनिरुद्ध मल्ली ताल के रिक्शा स्टैंड तक पहुँच गया, जहाँ से झील का सिरा शुरू होता है। करीब 200 मीटर दूर नैना देवी के मन्दिर में शाम की आरती हो रही थी। उसके चारों ओर सब थे, भुट्टे पर नीबू और मसाला लगा के बेंचने वालों के ठेले, मूँगफली बेचते लड़के, तिब्बती दुकानदार, गुब्बारे, मोजे, खिलौने बेचते लोग। बस रागिनी नहीं दिख रही थी। हर बेंच पर देखा वो कहीं नहीं थी। जरूर उसका ये अकेलापन था जो उसे रागिनी को करीब ही नहीं आने दे रहा था। रिद्धिमा का बार-बार फोन आ रहा था। अनिरुद्ध ने नहीं उठाया। ऐसा लग रहा था कि जैसे भीड़ का शोर बढ़ता हुआ, उसके दिमाग की नसों में चला जा

रहा हो। अनिरुद्ध भीड़ से दूर आ गया। जहाँ उसके क़दम चले बस उनके पीछे चलता रहा। कुछ मिनटों बाद देखा, नैना देवी मन्दिर में एक पत्थर की बेंच पे झील को निःशब्द निहारती रागिनी बैठी थी। बाल एक जूड़े में बँधे, काली शाल लपेटे, एक पाँव ज़मीन पर, एक बेंच पर। अनिरुद्ध धीमे कदमों से उसके पास गया और बोला "तुम इतनी रिलिजिअस कब से हो गयीं?" रागिनी चौंक गयी। पलट के देखा, उसके चेहरे में एक सूनापन था। वो चमक नहीं थी जो सुबह नाश्ते की मेज पे थी, जब मसूरी में आईवी बैंक में वो दोनों आखिरी बार मिले थे–जब रागिनी ने कहा था कि अनिरुद्ध उसके लिए बहुत खास था और उन दोनों का एक-दूसरे के ऊपर हमेशा हक रहेगा। अनिरुद्ध मुस्कुरा कर बोला "हाय व्हाट अ कोइंसिडेंस, हम फिर से मिल गये, लगता है तुम भी कॉन्फ्रेंस में आयी हो?" मुस्कराहट का जवाब मुस्कुराहट से नहीं मिला। रागिनी ने झील को देखते हुए कहा "अच्छी लगती है तुम दोनों की जोड़ी उस वक्त ही बता दिया होता तो इतनी सारी मुश्किलें तो न होतीं।" फिर वो उठी और गुस्से में चल दी।

अनिरुद्ध को समझ में ही नहीं आया कि ये क्या और कैसे हुआ? नैना देवी के मन्दिर की बेंच से रागिनी उठ कर तेजी से चली जा रही थी। उसने नल के पास के जूतों के स्टैंड से अपने जूते उठाये और पहने और चल दिया। लेकिन रागिनी भीड़ में कहीं नहीं दिख रही थी। रागिनी, रिद्धिमा और उसके बारे में तंज कर रही थी, लेकिन उसने उन दोनों को कब साथ देखा और ऐसा क्या देख लिया जो इतनी नाराज़ हो गयी। रिद्धिमा सिर्फ कलीग थी, दोस्त भी नहीं। इतना गुस्सा? अनिरुद्ध थके कदमों से चलता हुआ होटल वापस पहुँचा। पहले रिद्धिमा को इंटरकॉम पर फोन किया और फोन न उठाने और डिनर पर न आने के कारण माफी माँगी और सुबह प्रेजेंटेशन पर आने का वादा किया। फोन रखने वाला ही था कि रिद्धिमा बोली "अनिरुद्ध ये आपका पर्सनल मैटर है, मेरा दखल देना ठीक नहीं है, पर एक सीनियर कलीग होने के नाते मैं आपकी इज्जत करती हूँ। इस लिहाज से मैं बता रही हूँ कि रागिनी आपसे कुछ देर पहले ही होटल पहुँची है। मैं समझ गयी थी कि आप उनको ही ढूँढ़ने गये थे, इसीलिए आपको देर हो गयी थी। लॉबी में उन्होंने मुझको देखा और जिस तरह से देखा, मैं समझ गयी थी

कि वो आपसे अभी भी प्यार करती है। शायद आपको और मुझको साथ देखकर उनको अच्छा नहीं लगा, शायद उन्होंने कुछ गलत समझ लिया है।" अनिरुद्ध बोला "अरे नहीं! रिद्धिमा आई डोंट माइंड एट आल... इट्स स्वीट अबाउट यू कि तुमने इतना सोचा, लेकिन रागिनी ने अभी पिछले महीने ही मुझसे कहा था कि वो किसी का साथ नहीं ढूँढ़ रही है।"

"लड़कियों के पास सिक्स सेन्स होता है अनिरुद्ध!" रिद्धिमा बोली। "हम लड़कियाँ दो चीजें अच्छी तरह से समझती हैं, प्यार करना और कुढ़ना। लेकिन शायद मेरे साथ आपको देखना उनको जरूरी था। खुद को भावनाएँ याद दिलाने के लिए।" अनिरुद्ध के रूम की चाभी में रूम नम्बर 642 लिखा था। अनिरुद्ध ने फोन रखा और अटैची तक गया। कपड़ों के तहों के नीचे से वो चीज निकाली जो उसके साथ मसूरी के आईवी बैंक भी गयी थी, सुनहरे किनारे वाला भूरे रंग का एक डिब्बा। उसमें थी एक खूबसूरत अँगूठी, हीरे जड़ी। अनिरुद्ध मेज पर बैठ गया और देर तक एक चिट्ठी लिख रहा था। माफी माँगी, प्यार जताया। लिखा "रागिनी! तुमने मुझे एक बेहतर इनसान बना दिया। मैं बिगड़ना नहीं चाहता, वापस आ जाओ, मसूरी तक एक तोहफा ले के गया था यहाँ भी लेकर आया हूँ, वहाँ तो तुमने मुझसे बात नहीं की थी लेकिन इस बार नहीं मानूँगा। मान जाओ वरना अगले कई सालों तक जहाँ-जहाँ जाओगी वहाँ तक पीछे आऊँगा और अगर मान गयीं तो जहाँ-जहाँ तुम साथ जाने की बात करती थी साथ चलूँगा। पहाड़ों पर सूरज साथ डूबता देखेंगे, झीलों के किनारे लहरों को साथ गिनेंगे, झगड़ेंगे लेकिन नींद आने से पहले एक-दूसरे को मना लेंगे। मैं कुशन ठीक से रखूँगा, अखबार पढ़ूँगा तो फैलाऊँगा नहीं, तुम मुझको डाँटना कि तुमने गीला तौलिया सूखने को क्यों नहीं डाला और डबलबेड के दायीं ओर बैठ कर टीवी रिमोट पर तुम कब्जा कर लेना। तुम आज शाम मेरा चेहरा भी नहीं देखना चाहती थी इसलिए घबराहट में, बेल बॉय के हाथों तुम्हारा तोहफा भिजवा रहा हूँ। चाहे मेरी बात ठुकरा देना, लेकिन मेरा तोहफा मत ठुकराना, इनकार मत करना। पुराने वक्तों के खातिर तुम्हारा एंडी"

रात भर अनिरुद्ध कभी मोबाइल फोन को देखता रहा, कभी इंटरकॉम को, कभी दरवाजे को। सबने हाथ पीछे खींच लिया था। जरूर अकेलेपन की चाल थी ये। सुबह हुई। अनिरुद्ध की आँख मुश्किल से खुल रही थी।

जल्दी-जल्दी तैयार हुआ। कॉन्फ्रेंस का सेशन 45 मिनट में था और रिद्धिमा से प्रेजेंटेशन पर कोई बात नहीं हुई थी। जल्दी-जल्दी में अखबार दरवाजे के हैंडल से निकाला और पढ़ा। तभी घंटी बजी। दरवाज़ा थोड़ा खुला छूट गया था। उसने सर उठाया। रागिनी थी।

आँखें रोयी थीं सारी रात शायद। शायद बहुत कुछ आँसुओं में धुल गया था। बहुत सारा कड़वापन, बहुत सारी तीखी यादें, बहुत सारी तकलीफ। हाथ सूना था। अनिरुद्ध कुछ नहीं बोला, बस देखता रहा। रागिनी अन्दर आयी और हाथ आगे बढ़ा दिया। इसी हाथ में थी वो उँगली जिसकी नसें सीधे दिल तक जाती थीं। दूसरे हाथ में अँगूठी का डिब्बा था। रागिनी बोली "मसूरी छोड़ते वक्त मैंने तुमसे कहा था न मुझे किसी के साथ की ज़रूरत नहीं है, अगर कोई मिल गया तो सोचूँगी, तुम टकरा गये हो!" कुछ देर ख़ामोश रही और फिर बोली "इस बार गयी तो कभी वापस नहीं आऊँगी!"

आठ शब्द एक बार फिर रागिनी की ज़िन्दगी बदल चुके थे।

दोपहर का इन्तजार

आजम क़ादरी

सनृ दो हजार दो की दोपहर दो बजने को थे, जून के महीने की साँय, साँय करती गर्म हवा, वही कान्हेर का झाड़ सा पेड़, लम्बा आँगन, आँगन की दायी तरफ बना मिट्टी का चबूतरा, रज़ा शाजी आपा के घर को पूरे बत्तीस साल बाद देख रहा था, उसे तब भी ऐसा लगा जैसे सनृ इकहत्तर की दोपहर अब भी, वैसी ही ठहरी हो जैसे, बचपन में वह छोड़ कर गया था। इनसानी हालात कितने ही बदल जायें पर रातें, शामें और दोपहरें कभी नहीं बदलतीं, वह अपने वक्त पर ही आती और जाती हैं। अपनी खाला के आँगन में बितायी न जाने कितनी अलसायी दोपहरें रज़ा की आँखों में घूमने लगीं, मिट्टी के चबूतरे को देखकर उसे लगा जैसे कोई अभी खपरैल के खपड़े से बनी गोल-गोल गिपय्यों को, कपड़े की गेंद से गिरा देगा और फिर घर में इधर उधर भागता बच्चों का शोर घूमने लगेगा। दोपहर के दो बजते ही, अक्सर बच्चे यहाँ टीपू खेला करते थे। बच्चो की उन किलकारियों में उसे एक हँसी शाजी आपा की भी सुनाई दी, जो सत्रह साल की होने के बावजूद भी अपने कमर में दुपट्टा बाँधे, बिखरी पड़ी गिपय्यों को जल्दी-जल्दी रख रही हैं और टीपू टीपू कहकर अपनी जीत की खुशी मना रही हैं।

"रज़ा ...रज़ा ...गुसलखाने में पानी रखवा दिया है, जल्दी से नहा ले

तो खाना लगाऊँ।" अभी रज़ा अपने ख़याल में डूबा था कि पीछे से आयी आवाज़ ने उसे यादों से बाहर निकाल दिया। उसके ज़हन में गूँज रहा बच्चों का शोर अचानक गायब हो गया सिर्फ कन्हेर के सूखे पत्तों की खड़खड़ाहट, गर्म लू की साँय साँय और ख़ामोश दोपहर ही बोल रही थी। अब शायद दोपहरों में कोई खेलता नहीं, नूरी, अशफाक, इमरान, तबरेज नाजिया उसके सारे बचपन के साथी अब तो उसी की तरह जाने कितनी दोपहरों को पार करके बड़े हो गये होंगे।

"रज़ा ...धूप में क्यों खड़ा है, लू लग जायेगी, चल जल्दी से नहा ले।" पीछे से फिर आवाज़ आयी तो रज़ा ने मुड़कर देखा। सरौते से छालिया कुतरती हुई शाजी आपा ही थीं, रज़ा की खाला की इकलौती बेटी, शाजी जिनसे कभी रज़ा के बड़े भाई कादिर की शादी होनी थी। वक्त ने उनके चेहरे को खुश्क जरूर कर दिया था, लेकिन आवाज़ वैसी ही थी जैसी जवानी के दिनों में हुआ करती थी। जूनियर स्कूल के प्रिंसिपल के ओहदे से एडवांस रिटायर्ड शाजी आपा इस घर में अकेले रह गयी थीं। रज़ा के खाला खालू तो कब के इस दुनिया से जा चुके थे।

"आस्ची...।" रज़ा ने गुसलखाने की तरफ जाते हुए जवाब दिया। "आपा, चौबाच्चा टा कैनो भांगिये दिले? चान कोरते ऐतो मौजा लागतो!" रज़ा ने अपनी वतनी भाषा में बात की तो आपा को कहना पड़ा "रज़ा मुझे बंगाली अब भी समझ नहीं आती।" आपा का जवाब सुनकर रज़ा को होशा आया कि वह बांग्लादेश में नहीं बल्कि हिन्दुस्तान के ऐसे इलाके में है जहाँ लोग बँगला नहीं समझते। "मैं कह रहा था कि हौद क्यों तुड़वा दिया, कितना मजा आता था नहाने में।" रज़ा ने बीते वक्त की बात छेड़ी तो आपा मुस्कुरा दीं, "तब घर में पानी का कनेक्शन कहाँ था, इसलिए हौद में पानी इकट्ठा किया जाता था, याद नहीं तुम्हीं लोग तो कुएँ से बाल्टी भर-भर पानी लाकर हौद को भरते थे फिर उसी में डुबकियाँ मार-मार कर नहाते थे। अब तो मैं अकेली हूँ, चार बाल्टी पानी भी बहुत होता है।" बातें कितनी पुरानी थीं लेकिन रज़ा को लगा जैसे सन् इकहत्तर सामने ही खड़ा हो, शाजी आपा के बगल में। रज़ा नहा-धोकर बाहर आया...अपनी नीले सफेद चेक वाली लुंगी पहनी और खाना खाने बैठ गया।

खाना खाते वक्त आपा बार-बार रज़ा को देखतीं, तो उन्हें लगता

कि बीता हुआ वक्त किसी ने रील की तरह खींचकर पीछे कर दिया हो। साँवला रंग, दुबला शरीर, चौड़े चेहरे पर बड़ी-बड़ी आँखें पंखा झलते हुए आपा ने धीरे-से कहा, "बिल्कुल अपने भाई जान पर गये हो, लग रहा है कि कादिर को ही खाना खिला रही हूँ।" ये कहते-कहते आपा की आँखों में आँसू भर आये, अपने दुपट्टे से पौछते हुए उन्होंने मछली का डोंगा रज़ा के आगे कर दिया, "मछली अच्छी तो बनी है।" हैं, खूब भालो होयेछे... रज़ा ने कहा। फिर आपा की तरफ देखकर "अच्छी बहुत अच्छी।" कहने लगा। "इतनी बंगाली मैं समझती हूँ ...भालो, आश्ची जल होवे, तुम्हारे कादिर भाई जान ने ही सिखाई थी।" बात-बात में कादिर भाई का नाम शाजी आपा की जुबान पर ऐसे आ जाता जैसे कोई कलमा पढ़ रहा हो। सही भी तो था कादिर भाई शाजी के लिए इश्क के कलमे जैसे ही तो थे, बांग्लादेश के बँटवारे की आग ने उन्हें न जलाया होता उस साल ही उनकी शादी हो जाती। पहले पकिस्तान अलग हुआ था तो शाजी की खाला यानी रज़ा और कादिर की अम्मी को, अपने शौहर के साथ पूर्वी पाकिस्तान ढाका में जाना पड़ा था। जाने कैसे तो अपनों की जुदाई और सैकड़ों के खोने का शोक मनाकर शाजी की ख़ाला नये वतन में जम पायी थी, कि उन्हीं दिनों एक और पाकिस्तान टूटे हुए पाकिस्तान से अपने नए आस्तां की माँग में झुलसने लगा था। शाजी आपा तो बँटवारे के नाम से ही काँपने लगी थीं, पाकिस्तान आजाद हुआ तो खाला को जाना पड़ा और बांग्लादेश की आजादी में तो शाजी का अपना कादिर ही चला गया था, जो कभी लौटकर कहीं नहीं आया न हिन्दुस्तान, न पाकिस्तान और न बांग्लादेश। हाँ दंगों में खोये हुए लोगों की लिस्ट में उसका नाम जरूर पहुँच गया था। बँटवारा मुल्कों का हुआ था लेकिन सरहदें अपनों में पड़ गयी थी। तार बोर्डर पर तने थे लेकिन डोरें रिश्तों की टूटी थीं।

"आपा शाम को फिरनी बनायेगा, बहुत मन कर रहा है।" खाना खाने के बाद रज़ा ने कहा।

"आज मछली खायी है, कल बना दूँगी, मछली के ऊपर दूध की कोई चीज नहीं खाते।" सारे बर्तन उठाकर शाजी ने एक तरफ रखे और अपनी इकलौती नौकरानी नम्मो को आवाज़ दी, "नम्मो ...नम्मो ...बाल्टी में से आम निकालकर छत वाले कमरे में दे जा हम वहीं बैठेंगे।"

फिर बावर्चीखाने का दरवाज़ा बन्द करके शाजी रज़ा के साथ छत वाले कमरे में चली गयीं। सीढ़ियाँ चढ़ते वक्त उन्होंने रज़ा को थाम लिया, घुटनों में थोड़ा-सा बुढ़ापा उतर आया था। अपने जवानी के दिनों में ये कमरा कभी शाजी की मिल्कियत हुआ करता था। रज़ा की नज़र सबसे पहले अलमारी में रखे बड़े से रेडियो पर पड़ी। लकड़ी का शटर वाला रेडियो जिस पर आपा आकाशवाणी के नगमों के सारे प्रोग्राम सुना करती थीं। रज़ा को लगा कि उसका गोल घिर्रा घुमाते ही रेडियो से कोई नगमा फूटेगा और शाजी आपा अपनी कोपी लेकर उसे लिखने बैठ जायेंगी।

शाजी को आज भी वह दिन याद था जब उन्होंने पहली बार कादिर को जवानी के दिनों में देखा था। पाकिस्तान के ढाका से आना-जाना उन दिनों इतना आसान नहीं होता था, कि जब चाहा ट्रेन की टिकिट ली और आ गये, वीजा तो आज भी आसानी से नहीं मिलता। भाई को भाई से मिलने के लिए एक सरकारी काग़ज़ के टुकड़े की फरियाद करनी पड़ती। वह भी गर्मियों के ही दिन थे जब शाजी की खाला ने, ढाका से, अपने बाईस साल के कादिर और आठ साल के रज़ा को पूर्वी पाकिस्तान के हालत खराब होने की बजह से हिन्दुस्तान... अपनी बहन, शाजी की अम्मी के घर भेज दिया था। उन दिनों शाजी ने अपना स्कूल ख़त्म करके कॉलेज की पढ़ाई प्राइवेट शुरू की थी। शाजी दिन में अम्मी जान के साथ कामों में उनका हाथ बँटाती। वैसे बावर्चीखाने में खटने से बड़ी चिढ़ थी शाजी को लेकिन अम्मी तो उन दिनों शाजी को लजीज खाना बनाने की ट्रेनिंग में जुटी हुई थीं। "शादी से पहले लड़की को सब बनाना आना चाहिए, आज अखनी पुलावो बनेगा और मीठे में किमामी सिवैयां।" शाजी की अम्मी कहतीं तो शाज़ी पर तो आफत के पहाड़ टूट जाते। "हाय अल्लाह! अम्मी... मैं तो कोयलों को हवा देते-देते थक गयी और तुम हो कि काम पे काम देती रहती हो, क्या दुनिया जहान की चीजें बनाना, सीखना जरूरी है, मैं तो सारी ज़िन्दगी कोरमा और भिण डी खाकर गुजार सकती हूँ।" शाजी ने बच्चों के लहजे में कहते हुए अम्मी को देखा था। "सुबह का सालन, शाम को तो खिलता नहीं कोरमे, भिण्डी में ज़िन्दगी गुजारेंगी बन्नो।" अम्मी के, असलियत का आईना दिखाते ही शाजी मुँह बनाकर ठुनठुनाने लगती "अम्मी क्या है...?" "कुछ नहीं, पुलावो चढ़ा चुपचाप।" कहकर अम्मी काम में लग जातीं। और उस दिन तो अम्मी

ने कादिर और रज़ा के आने की खुशी में मटन इस्टू, नरगिसी कोफ़्ते, शामी कबाब फिरनी और दो-तीन किस्म की चटनियाँ जो उन्होंने शाजी को पिछले दिनों सिखाईं थी सब के सब बनाने का तुगलकी फरमान सुना डाला। मन ही मन शाजी को कादिर पर गुस्सा आ रहा था। ''देखना मैं सब जला दूँगी उनकी खातिर तवाजों में, जान जले मेरी, आये बड़े कादिर मियाँ।'' कैसी भुन्ना गयी थी शाजी उस दिन। खैर जैसे-तैसे फुर्ती दिखाकर शाजी ने सारा काम दोपहर तक निपटा दिया था। दुनिया टस से मस हो जाये लेकिन शाजी दोपहर तक अपने घर के सारे काम निपटा ही लेती थी। एक बजे मदरसा अंजुमन की छुट्टी होती, और दो बजे तक खाना खा-पी कर आस-पड़ोस के बच्चे अपनी चहेती शाजी आपा के घर इकट्ठे हो जाते और शहजादी शाजी का जो मन होता वही खेल शुरू हो जाता। कभी-कभी तो अम्मी डाँटती थी "बेशर्म! ...इत्ती बड़ी हो गयी लेकिन बचपना नहीं गया।'' पर शाजी को इन बातों का कोई फर्क न पड़ता। उस दिन अम्मी के दो पुराने दोपट्टे फाड़ कर, शाजी ने टीपू खेलने के लिए कपड़े की नयी गेंद बनायी थी। अपनी कमर में दुपट्टा बाँधे शाजी खेल में मशगूल थी।

टीपू फोड़ कर नाजिया दरवाजे से बाहर भागने की सोच रही थी, और शाजी के हाथ से गेंद का गोला अपने शिकार की तरफ निकल चुका था। नाजिया तो बच गयी लेकिन निशाना नहीं चूका था। गेंद सीधे कादिर के गाल पर चिपकी, जो अभी अभी दरवाजे से अन्दर आया था।

कुछ इस तरह से खैर मख्दम हुआ था कादिर का। ''अस्सालोम अलय्कुम।'' अपने गाल को सहलाते हुए कादिर ने शाजी को सलाम किया तो शाजी सन्न खड़ी रह गयी उसके समझ नहीं आया कि माफी माँगे या सलाम का जवाब दे। वह तो कादिर को देखती रह गयी। जैसा उसने सोचा था उससे कहीं अलग शख्सियत थी कादिर की। सफेद रंग की बड़े कॉलर वाली शेक्सपीरियन शर्ट और हलके स्लेटी रंग का बेल्बोटम, साँवला रंग, लम्बा कद, बड़ी-बड़ी आँखें और उस पर करीने से कंघी किये हुए छोटे-छोटे बाल।

''बेगम लो भाई, तुम्हारे कादिर साहब आ गये।" बग्घी वाले से सामान उतरवाते हुए पीछे से शाजी के अब्बा की आवाज़ आयी तो शाजी अपना दुपट्टा सर पर चढ़ा कर अपने कमरे की सीढ़ियाँ चढ़ गयी और सारे बच्चे बाहर भाग लिए थे। अपने कमरे की खिड़की की दराचों से शाजी कादिर को

देखने लगी, शाजी की अम्मी कादिर और छोटे आठ साल के रज़ा को कभी गले से लगातीं तो कभी चेहरे पर बार-बार हाथ फेरतीं। रज़ा की तरह छोटा सा था कादिर जब हिन्दुस्तान छोड़ा था, अपनी गोदी में जिसे खिलाया था उसे इतना बड़ा देखकर उनके आँसू बार-बार अपने आप ही निकल जाते।

"अरे रोती ही रहोगी या फिर, कुछ नाश्ते पानी का इन्तजाम भी होगा, गर्मी से जुबां सूखी जा रही है।" अब्बा कहते हुए कादिर को अपने साथ बैठक में ले गये और छोटा रज़ा अपनी खाला की गोद में लदा हुआ रेल के सफ़र में क्या-क्या देखा बताने लगा था।

"शाजी ...शाजी ...!" शाजी को अम्मी की इसी आवाज़ का इन्तज़ार था। "जी आयी अम्मी ..."

शाजी ने झट से सितारे वाली चुनरी सलीके से ओढ़ी और फिर नीचे हो ली। अम्मी ने बाजार से बर्फ पहले ही मँगा लिया था, शाजी खस का शरबत लेकर बैठक में हाजिर हुई तो अब्बा ने ही कहा, "शाजी सलाम करो।"

"जी हम सलाम कर चुके हैं, पर अब तक जवाब नहीं मिला।" कादिर ने बीच में ही बात काट दी थी।

"हमने किया था, आपने ही नहीं सुना तो मैं क्या करूँ।" शाजी को ज्यादा होशियार लोगों से हाल चिढ़ होने लगती थी। थोड़ी देर कादिर देश में बिगड़े हालात के बारे में अपने खालू जान से बातें करता रहा, बीच-बीच में वह अंग्रेजी बोलता तो शाजी के कान बावर्चीखाने से उसकी बातें कैच कर लेते। "ढाका यूनिवर्सिटी से वकालत कर रहा है कादिर।" रोटी बेलते-बेलते शाजी की आम्मी ने कहा तो शाजी और भुन गयी। "कौन-सी बड़ी बात है, कॉलेज में दाखिला तो मेरा भी हो गया था?" शाजी के मिजाज को अच्छे से जानती थीं अम्मी पल में माशा और पल में तोला।

"ऐतो खाबार! खाला जान, जोदि शोबगुलो बाटी थेके ऐक-ऐक गौरोस-ओ खाई, ताहोलेई तो पेट भोरे जाबे।" बंगाली में कादिर ने अपनी खाला से कहा तो शाजी के अब्बा और शाजी भी उसका मुँह देखने लगे। उनके ख़ामोश चेहरे देखकर कादिर समझ गया था कि उन्हें उसकी बात समझ नहीं आयी। "खाला मैं कह रहा था कि इतनी सारी डिशिज बना डालीं आपने इसमें से अगर एक-एक निवाला भी खाऊँगा तो भी पेट भर जायेगा।"

"आज खा लो जी भर के वकील साहब कल से इतना सब कुछ मैं

नहीं बनाने वाली।" कहकर शाजी अन्दर चली गयी थी और कादिर उसका मुँह ताकता रह गया था।

"कादिर तुम शाजी की बात का बुरा न मानना, इनके लाड़-प्यार ने बिगाड़ रखा है।" शाजी की अम्मी ने सिवैयां देते हुए कहा था।

शाम के सात बजे थे, मोहल्ले के कई लोग कादिर से मिलने आये थे, और शाजी चाय को कपों में निकाल रही थी कि तभी शाजी के कमरे की खिड़की से, पड़ोस की नौ साल की नाजिया ने पुकारा, "आपा जल्दी आइये...मधुबाला का गाना शुरू हो गया।" शाजी का इतना सुनना था कि कपों को खाली छोड़कर वह भागी, "अम्मी आप चाय निकाल लो, मेरा गाना आ गया।" कमरे में जाकर शाजी ने तुरन्त नीले जिल्द वाली अपनी डायरी निकाली और रेडियो कि का साउंड बढ़ा दिया ... "इनसान इस दुनिया में एक बार मोहब्बत करता है... इस दर्द को लेकर जीता है इस दर्द को लेकर मरता है" रेडियो पर मुगले आजम फिल्म का गाना "जब प्यार किया तो डरना क्या?" का ये शेर आ रहा था, जो शाजी की डायरी में भी पहले से ही लिखा हुआ था। उसके बाद जैसे-जैसे गाना आता गया शाजी तेजी से अपनी डायरी में लिखने लगी। ऐसे तिनका तिनका करके कितने गाने लिखे थे उसने।

रात को खाना-पीना ख़त्म होने के बाद शाजी की अम्मी ने ही उसे उसकी इसी हरकत पर डाँटा भी, "अब मेहमानों के सामने तो अपना दीबानापन मत जाहिर कर।" पर शाजी ने जैसे कुछ सुना ही नहीं था बल्कि अम्मी के सामने खड़ी होकर गाने लगी "पर्दा नहीं जब कोई ख़ुदा से बन्दों से पर्दा करना क्या, जब प्यार किया तो डरना क्या?" उसकी हरकतों पर कभी-कभी अम्मी की भी हँसी निकल जाती। "खाला जान नौ बज गये हैं खबरें आ रही होंगी।" कादिर ने अपनी लुंगी पर कुर्ता डालते हुए कहा तो अम्मी ने शाजी को आवाज़ लगायी, "शाजी कादिर को अपने कमरे में ले जा उसे खबरें सुननी हैं। "प्लीज कम" शाजी ने कादिर से बड़े अंग्रेजियत वाले लहजे में कहा था। क़ाफ़ी देर की मशक्कत के बाद आखिरकार ढाका स्टेशन सेट हो ही गया, कादिर बड़े ग़ौर से बंगला में न्यूज सुनने लगा, "कौमी लीडर हमीद शम्शी ने, बंगला फ्रीडम के लोगों से शान्ति बनाये रखने की अपील की है"। ये पहला मौका था जब शाजी ने बंगाली जुबां में कुछ

सुना था, उसे कुछ समझ में तो नहीं आया लेकिन भाषा इतनी मीठी थी कि वह भी चुपचाप सुनती रही। न्यूज ख़त्म हुई तो कादिर न जाने किस सोच में डूब गया। "आपको बांग्ला गीत आते हैं।" ख़ामोशी को शाजी ने हो तोड़ा। कादिर ने हाँ में सर हिलाया तो शाजी झट से बोल पड़ी थी।

"कुछ सुनाइये न...।"

"सुना तो दूँ लेकिन आपके जितना सुरीला नहीं गा पाऊँगा।" कादिर ने कहा था।

"आपने कब सुना ...मेरा गाना।"

"सारा दिन काम करते वक्त आप गुनगुनाती ही तो रहती हैं, कितनी अच्छी आवाज़ है आपकी।" कादिर की बात पर शाजी के गालों पर मुस्कराहट के दो गड्ढे पड़ गये और उसकी नजरें कादिर के चेहरे से हटकर अपनी डायरी पर आ गयी थीं। "तुमि शुंदोर, ताई चेये थाकी प्रियो... शेकि मोर ओपोराध?..." कादिर उस जमाने के विद्रोही शायर नजरुल इस्लाम का एक खूबसूरत नगमा गाता रहा था और शाजी अपने घुटनों पर ठोड़ी रख कर कादिर को गाते देखती रही थी। उसे लगा जैसे नजरुल की ग़ज़ल बंगला में नहीं उसे उर्दू में सुनाई दे रही हो।

तकरार ही मुहब्बत की पहली सीढ़ी होती है, शाजी के अन्दर कादिर के लिए जो चिढ़ थी अब उसे ही शाजी के दिल से तकरार करनी पड़ रही थी।

"यहाँ कोई लायब्रेरी नहीं है क्या...सारा दिन घर में क्या करूँगा?" अगली सुबह नाश्ता करते वक्त कादिर ने कहा तो शाजी के अब्बा ने जवाब दिया था" है न कोलेज के सामने ही है, चलो तुम्हें छोड़ते हुए दूकान पर निकल जाऊँगा।" नाश्ता करके कादिर शाजी के अब्बा के साथ चला गया और शाजी दोपहर के दो बजने का इन्तज़ार करने लगी। दो बजते ही शाजी के चहेते आँगन में इकट्ठा हो गये थे, शाजी की इस टोली में रज़ा भी था। "शोन पारी आना, शोर न मचाना, चुपके से, मार के चली जाना।" शाजी का मन आज सोन परी खेलने का था।

"शाजी...कुछ दिनों के लिए अपना खेलना बन्द नहीं कर सकती...कादिर आयेगा तो क्या सोचेगा?" अम्मी ने बरामदे में छालिया कुतरते हुए कहा।

"अम्मी ...रज़ा कह रहा था कि आपा कुछ खेलो सो खेलने लगी।"

अम्मी शाजी के बहानों को अच्छे से समझती थीं। "आदत बिगाड़

ली है अपनी, कल को ससुराल जायेगी तो क्या खेलने देगा तुझे कोई।''

''पर मेरी अम्मी तो कह रही थीं, शादी करके शाजी आपा हमारे घर आयेगी, वहाँ तो कोई मना नहीं करेगा, हम खुद खेलते हैं।'' रज़ा के मासूम जवाब पर शाजी की अम्मी तो हँस दी लेकिन शाजी शर्म से लाल पड़ गयी।

हमें नईं करनी किसी वकील से शादी, एकदम उल्लू होते हैं, गर्मियों में भी काला कोट पहने फिरतें हैं।'' झूठ-मूठ का गुस्सा दिखाकर अपने कमरे में चली गयी थी शाजी।

दोपहर के ढाई बजे जब कादिर लायब्रेरी से वापस आया तो अम्मी की सदा फिर शाजी को सुनाई दी।

''अम्मी ...मुझे नींद आ रही है...'' शाजी ने जवाब दिया।

''बेटा मेरे घुटनों में दर्द हो रहा है...तू कादिर को खाना निकाल दे।'' अम्मी के घुटनों का दर्द भी कुछ खास मौकों पर ही होता था। अभी शाजी दस्तरखान पर कादिर को खाना दे ही रही थी कि रज़ा ने पीछे से आकर कहा, "भाई जान शाजी आपा आपसे शादी नहीं करेंगी, आप वकील हैं न इसलिए।'' शाजी ने झपटकर रज़ा का मुँह चुप किया और मुँह दबाकर शाजी उसे अपने साथ ले गयी। कादिर बस मुस्कुरा दिया था।

उस दिन से शाजी की नजरें जब भी कादिर से टकरा जातीं तो शरमा कर अपने चेहरे को दुपट्टे से ढँक लेती थी। कादिर रोज दोपहर के दो बजे के आसपास लायब्रेरी से आता, और शाजी उसे खाना देती। खेल हो या न हो अब शाजी को दोपहर का इन्तज़ार रहता। कादिर जब रेडियो पर खबरें सुनने आता तो शाजी किसी किताब में अपना मुँह दिये रहती। एक दिन न्यूज सुनकर कादिर बैचैन हो उठा, पाकिस्तानी फौजों ने बांग्लादेश की माँग करने वाले कितने ही तालिबों को मार दिया था उसी दिन कादिर ने शाजी से कहा था, ''शाजी, हमारे अब्बा ने तो हमें बता दिया है, मगर हम आपसे जानना चाहते हैं।''

''क्या'' शाजी का गला सूख गया था।

आप हमसे शादी के लिए राजी हैं, या नहीं...आपकी राजी होगी तभी ...''

अभी कादिर अपनी बात पूरी भी नहीं कर पाया था कि शाजी ने बीच में ही काट दी... "हम क्या जानें?''

''आप से ही तो जानना है।'' कादिर थोड़ा पास आ गया था।

"आप काले कोट में अच्छे लगेंगे।" कहकर शाजी ने अपना चेहरा तकिये में छिपा लिया था।

मुझे फिलहाल जाना होगा, मेरे दोस्तों को मेरी ज़रूरत है। अबकी बार आया तो काले कोट में आऊँगा तुम्हें साथ ले जाने के लिए।" कहकर कादिर ने शाजी का हाथ पकड़ लिया था।

"मैं इन्तज़ार करूँगी।" हलके से चेहरा खोलकर शाजी ने जवाब दिया था।

"आपा! आप एक डायरी में गाने लिखा करती थीं याद है।" रज़ा ने कहा तो शाजी बत्तीस साल की पुरानी यादों से बाहर आ गयी थी। आपा कहाँ कुछ भूली थीं, भूल गयी होतीं तो कब की शादी कर ली होती पर उन्होंने तो इन्तज़ार करने का वादा किया था जो वह अब तक निभा रही थीं। उन्होंने वही नीले जिल्द वाली डायरी अलमारी से निकालकर खोली, और कादिर का गाया हुआ गीत गाने लगीं "सोनार ...तुम्हीं..." दोपहर के दो बजे की धूप आँगन में भर गयी थी, और शाजी सूने दरवाजे की तरफ देखकर गाती रही थीं, जैसे बस अभी कादिर आता ही हो।

काठ की कोठी

●

कंचन पन्त

टेढ़ी-मेढ़ी पहाड़ी सड़क से होकर मेरी बस हल्द्वानी से नैनीताल की ओर बढ़ चली थी। बाहर हलकी बूँदा-बाँदी हो रही थी, मैंने बस की खिड़की खोली, तो छत पर जमा पानी, मोटी धार के रूप में अन्दर आकर मुझे भिगोने लगा।

"दाज्यू, ये खिड़की बन्द कर दो हो, बारिश यहाँ तक आ रही है" मेरी बगल वाली सीट पर बैठे 25-26 साल के लड़के ने कहा तो मैंने खिड़की बन्द कर दी। हालाँकि पहाड़ी रास्तों में बस के खिड़की-दरवाजे बन्द करके चलने में मुझे घुटन होती है, पर आज घुटन की वजह कुछ और भी थी। ढलानों पर बसे गाँव, रोड के किनारे बनी एक-आध दुकानें, देवदार के पेड़, आसपास के नजारे सब पीछे छूटते जा रहे थे, और मेरे कानों में भैरो ताउजी की चिट्ठी में लिखे शब्द गूँज रहे थे।

"चिरंजीवी देवेन्द्र,

शुभाशीष। यत्र कुशलं तत्रास्तु।

आयुष्मती विभा से तुम्हारे हाल-चाल ज्ञात हुए, जानकर प्रसन्नता हुई कि इन सालों में तुमने बहुत तरक्की कर ली है। तुम्हारे पिताजी जीवित होते तो बहुत आनन्दित होते, वैसे वह जहाँ भी होंगे तुम्हें देखकर प्रसन्न ही होंगे।

बहुत दिनों से तुम्हें पत्र लिखने की सोच रहा था, लेकिन साहस

नहीं जुटा पाया, कि जाने, तुम मेरे पत्र को किस रूप में लोगे। तुम्हारे पिताजी की एक अमानत मेरे पास है, मेरी तो अब चला-चली की वेला है, इस बोझ को दिल में लिए, मैं जाना नहीं चाहता। कोई जबरदस्ती नहीं है,...लेकिन आ सको तो बहुत प्रसन्नता होगी।

शेष मिलने पर

आशीर्वाद

भैरो दत्त जोशी

निकट, हनुमान गढ़ी, नैनीताल''

''नैनीताल, नैनीताल, नैनीताल वाले उतर जाओ'' कंडक्टर की तेज आवाज़ सुनकर मेरा ध्यान टूटा। करीब-करीब पूरी बस खाली हो गयी थी। मैंने भी अपना बैग उठाया और बस से उतर गया। बस अड्डे से तल्लीताल वाली रोड लेकर, पाठक बुक स्टॉल से दाहिने जाकर, लाल सड़क के चौराहे के पास से काठ की कोठी यानी भैरो ताऊजी के घर का रास्ता अब भी मेरे दिमाग में ज्यों का त्यों छपा हुआ था। थोड़ी देर बाद ही मैं, लाल मिट्टी की कच्ची सड़क वाले चौराहे पर खड़ा था। दूर पहाड़ी पर बांज के पेड़ों के बीच काठ की कोठी दिख रही थी। छह साल पहले इस चौराहे से मैंने वह राह चुनी थी जो मुझे काठ की कोठी से, मेरे घर से, बहुत दूर लेकर गयी थी, और आज जब मुझे फिर उस ओर जाना है तो मेरे क़दम खुद को दलदल में धँसा महसूस कर रहे थे।

किसके घर जाना हुआ सैप? एक खुरदुरी सी आवाज़ सुनकर मैंने अपनी बायीं चाय की गुमटी की ओर देखा। मैला सा कुर्ता-पाजामा और आधी बाजू की ऊनी बनियान पहने हुए, गुमटी वाला मुझे, बल्कि कहूँ, मेरे महँगे सूट और आँखों पर चढ़े काले चश्मे को हसरत भरी नजर से देख रहा था, और एक नजर में मुझे साहब की पदवी पर भी चढ़ा चुका था।

''भैरो दत्त जी के घर जाना था, ...पहले तो रास्ता यहीं से हुआ करता...'' मेरी बात पूरी भी नहीं हुई थी, इससे पहले ही चाय वाला बोल पड़ा।

''ओहो, भैरो दत्त ज्यू के घर आये ठैरे आप। चलो-चलो मैं पहुँचा देता हूँ।'' चाय वाला अपनी गुमटी से निकला और मेरे मना करने के बावजूद मेरा एकमात्र बैग अपने कन्धे पर उठा लिया, और चल दिया, मैं भी हिचकिचाया

सा उसके पीछे हो लिया।

दिमाग में सिर्फ एक ही सवाल गूँज रहा था, कि कैसे कर पाऊँगा मैं भैरो ताऊजी का सामना? बबली से नजरें कैसे मिला पाऊँगा?

थोड़ा आगे बढ़कर चायवाला बायीं ओर एक चौड़े सीमेंटेड रास्ते पर मुड़ गया। सीधी चढ़ाई के बाद, सीमेंटेड रास्ता जहाँ ख़त्म होता था, वहाँ काठ की कोठी साफ दिख रही थी। लगा जैसे ताऊजी दूर से आवाज़ लगा कर कहेंगे, "हो देबुआ, आराम से आना रे, चिफलपट्ट हो रही है यहाँ", जैसे अभी बबली आयेगी और कहेगी, "देबुआ, देखते हैं कौन पहले पहुँचता है घर।" हाथ में कितना ही सामान हो, पैर कितने भी थके हुए हों। यहाँ पहुँचते ही बबली की आँखों में नयी चमक आ जाती थी। शैतानी कूट-कूट कर भरी जो थी उसके अन्दर।

सिर पर अभी-अभी पिसाये हुए गेहूँ के गरम आटे की थैली थी उस दिन बबली के सिर पर। मोड़ पर पहुँचते ही उसकी आँखों में शरारती हँसी आ गयी।

"हिट देबआ, देखते हैं कौन पहले पहुँचता है घर। एक, दो, तीन..." बबली ने कहा और सिर पर थैला रखे हुए चढ़ाई पर दौड़ने लगी। जब तक मुझे समझ आता तब तक वह क़ाफ़ी ऊपर पहुँच चुकी थी। लेकिन दौड़कर जब मैं ऊपर पहुँचा तो देखा, बबली रास्ते के बगल में उगी हुई घास पर कुछ ढूँढ़ रही थी।

"मेरा एक रुपये का सिक्का पता नहीं कहाँ हरा गया होगा।" वह बोली। कभी पैर में मोच, कभी चावल का थैला फटना, कभी सिक्का खो जाना। मैं ख़ूब समझता था, क्यों हर बार वह हार जाया करती थी। पर मैंने कभी उसे हारने से रोका नहीं। हमेशा से इतना ही स्वार्थी था मैं।

"अभी कहाँ से आना हुआ सैप?" विचारों के अन्धड़ से मुझे निकालते हुए चाय वाले ने पूछा।

"दिल्ली।" मैंने कहा।

"ओहो, अच्छा? फिर तो कैल्पाल के हरीश को तो जानते होगे आप।" वह अति उत्साह से बोला।

कौन हरीश? मैंने अपने दिमाग पर जोर डाला, पर ऐसा कोई नाम ध्यान नहीं आया।

"हरीश, वह अपने केदार दत्त जी का लड़का...वह भी तो दिल्ली ही ठैरा आजकल।" चायवाला इस अन्दाज में बोला जैसे दिल्ली कोई बड़ा शहर नहीं उनके नैनीताल का छोटा-सा मुहल्ला हो, और जैसे वहाँ रहने वाला हर आदमी, एक-दूसरे को जानता हो। चाय वाले के भोलेपन पर मैं मुस्कुरा दिया। और सिर हिलाकर उसे बता दिया कि मैं उनके हरीश को नहीं जानता। चाय वाले का मुँह उतर गया। वह बिना कुछ बोले चढ़ाई चढ़ता रहा। आधा किलोमीटर चढ़ाई चढ़ चुके थे हम, खाली हाथ होते हुए भी मैं थक कर चूर हो गया था, हाँफने लगा था।

"हमारा तो रोज का हुआ, पर आप तो थक गये होंगे, वह तो, बबली बरण ज्यू ने पूरे रास्ते पर सीमेंट लगवा दिया कहा, नहीं तो चौमास में तो आने जैसा ही नहीं होने वाला हुआ ठेहरा यहाँ। वैसे आप कौन लगने वाले हुए भैरो दत्त जी के?" चायवाले ने पूछा। मैं कुछ नहीं बोला। बोलता भी क्या? सारे रिश्ते तोड़कर मैं खुद ही तो चला गया था।

"ये लो सैप। पहुँच गये। वैसे तो अब सारा काज हो गया होगा।" चायवाला कन्धे से मेरा बैग उतारता हुआ बोला। मैंने जेब से कुछ रुपये निकालकर देने चाहे, तो उसने ऐसा मुँह बनाया जैसे मैंने थप्पड़ मार दिया हो।

"नै हो सैप, इस घर का नमक खाया ठैरा हमने, इनके मेहमान से पैसे थोड़ी ले सकने वाले ठैरे" वह बोला और चला गया। हमेशा की तरह एक बार फिर मैं दूसरों की भावनाओं को समझने में गलती कर बैठा था। कुछ देर मैं उसे जाता देखता रहा फिर काठ की कोठी की ओर मुड़ गया।

इन सात सालों में बुढ़ा गयी थी काठ की कोठी, उसका दालान थोड़ा और जर्जर हो गया था, दरवाजे का एक कोना दीमक थोड़ा और खा चुकी थी, कुछ अजनबी झाड़-झंखाड़ भी पीछे की दीवार पर कब्जा जमाने की कोशिश कर रहे थे, फिर भी कितना अपनापन था यहाँ। लगा घर लौट आया होऊँ।

"भोपाल दा, मैं पंडित जी से मिल कर आती हूँ। तुम खाना खा लेना।" घर के अन्दर से एक आवाज़ आयी, और उसके पीछे-पीछे एक चेहरा भी। बबली का चेहरा।

कॉटन की कलफ लगी साड़ी, सलीके से पिनअप किया हुआ पल्लू, जूड़े में कसे बाल, लेकिन उसके चेहरे में, मैं 9 साल की उसी बबली को देख रहा था, पैरों तक लम्बी झगोले जैसी फ्राक पहने हुए, लाल रिबन से

चोटी गूँथे हुए। पैर पटक कर, आँसू बहा कर, जिद करते हुए।

"देबुआ, जा सकता है तो मैं क्यों नहीं जा सकती दिल्ली? मेरे तो क्लास में उससे ज्यादा नम्बर आते हैं।" वह रो-रो कर अपने पिताजी, यानी भैरो ताऊजी से कह रही थी।

"बब्बू, बेटा देवेन्द्र अपनी नानी के घर रहकर पढ़ेगा। तू वहाँ कैसे जा सकती है। अब जिद मत कर, नहीं तो गोलू देवता नाराज़ हो जायेंगे।"

गोलू देवता के नाराज़ होने की बात सुनकर चुप हो गयी थी बबली। गोलू देवता नाराज़ हो गये थे, इसलिए उन्होंने पहले उसकी माँ, फिर देबुआ के माँ-पिताजी को अपने पास बुला लिया। ताऊजी ने उससे ये बात इतनी बार कही थी कि बबली के लिए ये शब्द पत्थर की लकीर बन गये थे। इसलिए जब भी बाजार की तरफ जाती तो गोलू देवता के मन्दिर में हाथ जोड़कर एक रुपया जरूर चढ़ा देती थी। पागल कहीं की।

मैं सोच में गोते लगाता ही रहता, अगर बबली की धीर-गम्भीर आवाज़ ने मेरा ध्यान न तोड़ दिया होता।

"येस। किससे मिलना है आपको?" बबली ने भी मुझे नहीं पहचाना था शायद।

"वह, वह मैं देवेन्द्र"

"जानती हूँ। पर मिलना किससे है?" वह बोली। वह पहचान गयी थी मुझे, लेकिन पहचान का कोई निशान उसके चेहरे पर नहीं था। अजनबियों से भी ज्यादा अजनबी हो गया था मैं उसके लिए।

"ताऊजी हैं घर पर?" मैंने हिचकिचाकर पूछा।

"नहीं।" उसकी आवाज़ थोड़ा कँपकँपायी, लेकिन तुरन्त ही उसने खुद को सँभाल लिया। मैं फैसला नहीं कर पाया कि इस जवाब के बाद अब मुझे क्या करना चाहिए। वापस चले जाना चाहिए, या यहीं बैठकर ताऊजी के जागने का इन्तज़ार करना चाहिए। मैंने असमंजस में उसकी ओर देखा, अपने अन्दर के तूफान की हवा भी नहीं लगने दे रही थी वह, उतनी ही अकड़, उतनी ही जिद।

बचपन में जब पहली बार हम दोनों मिले थे, तब भी तो लड़ाई से ही शुरुआत हुई थी। बिना बात मुझे मुक्का मार कर भाग गयी थी वह। फिर खुद ही मेरे पास आकर बात करने लगी।

"तू कौन-सी क्लास में पढ़ता है देबुआ?" उसने पूछा।

"मैं क्यों बताऊँ। तूने मारा क्यों था मुझे? और मेरा नाम देबुआ नहीं, देवेन्द्र है।" मैंने तुनकते हुए कहा।

"ठीक है, देवेन्द्र ही हुआ बल। और लड़ाई याद थोड़े ही रखने वाले हुए, लड़ाई तो करके भूल जाने की चीज ठैरी, अच्छा तुझे वह कविता आती है, फाइव लिटल मौंकी वाली, मेरी अंग्रेजी की किताब में है।" उसने पूछा। उसके अजीबोगरीब उच्चारण पर मैं हँस दिया। और वह बला फिर मेरे पीछे ही लग गयी। हाथ में बिच्छू घास की डाली लेकर, मुझे पूरे घर में तब तक दौड़ाती रही, जब तक मैंने कान पकड़कर माफी नहीं माँग ली।

आज भी मैं कान पकड़कर माफी माँगने को तैयार था, मेरा दिल कह रहा था कि, कहूँ बबली से कि लड़ाई याद रखने की चीज नहीं। पर उसकी नजरें तो मुझे उस तक पहुँचने ही नहीं दे रही थीं।

मैं कुछ कहने और ना कहने के असमंजस में खड़ा था कि भोपाल दा पहुँच गये।

"बरण ज्यू, सैप का सामान इनके वाले कमरे में रख दूँ?" भोपाल दा ने पूछा। बबली के चेहरे पर हलकी नाराज़गी के चिह्न उभरे, लेकिन हमेशा की तरह उसने अपने भावों को अपने अन्दर जज्ब कर लिया, और किनारे हटकर मुझे रास्ता दे दिया। मैं भोपाल दा के पीछे चला गया। लकड़ी के बरामदे से होता हुआ भोपाल दा मुझे मेरे कमरे की ओर लेकर जा रहे थे। रास्ते में ही ताऊजी का कमरा था, घर आने पर सबसे पहले उन्हीं के कमरे में जाना होता था। ताऊजी घंटों हाल-चाल पूछते रहते, मेरी पढ़ाई के बारे में जानने की कोशिश करते, यहाँ से सैकड़ों किलोमीटर दूर दिल्ली के मेरे दोस्तों के नाम तक उन्हें पता होते थे। दोपहर का वक्त था। शायद बाजार गये होंगे, इसलिए उनके कमरे में ताला लगा हुआ था। रोज दोपहर को झोला लेकर नैनीताल बाजार की ओर चले जाया करते थे वह, फिर शाम को ही लौटते थे।

भोपाल दा ने कमरे में मेरा सामान रख दिया। इतने सालों बाद भी मेरा कमरा ज्यों का त्यों था। दीवार पर पिताजी, भैरो ताऊजी, मेरी और बबली की वह फ्रेम की हुई फोटो भी टँगी हुई थी। मेरे ही कैमरे से खींची थी भोपाल दा ने, दसवीं के एग्जाम के बाद मैं अपना नया-नया कैमरा लेकर

नैनीताल आया था। फोटो खींचने से पहले मैंने सबकी बाकायदा रिहर्सल भी करवाई थी। पिताजी को ऊनी दोशाला उढ़ाया, भैरो ताऊजी को पिताजी का पतले फ्रेम वाला चश्मा पहनाया, और बबली के कपड़े दो बार बदलवाये। तब कहीं जाकर भोपाल दा के हाथ में कैमरा पकड़ाया। और ठीक फोटो खींचते समय मैंने बबली की चोटी खोल दी थी। इस फोटो में भी वह खुली हुई चोटी के साथ मुझे गुस्से से घूरती हुई ही नजर आ रही थी।

पिताजी और भैरों ताऊजी बचपन के दोस्त थे। पिताजी और मैं गर्मियों में अक्सर दिल्ली से भैरो ताऊजी के घर यानी नैनीताल पहुँच जाते थे। उस बार माँ भी आयी थी। सर्दियों की कुनकुनी धूप में आँगन में बैठकर गुड़ वाली चाय पीना, सितारों भरी रातों में अँगीठी की आँच में सर्दी से आँख मिचौली खेलना, दोपहर को कन्धे पर झोला लटका कर बाजार के लिए निकल जाना, फिर राह में मिलने वाले हर शख्स से दुआ सलाम करते हुए, बेमकसद भटकना, और शाम को झोले में सब्जियाँ भरकर लौट आना,... पिताजी के लिए भैरो ताऊजी की ये दुनिया पता नहीं इतनी खास क्यों थी? पापा अक्सर कहते थे कि अपना बुढ़ापा वह यहीं बितायेंगे। पापा और भैरों ताऊजी ने मिलकर ये काठ की कोठी भी बनायी थी। जिसका हिस्सा मेरे नाम पर था, और दूसरा बबली के। लेकिन इस बार की छुट्टियाँ सब ख़त्म करने के लिए आयी थीं। पूर्णागिरी मन्दिर से लौट रहे थे हम सब। पूरी बस खाई में गिर गयी। माँ-पिताजी उसी खाई में कहीं खो गये।

मेरे चारों ओर अँधेरा था, इतना गहरा अँधेरा। ऐसे में दो ही लोग थे, जो मेरा दर्द जी रहे थे। रात को जब मैं डर के मारे अचानक चीख़ कर उठ जाता, तो भैरो ताऊजी को अपने सिरहाने पर, मेरे बाल सहलाते पाता, बुखार के ताप में बड़बड़ा रहा होता तो बबली के हाथों की ठंडी छुअन अपने माथे पर महसूस करता। माँ-पिताजी नहीं रहे ये मान लेने में मुझे छह महीने लगे लेकिन मैं अनाथ हूँ, ये ताऊजी और बबली ने कभी नहीं मानने दिया।

"मैं रोज तेरे सिरहाने मोरपंख रख देती थी ना, इसलिए बाधा टल गयी।" वह कहती थी। मोरपंख तकिये के नीचे रख कर सोओ तो बाधा दूर रहती है, ये भी ताऊजी ने ही सिखाया था उसे। वह झगड़ालू थी, वह उजड्ड थी, उसके सामने कभी मेरी चलती नहीं थी, पर मैं जानता था कि उसका झगड़ालू दिल मेरे लिए ही धड़कता था।

ग्यारहवीं क्लास से लेकर कॉलेज ख़त्म होने तक, ऐसा कोई महीना नहीं था, जब उसने मुझे ख़त ना लिखा हो। इन ख़तों में ईरान, तुरान, दुनिया-जहान की बातें होती थीं, "हमारे इस्कूल में सीमेंट की छत पड़ गयी, फलां बुआ आजकल मायके आयी हुई है, फलां ताऊजी के बेटे की नौकरी लग गयी है, यहाँ तक कि पड़ोसी की गाय ब्याही है" जैसी बातें भी, लेकिन इतने सालों में उसने ना कभी अपने बारे में कुछ लिखा, ना कभी मेरे बारे में ही कुछ पूछा। बस चिट्ठी के अन्दर हर बार एक मोरपंख रखकर भेज देती थी। मैं उन चिट्ठियों के कभी जवाब देता, कभी नहीं।

मैं व्यस्त होने लगा था, भविष्य की योजनाएँ बनाने में। मुझे ऑस्ट्रेलिया जाकर लॉ की पढ़ाई करनी थी:, और समझ नहीं आ रहा था कि पैसों का इन्तजाम कहाँ से करूं। 15-20 लाख रुपये भैरो ताऊजी से भी तो नहीं माँग सकता था। इसी बीच बबली की एक और चिट्ठी आयी। ताऊजी की तबीयत को लेकर परेशान थी। लिखा था–

"बाबू बहुत बीमार हो गये हैं देबुआ, परसों सीढ़ियों के पास बेहोश हो गये थे। मुझे बहुत डर लग रहा है। उनके सामने तो हँसना पड़ता है, तेरे सामने तो रो सकती हूँ... पर तू चिन्ता मत करना, मैं उनका खूब ध्यान रख रही हूँ। डॉक्टर साहब ने कहा है, वह ठीक हो जायेंगे। तू खूब मन लगाकर पढ़ना।" मैंने ख़त पढ़ा, एक बार सोचा एक बार ताऊजी का हाल-चाल पूछ आऊँ। फिर ऑस्ट्रेलिया जाने के लिए पैसों का इन्तजाम भी तो करना था। जिसका रास्ता भी मैंने सोच लिया था।

कितना खुश हो गये थे मुझे देखकर ताऊजी। इसी कमरे में मेरे सामने बैठे थे, थोड़ा जर्जर हो गये थे। पर उतने बीमार नहीं थे, कि मुझे घबराहट होती।

"अच्छा किया तुम ही आ गये? अब उम्र हो गयी मेरी, फिर तबीयत भी ठीक नहीं रहती। बस तुम्हारी पढ़ाई पूरी हो जाये, फिर तुम दोनों अपनी गृहस्थी शुरू करो।" ताऊजी ने अपने झुर्रियों से भरे हाथों से मेरे हाथों को दबाये हुए कहा। फिर बबली को चाय लेने के लिए बोलकर, और मुझे आराम करने को कहकर बाहर निकल गये। बबली, जैसे ताऊजी के कमरे से जाने का ही इन्तज़ार कर रही थी। थोड़ी ही देर में चाय लेकर आ गयी। ऊपर तक भरा स्टील का गिलास उसने मेरी ओर बढ़ाया। मैंने गिलास के

साथ उसका हाथ भी पकड़ लिया,...उसने अपने हाथ को जरा-सा झटका दिया, और गरम चाय उसकी और मेरी उँगलियों को भिगो गयी। उसने गिलास नीचे रखा और अपनी उँगलियों को झटकते हुए, मुँह से उनपर फूँक मारते हुए बोली।

"ओज्या (ओ माँ), मेरा हाथ जला दिया, बाबू, कहाँ से बुला लाये इस बन्दर को?" उसकी आवाज़ ताऊजी कहीं सुन ना लें, इसलिए घबराहट में मैंने उसके मुँह पर हाथ रख दिया। और दूसरे हाथ से उसका हाथ पकड़ लिया। हम दोनों एक-दूसरे के बिल्कुल करीब खड़े थे, इतने करीब कि उसके बालों से आ रही शैम्पू की भीनी-भीनी सुगन्ध को मैं महसूस कर सकता था। मैंने शरारत से उसकी आँखों में देखा, उसके होंठों पर मुस्कान थी, और उसकी आँखें पहली बार शर्म से झुक गयी थीं।

हमेशा बक-बक करने वाली बबली उस दिन चुप थी। रात को अँगीठी के पास आग सेंकते समय भी वह चुप ही थी। चुप तो मैं भी था। भूमिका तैयार कर रहा था कुछ कहने के लिए।

"अच्छा मैं सोच रहा था, मेरा मतलब, काठ की कोठी को बेच दें तो कैसा रहेगा?" काफ़ी देर की चुप्पी के बाद मैंने पूछा।

"भाँग खाकर आया है क्या?" बबली ने कहा, और जोर से हँस दी, जैसे मैंने कोई मजाक किया हो, पर मेरे चेहरे के भाव देखकर उसकी हँसी थम गयी।

"तू ऐसा क्यों कह रहा है देबुआ? घर बेच देंगे तो हम रहेंगे कहाँ?" उसने कहा। वह मेरी ओर ऐसे देख रही थी, जैसे उसे यक़ीन ना हो रहा हो कि, ये जो कह रहा है, वह मैं ही हूँ।

"जहाँ मैं रहूँगा वहाँ। वैसे भी एक बार मैं ऑस्ट्रेलिया से पढ़कर आ जाऊँगा, तो ऐसे 10 मकान बना सकता हूँ।" मैंने कहा।

"और बाबू" उसने उसी अन्दाज में पूछा।

"पुराना वाला घर तो है ही। वैसे हमारी शादी के बाद इतने बड़े घर में अकेले रहकर वह क्या करेंगे।" मैं सबकुछ पहले ही सोच चुका था, इसलिए बोलने में एक पल नहीं लगा।

"हमारे होते हुए बाबू अकेले रहेंगे?" बबली हैरानी से बोली।

"अकेले क्यों रहेंगे, भोपाल दा होंगे उनके साथ, फिर हम भी तो आते

रहेंगे।" मैंने कहा।

"हाँ, हम भी तो आते रहेंगे।" बबली बुदबुदायी। फिर कुछ सोचते हुए बोली।

"तुम्हारे ख़याल से कितने की बिकेगी ये कोठी?"

"पता नहीं, 10-15 लाख रुपये तो मिल जाने चाहिए।" मैंने कुछ हिसाब लगाकर कहा।

"अच्छा।" वह बोली और अन्दर चली गयी। उस रात अजीब-सी ख़ामोशी छा गयी थी घर में, रिश्तों में कुछ दरक गया था शायद।

अगले दिन मुझे दिल्ली आना था। कल रात मेरे और बबली के बीच हुई बात से बेख़बर, ताऊजी, मेरे लिए पेड़ से माल्टा, नारंगी के दाने तुड़वा रहे थे। बबली सुबह से दिखी नहीं थी। जाने का वक्त हो रहा था, और उसका पता नहीं था। थोड़ी देर में बबली आती दिखी। उसकी आँखों के नीचे गहरे गड्ढे थे, शायद रात भर सोयी नहीं थी। उसने मेरा हाथ पकड़ा और खींचती हुई अन्दर ले गयी। मैंने देखा सोने की दो चूड़ियाँ, जो ताईजी ने मरते समय बबली के हाथ में पहनायी थीं, आज वह उसकी कलाई में नहीं थीं। लेकिन मैं कुछ पूछता इससे पहले ही उसने एक पैकेट मेरे हाथ में पकड़ाया और बोली।

"गिन ले, पूरे 14 लाख नब्बे हजार रुपये हैं।" फिर कान के बुंदे निकालकर मेरे हाथ में रखे। और कहा "और ये 10 हजार के हो जायेंगे। 22 कैरेट के हैं, इसलिए यहाँ के सुनार ने नहीं खरीदे, दिल्ली में बिक जायेंगे।" मैं हैरानी से उसका चेहरा देख रहा था। मैं कुछ कहता इससे पहले ही वह बोली।

"आपके हाथ जोड़ती हूँ, अब बाबू से कभी ये घर बेचने की बात मत कीजिएगा। उन्होंने हमेशा आपको अपना बेटा समझा है, उन्हें ये सब पता लगेगा तो उनका दिल टूट जायेगा। अब आप जाइए।" बबली का ये अन्दाज मेरे लिए नितान्त अपरिचित था।

"पर ये रुपये कहाँ से...?"

"मेरी जिम्मेदारियों से मुँह फेरने के बाद, मुझसे कुछ भी पूछने का हक आपने खो दिया है।" बबली ने कहा और चली गयी। मैं अपराध बोध में वहीं खड़ा रहा, तब तक, जब तक ताऊजी मुझे बुलाने नहीं आये। मेरी

गाड़ी का समय हो रहा था। मैंने चलते-चलते कई बार मुड़कर देखा, शायद झरोखे से छुपकर बबली झाँक रही हो, या शायद पीछे के रास्ते मुझसे पहले लालचौक पहुँच गयी हो, या रोडवेज की बस में मेरे लिए खिड़की वाली सीट पर कब्जा करके बैठी हो। पर ऐसा कुछ नहीं हुआ।

दिल्ली पहुँचने के बाद भी मैं महीनों इन्तज़ार करता रहा कि वह ख़त लिखेगी। पर बबली ने फिर कोई ख़त नहीं लिखा। बबली के दिये 15 लाख रुपयों से मैंने ऑस्ट्रेलिया की यूनिवर्सिटी में दाखिला ले लिया। तब नहीं समझ पाया था कि इन रुपयों के बोझ से मेरी अन्तरात्मा कितनी दब गयी है।

माफी माँगने के कितने मौके थे मेरे पास। सिर्फ एक फोन ही तो करना था। पर अहं ने हर बार मुझे रोक लिया। पर आज नहीं। आज तो मैं ताऊजी और बबली के इतने करीब था। अब कोई अहं नहीं था, सिर्फ पश्चात्तताप था।

दरवाजे पर दस्तक हुई तो मैं पलटा। साड़ी के ऊपर शॉल ओढ़े हुए बबली अन्दर दाखिल हुई।

''सर्दी है, खिड़की बन्द कर लीजिए।'' वह बोली।

''आई एम सॉरी बबली, कितनी बार सोचा कि आकर माफी माँग लूँ, पर कभी हिम्मत नहीं जुटा पाया, लगता था तुम्हें जवाब कैसे दूँगा? ताऊजी का सामना कैसे करूँगा?...आज बड़ी मुश्किल से हिम्मत जुटा पाया हूँ, आई स्वेयर। मैं ताऊजी के पैर पकड़कर अपनी सारी गलतियाँ सुधार लूँगा। बस तुम मुझे माफ कर दो।'' मैं एक पल में सब कह गया।

बबली ने एक गहरी साँस ली, उसकी आँखों में तूफान उतर आया। पर जिद्दी थी वह, तुरन्त खुद पर काबू कर लिया और बोली–

''बाबू अब नहीं रहे देवेन्द्र। तुम्हें चिट्ठी भेजने के अगले ही दिन...इस बार भी तुमने देर कर दी। पर चिन्ता मत करो, उन्हें मैंने कुछ नहीं बताया था। उन्हें लगता है कि माँ के गहने चोरी हो गये थे। रही मेरी बात, तो मैंने तुम्हें बहुत पहले माफ कर दिया था।'' बबली बोली। मुझे लगा मेरी आँखों के आगे फिर अँधेरा छाने लगा है, अपने लड़खड़ाते कदमों को सँभालने के लिए मैंने बबली के कन्धे पर हाथ रख़ दिया। बबली के होंठ भी थोड़ा थरथराये, लेकिन वह, तुरन्त सँभल गयी। धीरे से मेरा हाथ अपने कन्धे से हटाया और बोली–

"बस एक बोझ है जो जाने से पहले पिताजी मुझ पर डाल गये थे। ये घर छोड़ने से पहले वह बोझ उतारना चाहती हूँ।" उसने शॉल के अन्दर से एक फाइल बाहर निकाली। काठ की कोठी के पेपर्स थे। कोठी मेरे नाम कर दी गयी थी। बबली चली गयी, मैं झिलमिलाई आँखों से उसे दूर जाते हुए देख रहा था। फाइल के पन्ने मेरे अनाथ हाथों में फड़फड़ा रहे थे।

●●

लेखक परिचय

नीलेश मिसरा

नीलेश का भारत में कलात्मकता की दुनिया में किसी लीक से परे, एक अनूठा स्थान है। वे एक वरिष्ठ पत्रकार, हिन्दी फिल्मों के अग्रणी गीतकार, ग्रामीण समाचार पत्र 'गाँव कनेक्शन' के संस्थापक, सात किताबों के लेखक व भारत के सबसे चहेते किस्सागोह हैं। चार करोड़ श्रोताओं से चार साल पुराने उनके रेडियो के रिश्ते ने नब्बे बड़े व छोटे शहरों में लोगों को उनकी सुनाई कहानियों का चस्का लगा दिया है और हिन्दुस्तान में कहानियाँ सुनने-सुनाने की परम्परा को दोबारा जीवित कर दिया है।

हिन्दी फिल्मों में नीलेश तीस से अधिक फिल्मों में गीत लिख चुके हैं। इनमें पिछले डेढ़ दशक के कुछ सबसे मशहूर गीत शामिल हैं।

पत्रकार के नाते नीलेश ने 'इंडिया अब्रॉड' अखबार से अपना सफ़र आरम्भ किया और अन्तरराष्ट्रीय न्यूज एजेंसी 'एसोसिएटेड प्रेस' में नौ साल कार्य करने के बाद और हिन्दुस्तान टाइम्स में डिप्टी एग्जीक्यूटिव एडिटर रहे। भारतीय पत्रकारिता का सर्वोच्च सम्मान, रामनाथ गोयनका पुरस्कार, दो बार जीत चुके हैं, हिन्दुस्तान टाइम्स और गाँव कनेक्शन में अपने काम के लिए। कुलिश पुरस्कार से दो बार सम्मानित।

इससे पहले उन्होंने अंग्रेजी में पाँच किताबें लिखी हैं– इंडियन एयरलाइन्स हाईजैकिंग पर '173 हावर्स इन कैप्टिविटी', नेपाल शाही परिवार हत्याकांड की कहानी 'एंड ऑफ द लाइन', उपन्यास 'वन्स अपॉन ए टाइमजोन', उग्रवाद

प्रभावित क्षेत्रों से 'द एब्सेंट स्टेट (राहुल पंडित के साथ)' व अपने पिता डॉ. शिवबालक मिश्र के साथ उनकी आत्मकथा 'ड्रीम चेजिंग'। दो किताबों ('इंडिया यात्रा' व 'इंस्पायर्ड इंडिया') का सम्पादन किया है। हिन्दी में उनकी पहली दो पुस्तकें थीं 'नीलेश मिसरा का याद शहर वॉल्यूम 1-2' (कहानी संग्रह)।

पिछले कई वर्षों में नीलेश ने कलात्मकता के क्षेत्र में निरन्तर नये प्रयोग करने की कोशिश की है– भारत का पहला किस्सागोई करता बैंड (बैंड कॉल्ड नाइन), भारत की पहली लेखकों की कम्पनी (कंटेंट प्रोजेक्ट), भारत का पहला रेडियो कहानियों का प्रोजेक्ट (याद शहर), और उनका सबसे प्रिय प्रोजेक्ट, भारत का पहला ग्रामीण अखबार (गाँव कनेक्शन)।

आजम क़ादरी

जामिया मिल्लिया दिल्ली से स्नातक करते-करते रंगमंच में काम करना शुरू किया, लेखन और रंगकर्म साथ-साथ चलते रहे। दिल्ली के नेशनल स्कूल ऑफ ड्रामा की कई कार्यशालाओं में बारीकियाँ सीखीं। सन् 2008 में मशहूर बैंड 'यूफोरिया' की म्यूजिक एल्बम का निर्देशन किया। दूरदर्शन के साथ तिब्बत रिफ्यूजी पर डॉक्यूमेंट्री बनाई। फिल्म 'रॉकस्टार' में इम्तिआज अली के साथ काम किया। फिर नीलेश मिसरा के मशहूर रेडियो शो 'यादों का इडियट बॉक्स' में लेखन कार्य किया। सन् 2013 में अपनी फिल्म 'अली' बनाई जो जल्दी ही रिलीज होगी।

कंचन पन्त

पेशे से लेखक और पत्रकार कंचन पन्त असल में खुद को एक खोजी मानती हैं। उत्तराखंड में जन्मीं और वहीं पलीं बढ़ीं लेकिन फिलवक्त ठौर मुम्बई में हैं। छह साल तक एनडीटीवी में आउटपुट एडिटर की हैसियत से काम किया। साल 2011 में पत्रकारिता छोड़कर लेखन की शुरुआत की। साल 2012 में बॉलीवुड के गीतकार नीलेश मिसरा और साथी लेखकों के साथ पहले उनकी मंडली का हिस्सा बनीं और बाद में उनकी कम्पनी का। पेशेवर लेखन की मजबूरियों के बावजूद भावनाओं के भँवर उतराते रहना कंचन की कमजोरी भी है, और यही उनकी ताकत भी। बतौर लेखक रेडियो के लिए 60 से ज्यादा कहानियाँ लिख चुकी हैं।

अकबर क़ादरी

बुन्देलखंड के कस्बे में पैदा हुए तो गाँव को जाना, पढ़ने के लिए दिल्ली आये तो शहर को जाना। जामिया मिल्लिया दिल्ली से स्नातक करते-करते रंगमंच में काम करना शुरू किया, 2007 में अन्तराल थिएटर की स्थापना की। सन् 2008 में मशहूर बैंड 'यूफोरिया' की म्यूजिक एल्बम का निर्देशन किया। दूरदर्शन और PSBT के लिए तिब्बत रिफ्यूजियों पर डॉक्यूमेंट्री 'लर्निंग इन एक्साइल' बनाई, इसी दौरान डायरेक्टर इम्तियाज अली से मुलाकात हुई और रॉकस्टार में काम किया। फिर नीलेश मिसरा के मशहूर रेडियो शो 'यादों का इडियट बॉक्स' में लेखन कार्य किया। सन् 2013 में अपनी फिल्म 'अली' का निर्देशन किया जो रिलीज के लिए तैयार है।

दुर्गेश सिंह

पढ़ना इलाहाबाद यूनिवर्सिटी में अंग्रेजी साहित्य की कक्षा से शुरू हुआ। फिर भोपाल में कॉपी राइटिंग की पढ़ाई और देश-विदेश के नामी साहित्यकारों से परिचय। देश के सबसे बड़े हिन्दी अखबारों में सिनेमा पर लेखन। बोरियत के दिनों में शुरू हुआ कहानी लिखने का सिलसिला जो देश की सबसे बड़ी साहित्यिक पत्रिकाओं 'नया ज्ञानोदय', 'कथादेश', 'लमही', 'हंस', 'पाखी' और 'परिकथा' तक पहुँचा। पिछले कुछ समय से नीलेश मिसरा की कांटेंट कम्पनी कंटेंट प्रोजेक्ट के साथ जुड़े हैं और कहानियाँ लिखने के साथ ही देश के पहले ग्रामीण अखबार 'गाँव कनेक्शन' के लिए फिल्म समीक्षा भी लिखते हैं।

आयुष तिवारी

पढ़ाई प्रबन्धन की लेकिन दिल जुड़ा कलम से। पिछले दस सालों से लेखन की दुनिया में सक्रिय। कॅरियर शुरू हुआ विज्ञापन एजेंसी से, जो बाद के दिनों में देश के सबसे बड़े रेडियो स्टेशन तक पहुँचा। पिछले तीन सालों से कंटेंट प्रोजेक्ट से जुड़े हुए हैं। 'यादों का इडियट बॉक्स' से लेकर हाल ही में लाइफ ओके पर प्रसारित टीवी शो 'बावरे' के लीड राइटर रहे हैं।